高等职业教育教学改革融合创新型教材·财经基础课

U0648853

财经素养教育

黎秋华 主 编

李荣轩 副主编

Financial Literacy Education

东北财经大学出版社
Dongbei University of Finance & Economics Press

大连

图书在版编目（CIP）数据

财经素养教育 / 黎秋华主编. —大连：东北财经大学出版社，2025.1
（2025.8重印）. —（高等职业教育教学改革融合创新型教材·财经基础
课）. —ISBN 978-7-5654-5460-8

Ⅰ．F810

中国国家版本馆CIP数据核字第20243XQ668号

东北财经大学出版社出版

（大连市黑石礁尖山街217号　邮政编码　116025）

网　　　址：http://www.dufep.cn

读者信箱：dufep@dufe.edu.cn

大连天骄彩色印刷有限公司印刷　　　东北财经大学出版社发行

幅面尺寸：185mm×260mm　　　字数：273千字　　　印张：12.75

2025年1月第1版　　　　　　　2025年8月第2次印刷

责任编辑：李丽娟　徐　群　　　　　责任校对：赵　楠

封面设计：原　皓　　　　　　　　　版式设计：原　皓

定价：45.00元

教学支持　售后服务　　联系电话：（0411）84710309

版权所有　侵权必究　　举报电话：（0411）84710523

如有印装质量问题，请联系营销部：（0411）84710711

近年来，我国政府和相关部门发布了一系列重要文件，如《关于加强金融消费者权益保护工作的指导意见》《推进普惠金融发展规划（2016—2020年）》等，要求将金融知识普及纳入国民教育体系，切实提高国民财经素养。财经素养教育如今被视为国民教育的重要组成部分，人们应具备理财的意识与相应的理财能力，共享改革和发展的红利，创造和谐美好的生活。然而，目前许多在校学生和普通民众在财经知识、消费观、财富观以及理财技能等方面存在不同程度的匮乏。这不仅影响了个人的财务健康，还在一定程度上制约了经济社会的良性发展。

习近平总书记在党的二十大报告中指出："中国式现代化是全体人民共同富裕的现代化。共同富裕是中国特色社会主义的本质要求，也是一个长期的历史过程。"财经素养教育，旨在提升个人财经知识和财商，树立正确的财富观与人生信念，这对于促进个人全面发展、家庭稳定以及国家的金融安全、经济稳定、政治稳定有重要作用。加大对财经素养知识的学习和应用是帮助广大人民群众实现共同富裕的重要工具和机制。财经素养教育不仅能够帮助学生树立正确的消费观和财富观，提高财商，还能够增强他们对经济活动的理解和参与，为未来的职业生涯和人生规划打下坚实的基础。

财经知识的理论和实践在过去十几年里发生了翻天覆地的变化。当今社会，财经活动已经离不开金融市场，特别是资本市场。目前，市场上有的少数《财经素养教育》教材，主要针对非财经类专业人员做普识教育。由于财经类专业人员对财经知识的掌握内容要更聚焦于对财富管理工具的认识和运用，因此我们需要结合高等职业教育财经类专业人才培养目标和职业教育现状，编写一本更加适合财经类专业学生和工作人员使用的教材。

为适应职业教育新形势和发展需要，本教材力求体现当代职业教育新理念，紧跟行业的最新发展趋势，尽量使教材保持一定的知识与技术领先。

本教材具有以下特点：

1. 体例创新，交互性强。本教材在体例设计上突破了传统教材的编写模式，充分考虑了教学与学习的需求，注重教材的易读性和可操作性，每个项目都设置了课前思考、财经智慧小贴士、课堂互动、阅读思考、育德育才、课后训练等栏目，充分体现了互动式教材的特点。通过课前思考、课堂互动和课后训练，学生可以更清晰地了解自己掌握的专业知识情况和课程学习目标达成情况。本教材将财经知识与现代信息技术相结合，引入互动教学、情景仿真、模拟训练等教学方法，增强教学的贴近性、互动性和实效性。

2. 目标导向性强，注重财经道德与社会责任的培养。本教材有机融入了习近平新时代中国特色社会主义思想、中华优秀传统文化与社会主义核心价值观，全面关照到个人与家庭、个人与社会、个人与国家的关系，遵循"培养德智体美劳全面发展的社会主义建设者和接班人"的人才培养总体目标，以引导学生树立正确的财富观、消费观和投资观为导向，强调诚信、公平、透明的财经行为准则和职业素养，传授系统的财经素养知识，拓展财富的内涵及外延。本教材将追求物质财富和精神财富结合起来，彰显传统文化中的优秀经济思想，凸显劳动创造财富的理念，注重财经制度、规则的遵守，培育具有财富道德与信仰的社会主义接班人。

3. 理论与实践相结合，强化实践技能训练。教材中设置了丰富的课前、课中、课后实践环节，如模拟投资、资产配置、财务规划、风险管理等，使学生能够在实践中掌握管理财富的基本技能和方法。本教材通过互动环节和丰富的实践训练，使学生在解决实际问题的过程中加深对财经概念的理解，培养其独立思考、解决问题的能力，以及面对复杂经济环境时的应变能力，具有较强的实用性和可操作性。

4. 紧密结合行业最新动态，体现前瞻性。本教材融入当前最新的财经动态、政策变化及未来趋势分析，将财富科技的发展和应用纳入教材内容，使学生能够接触到最前沿的知识和技能。本教材内容不仅具有实用性，还具有前瞻性，使学生既能打下坚实的理论基础，又能紧跟时代步伐，为学生未来的职业发展提供了有力支撑。

本教材可以作为高等职业院校财富管理、证券实务、金融服务与管理、会计类等财经类专业的财经素养教育通识课教材，重点培养教育对象的财务管理、理性投资、风险管理和经济决策等财经技能；也可以作为金融机构从业人员提高工作能力和职业素养的培训教材；亦可以作为投资者教育培训、普通家庭学习理财的常备工具书。

本教材由广西金融职业技术学院教师集体编写，由黎秋华担任主编，负责全书的总纂和定稿，李荣轩担任副主编。本教材的具体编写分工为：黎秋华编写前言、项目一、项目二、附录；廖玲玲编写项目三；李荣轩、周苏靖共同编写项目四；黄子津编写项目五；李荣轩编写项目六、项目七。本教材在编写过程中参考了有关财富管理行业、商业银行、证券公司、基金公司等方面的规章、规则、规定、标准等实用性资料，也参阅了许多专家、学者的著作和文献。此外，广西证券期货基金业协会秘书长黄金新、广西保险学会副秘书长蒋永辉、南宁市炒客教育科技有限公司总经理叶炎林等业内专家对本书的编写提出了很多宝贵的意见，在此一并表示衷心的感谢！

由于编者的水平有限，书中难免存在不足之处，恳请有关专家和读者批评指正。

编　者

2024 年 10 月

项目一 解析财富与人生 / 1

学习目标 / 1
任务 1 走进管理财富之门 / 2
任务 2 掌握财富密码：财富观与财商 / 7
任务 3 提升财经素养，做好职业规划 / 13
课后训练 / 20

项目二 揭秘财富管理之道 / 23

学习目标 / 23
任务 1 学会理性消费 / 25
任务 2 生命周期与财富规划 / 28
任务 3 财富管理流程 / 32
任务 4 核算收益锁定财富目标 / 43
课后训练 / 50

项目三 认识证券投资工具 / 53

学习目标 / 53
任务 1 分红派息的股票 / 54
任务 2 还本付息的债券 / 60
任务 3 集合理财的基金 / 66
任务 4 以小博大的金融衍生工具 / 73
课后训练 / 78

项目四 理财产品投资 / 81

学习目标 / 81
任务 1 银行理财种类多 / 82
任务 2 互联网理财渠道广 / 92
任务 3 财富保值选黄金 / 96
任务 4 巨额财富管理用信托 / 100
任务 5 其他理财产品 / 107

课后训练 / 112

项目五　构筑人生保障 / 115

学习目标 / 115
任务 1　无风险不保险 / 116
任务 2　保险种类知多少 / 121
任务 3　大学生的保障指南 / 126
任务 4　家庭保障规划有妙招 / 131
课后训练 / 141

项目六　防范理财风险 / 143

学习目标 / 143
任务 1　身边的理财陷阱 / 144
任务 2　财富管理风险防范 / 151
任务 3　清廉金融从我做起 / 157
课后训练 / 165

项目七　探索财富科技 / 167

学习目标 / 167
任务 1　财富科技发展历程 / 168
任务 2　新技术在财富管理中的应用 / 171
任务 3　数字人民币 / 181
课后训练 / 190

参考文献 / 192

附录　金融监管机构 / 193

学习目标

知识目标

1.了解财富的内涵和财富管理的重要性；

2.理解财富观的含义和主要内容；

3.了解财商的内涵和财商教育的主要内容；

4.了解财经素养教育的目标以及对个人和社会的重要意义。

技能目标

1.能够认识财富管理对于家庭、个人、社会的重要意义；

2.能够正确理解财富的内涵和健康财富观的主要内容；

3.能够正确理解财商在追求美好生活过程中的重要作用；

4.能够通过对职业素养教育的学习，制定个人学习目标和未来的职业发展规划。

素养目标

1.培养正确的财富观，形成"君子爱财，取之有道，用之有度"的平衡且智慧的财富价值观；

2.感悟财经素养知识的学习和应用是帮助广大人民群众实现共同富裕的重要途径。

☑ **课前思考**

1. 你认为财富是什么？财富对个人幸福感有多大影响？为什么？
2. 作为大学生，谈谈你对财富管理的认识。
3. 财商测试。扫描二维码进行财商测试，根据测试结果说说自己的感想。

财商测试

笔记：＿＿＿＿＿＿＿＿＿＿＿＿＿＿＿＿＿＿＿＿＿＿＿＿＿＿＿＿＿

＿＿＿＿＿＿＿＿＿＿＿＿＿＿＿＿＿＿＿＿＿＿＿＿＿＿＿＿＿＿＿＿＿＿

财经智慧小贴士

　　一般人谈到财富管理，想到的是投资。实际上，它的范围很广，财富管理不只是解决燃眉之急的金钱问题，它更像是一位贴心的导航员，帮你规划和管理一辈子的现金流，让你在生活的海洋里稳稳前行，同时巧妙地应对各种风浪，确保航程安全无虞。简单来说，它关乎你如何聪明地花钱、存钱、投资，让你的每一分钱都发挥出最大价值，守护你一生的财务安全与幸福。

任务1 走进管理财富之门

　　自改革开放以来，中国经济踏上了长达40余年的辉煌增长之路，这一历程不仅极大地推动了国家经济的繁荣，也深刻地改变了民众的生活水平，催生了一个日益壮大的高净值群体。随着个人财富的不断累积，如何智慧地管理与增值这笔财富，以及如何高效创造、合理分配、理性消费并最终实现财富的平稳传承，已成为社会各界广泛的热议与深入探索的重要议题。

一、财富的内涵

　　"财富"是一个广泛而复杂的概念，它涵盖了多个维度和层面。根据归属的主体不同，一般分为个人财富、社会财富、国家财富等，并以此划分参与财富管理的单位或机构，如个人或家庭、企业、金融机构、政府部门等。较为普遍的阐述是，财富是能够满足人类生存和发展需求的客观对象，具有市场价值并可交换。

　　它不仅包括物质资产，还包括非物质资产、个人感受和社会可持续发展能力等多个方面。因此，理解和衡量财富时需要考虑这些不同的维度和它们之间的相互关系。

（一）财富的来源

　　财富的来源广泛且多元化，其根本在于人类社会的活动与发展。具体来说，财富的来源主要包括以下方面：

劳动创造：这是财富最基础、最根本的来源。无论是农业耕作、工业生产、服务业提供，还是艺术创作、科学研究，都是人类通过劳动创造出的价值。这些价值经过市场的交换和认可，最终转化为物质财富和精神财富。

资本增值：在现代市场经济中，资本成为了一种重要的生产要素。拥有资本的人通过投资、理财等方式，将资本投入到具有潜力的项目中，以期望获得更高的回报。这种资本增值的过程不仅促进了经济的发展，还增加了个人的财富。

知识积累：随着科技的进步和教育的普及，知识成为了一种越来越重要的财富来源。拥有专业知识和技能的人才在市场上具有很高的竞争力，能够获得更好的工作机会和更高的薪酬。同时，知识的积累还可以转化为创新成果，进一步推动社会经济的发展。

自然资源：自然资源是地球上自然存在的、未经人类加工的物质和能量。这些资源经过人类的开发和利用，可以转化为各种物质财富。然而，自然资源的有限性和不可再生性也提醒我们要珍惜资源、合理利用资源。

遗产继承：除了上述几种财富来源外，遗产继承也是一部分人财富的重要来源。通过继承家族或长辈的遗产，个人可以获得一定的物质财富和社会地位。

☑ 课堂互动 1-1

在一个竞争激烈的商业环境中，李先生发现了一种可以迅速增加销售额的方法，但这种方法涉及误导消费者，如夸大产品效果或隐瞒关键信息。尽管他知道这种做法可能违反道德和法律，但面对巨大的经济利益诱惑，李先生还是选择了实施这一策略。短时间内，他的公司销售额飙升，利润大幅度增长。

1.你是如何看待通过不正当手段获取财富的行为？这对社会和个人有何影响？

2.在追求财富的过程中，你比较推荐哪些策略或行为模式？

笔记：_____

_____

_____

（二）财富的分类

财富可以根据不同的标准进行分类，以下是几种常见的分类方式：

按形态分类：有形财富是指可以看得见、摸得着的物质财富，如房产、车辆、珠宝等；无形财富则是指那些无法直接触摸到的财富，如知识产权、商誉、品牌价值等。虽然这些无形财富不具有物质形态，但是同样具有重要的经济价值和社会价值。

按性质分类：个人财富是指个人所拥有的资产和收入；而社会财富则是指整个社会所拥有的财富总量，包括国家财富、企业资产等。个人财富与社会财富是相互关联的，个人财富的增加有助于推动社会财富的增长。

按来源分类：如上所述，财富的来源多种多样，因此也可以按照来源进行分类。这种分类方式有助于我们更清晰地了解财富的构成和来源渠道。

按功能分类：生活财富是指满足人们日常生活需求的财富；生产财富是指用于生

产活动的财富；投资财富则是指用于投资增值的财富。这种分类方式有助于我们更合理地规划和管理自己的财富。

（三）财富的时代特征

随着历史和社会的发展，财富的内涵和特征也在不断发生变化。以下是几个具有代表性的时代特征：

从传统到现代：在传统社会中，财富主要体现为土地、金银等实物资产。这些资产具有稳定性高、流动性差的特点。而在现代社会中，随着金融市场的发展和创新金融工具的出现，股票、债券、基金等金融资产成为财富的重要组成部分。这些金融资产具有流动性强、风险性高的特点，但也为投资者提供了更多的选择和机会。

从物质到精神：随着社会经济的发展和人们生活水平的提高，人们对精神财富的需求日益增加。知识、技能、健康、社会关系等非物质财富在财富总额中的比重逐渐上升。这些非物质财富不仅能够满足人们的精神需求，还能够提高人们的生活质量和幸福感。

从个人到社会：在全球化背景下，个人财富的增加越来越依赖于社会的整体发展。同时，社会财富的增加也促进了个人财富的增长。因此，财富的创造和分配越来越具有社会性和共享性。这种趋势促使人们更加关注社会公平和正义问题，并努力推动社会的可持续发展。

从封闭到开放：随着互联网和信息技术的发展，财富的创造和流动变得更加开放和便捷。跨国投资、电子商务等新兴业态的兴起打破了地域和国界的限制，使得全球财富格局不断发生变化。这种开放性和便捷性为投资者提供了更多的机会和选择，但也带来了更多的挑战和风险。因此，在享受开放带来的便利的同时，我们需要加强风险管理和监管力度，以确保市场的稳定和健康发展。

☑ 阅读思考 1-1

财富是什么？

财富是有范围和外延的。每个人对财富的看法都不一样，有的人认为财富就是指金钱和财物，有的人认为权力、自由、时间、健康也是财富。从经济学的意义上来看，财富是一定时点上个人或组织拥有的资产存量，这些资产包括货币、债券、其他金融工具、艺术品，以及其他有价值的物品、财产和劳动技能的总和。当今社会，财富已扩展至包括人类财富、社会财富、自然和环境财富。财富由最初人们赖以为生的工具、温饱后的饰品，扩展至广袤的土地、尊贵的王权，直至今天，财富已经扩展到市场信息、人品道德、核心技术、人脉关系等，这些都是财富的代言人。

2023 年，《中国大众富裕人群财富管理白皮书》中的数据显示，随着社会经济的发展以及人们生活观念的变化，中国人对财富的看法也逐步演变。身体健康、追逐梦想、家庭幸福和知足常乐等非物质因素正构成财富定义的新内涵，与传统的财富"货币化"定义相比有了明显的边界延展，财富范围拓展了，更加强调精神财富

（见表1-1）。

表1-1　　　　　　　　　　　　　　　　　　财富的新内涵

房子	健康	金融投资	事业	家族和睦	车子	现金	知足心	实现梦想	合家安康
58%	51%	48%	46%	45%	43%	42%	41%	39%	37%

资料来源：根据2023年《中国大众富裕人群财富管理白皮书》的调查数据整理。

思考：你认为财富是什么？如何在追求财富的过程中实现自己的人生价值？

笔记：_____

_____

二、财富管理的内涵

自从人类有了财富，就有了财富管理，财富管理的出现早于金融。金融系统作为社会分工的一个服务行业，从诞生起，就是专门为了打理财富而存在的。但作为比较专业的财富管理，是中世纪末期欧洲的银行为贵族提供的个性化服务。19世纪后期，财富管理流传到了北美并得到了较大发展，20世纪后期逐渐在亚洲得到发展。在瑞士，"财富管理"这一专业名词最早出现于20世纪50年代中期。财富管理作为金融领域的一个产业，得到世界范围的广泛认同，是20世纪末期的事情。财富管理的产生和发展，是全球财富的总体增长、金融服务专业化水平的迅速提高、金融创新的不断进步、金融全球化的日益加深、互联网通信技术的高度发达等诸多因素共同作用的结果。

财富管理是一个相对宽泛的概念，中国学者对于财富管理内涵的认识经历了由狭义到广义、由浅层到深入的过程。较早的观点认为，财富管理就是学会合理地处理和运用钱财，有效地安排个人或家庭支出，在满足正常生活所需的前提下，进行合理的金融投资，最大限度地实现资产的保值、增值。此类观点主要是以个人和家庭财富为对象进行的表述。

财富管理机构从业务内容角度给出的定义是，财富管理是指以客户为中心，设计出一套全面的财务规划，通过向客户提供现金、信用、保险、投资组合等一系列的金融服务，对客户的资产、负债、流动性进行管理，以满足客户不同阶段的财务需求，帮助客户达到降低风险、实现财富保值、增值和传承等目的。提供服务的主体也不再局限于银行业，还包括各类非银行金融机构，如信托、基金、保险、券商、期货、第三方理财机构、互联网金融和民间借贷等。拓展之后的财富管理内涵可总结为：是对一个国家、企业和个人整个资产负债表的统筹管理，包括资产管理、负债管理、流动性管理、风险管理、税收筹划管理、保险规划等方面，即在个人和家庭财富的基础上，把机构和国家财富也囊括了进来，形成了比较全面的表述方式。

2021年12月29日，中国人民银行发布了《金融从业规范财富管理》，将财富管理定义为：贯穿于人的整个生命周期，在财富的创造、保有和传承过程中，通过一系列金融与非金融的规划与服务，构建个人、家庭、家族与企业的系统性安排，实现财富创造、保护、传承、再创造的良性循环。

本书所讨论的财富管理是指以个人或家庭的现有资产状况、未来收支状况和风险偏好为基础，通过在金融市场中运用多种金融工具合理地配置资产，满足个人或家庭的财务需求，实现财富保值、增值目标的过程。

三、财富管理的范围及分类

财富管理范围包括现金储蓄及管理、债务管理、个人风险管理、保险计划、投资组合管理、退休计划和遗产安排等。

财富管理从产品层面可划分为投资类和保险类。投资类包括股票、债券、基金、房地产、私募股权等多种投资标的。保险产品则包括人寿保险、医疗保险、意外保险、财产保险等多种保险产品。

财富管理提供的服务大致分为七大类：经纪服务、银行理财服务、融资服务、保险服务、投资组合管理、咨询服务、管家服务。目前，中国的财富管理处于初级阶段，主要提供的是最基础的投资组合管理，券商则额外提供经纪服务，主要满足居民的财富管理需求。

"财富"这一概念，在现代社会已超越了单纯的物质积累，它涵盖了个人资产、知识技能、社会关系等多个维度。因此，科学的财富管理不再仅仅是金融投资与资产配置的简单相加，而是需要综合考虑风险管理、税务规划、法律保障、教育规划和跨代传承等多个方面的策略。对高净值人群而言，他们更加注重资产的稳健增长与风险的有效控制，倾向于通过多元化投资组合来分散风险并捕捉市场机遇。同时，他们也开始重视财富背后的价值传递与家族精神的延续，探索如何通过设立家族信托、慈善基金等方式，实现财富的社会责任与家族传承的双赢。在这个过程中，专业的财富管理机构和顾问团队扮演着至关重要的角色。他们运用专业的知识与丰富的经验，为客户提供个性化的财富管理方案，帮助客户在复杂多变的市场环境中把握先机，实现财富的保值、增值与长远规划。

财经知识窗 1-1

2021年12月29日，中国人民银行发布《金融从业规范 财富管理》标准，从金融资产规模角度将财富管理客户分为社会公众（60万元人民币以下）、富裕人士（60万元（含）至600万元人民币）、高净值人士（600万元（含）至3 000万元人民币）和超高净值人士（所在金融机构资产规模3 000万元（含）人民币以上或个人名下金融资产规模达2亿元（含）人民币以上）四类。

四、财富管理的意义

财富管理的意义重大，"财富的保值、增值、传承"都离不开财富管理，科学的财富管理可能是实现财富保值、增值、传承目标的唯一有效途径。

（一）财富管理对个人的意义

对个人来讲，财富管理直接关系到家庭的物质财富积累程度和幸福程度。幸福的个人或家庭往往需要物质财富、精神财富和健康财富的有机统一，其中物质财富是基础。财富的积累既要靠辛勤劳动，也要靠以财生财。正如著名学者张廷宾所讲，即使你是亿万富豪，如果不懂财富管理，20年后也有吃救济的可能。

（二）财富管理对企业的意义

对企业来讲，财富管理也非常重要，财富管理能力决定着企业的竞争力，创造财富是起点，管理财富是关键。首先，企业要懂得投资理财之道，因为除了主营业务之外，企业还要涉及并购、投资等业务，这决定了企业获取财富的业务范围；其次，企业要懂得投资融资之道，这决定了企业获取财富的速度；最后，企业要懂得节税之道，这决定了企业获取财富的多少。如果企业不懂得这三个方面，将严重制约企业做大、做强。

（三）财富管理对国家的意义

对国家来讲，一个国家的财富管理能力决定一个国家的富强程度。

改革开放以来，中国经济总量跃居世界第二位，外汇储备跃居世界第一位，经济的发展带来了整个社会财富的快速增长和积累。因此，发展财富管理已成为国家和广大人民群众的迫切需要，只有加强财富管理，适应国家财富增长的趋势，才能更有效地满足广大人民群众日益增长的物质文化需要。另外，有学者提出，推动经济结构调整也需要做好财富管理，因为专业化的财富管理能够更好地发挥金融市场配置资源的决定性作用，有效地集中居民财富和社会资本，优化实体经济不同领域和企业发展不同阶段的资本配置，从而实现经济结构的调整。

总之，随着社会的不断进步与人们财富观念的日益成熟，财富管理已成为现代社会不可或缺的一部分。它不仅关乎个人的财务健康与家庭幸福，更是推动社会和谐稳定与经济发展的重要力量。

☑ **课堂互动 1-2**

在当今这个快速发展的社会，无论是单身的个体，还是肩负家庭责任的个人，都面临如何有效管理自身财富的挑战。面对日益增长的物价、教育成本、医疗费用和潜在的退休需求，财富管理不再仅仅是一个简单的储蓄或投资问题，而是一个涉及风险评估、资产配置、长期规划等多个层面的综合性任务。

1.财经素养教育对于个人或家庭财富管理的重要性体现在哪些方面？

2.你认为个人或家庭财富管理的首要目标是什么？

笔记：＿＿＿＿＿＿＿＿＿＿＿＿＿＿＿＿＿＿＿＿＿＿＿＿＿＿＿＿＿＿＿

＿＿＿＿＿＿＿＿＿＿＿＿＿＿＿＿＿＿＿＿＿＿＿＿＿＿＿＿＿＿＿＿＿＿＿

＿＿＿＿＿＿＿＿＿＿＿＿＿＿＿＿＿＿＿＿＿＿＿＿＿＿＿＿＿＿＿＿＿＿＿

任务 2 掌握财富密码：财富观与财商

人们从事经济活动需要科学的财富观做指导，需要专业的知识做支撑，需要与时代特色、制度环境相结合，需要不断地发展、传承。要走出具有中国特色的财富管理道路，就必须树立健康的财富观，加强财商教育。

一、财富观的内涵

关于财富观，目前学术界尚未形成系统的理论体系和广泛的思想共识。财富观是世界观、人生观、价值观的具体体现，是社会主义核心价值观的有机组成部分，是财商教育的根基，应该引起全社会的高度重视。

财富观是人们对于财富的认知与态度，基本内容包括人们如何创造、分配、消费、传承财富，如何实现财富的保值、增值。

☑ 阅读思考 1-2

财富观的历史变迁

财富思想最早起源于我国的奴隶制时代，由于我国古代的重农抑商政策，财富思想并没有形成一个系统的体系，而是相当分散的。其中，以儒家为本位的财富思想占据主流地位。"义利观""重农轻商""黜奢崇俭"是我国古代财富观的主要代表，充分体现了我国古代财富主要源于农业，财富的积累以"节流"为主，而不注重财富的交换。

"义利观"强调获取财富和使用财富的正当性与合法性。义利观的开创者孔子曾言，"不义而富且贵，于我如浮云"。这充分体现了孔子对通过"不义"手段获取财富（生财）的鄙视。"重农轻商"实际上是"义利观"的继承与发展，因为在儒家看来，农业在一国的经济发展中起着根本性作用，农业是国家财政税收的来源，而商业则是通过"不义""非礼"等途径获取财富的手段，从而遭到他们的唾弃。"黜奢崇俭"是我国古代消费观的主导价值取向，也是我国古代理财家的共识。《史记·孔子世家》中记载，齐景公问政于孔子，孔子曰："政在节财。"墨子也提倡合理开支，反对铺张浪费，他提出"俭节则昌，淫佚则亡"。古人如此重视节约，实属难能可贵，这值得我们借鉴与思考。

早期的西方财富观主要从生产的角度阐述财富的起源，从"劳动价值论"认为的"劳动是财富唯一的源泉"到"要素价值论"将"劳动、资本、土地"定为财富和价值的来源，展现了早期西方财富观的发展。现代西方财富观更加注重需求对财富的创造，主要以凯恩斯为代表。同时，马克思主义财富观则阐述了财富与人类发展之间的关系，指出财富是人类实践的产物。

当今社会的财富观越来越呈现出趋同的特征，如何利用有限的资源创造最多的财富，最大限度地满足人们的需求，已成为各国共同重视的课题。

资料来源：刘甲朋，殷允杰. 财富管理思想史［M］. 北京：清华大学出版社，2021.

思考：高质量发展是促进共同富裕的基础，在推进中国式现代化进程中，我们需要树立怎样的财富观？

笔记：_____

_____

_____

二、树立健康的财富观

财富观不仅是个人的，也是民族和国家的，更是全人类的。健康的财富观是指人们对财富的内涵、财富的价值、财富的创造与获取、财富的分配、财富的支配与消费等各种财富问题的正确认识和态度。健康的财富观包括正确认识财富、合法取得财富、理性消费财富、诚信自律等多个方面，对人们的现实生活起到重要的引导作用。新时代下，对大学生进行财富观教育是十分必要的，有助于大学生在迅速发展的经济社会中保持自制力，不会被金钱和欲望所奴役。

（一）树立正确的金钱观

金钱是财富的象征，但人们对金钱的追求不能凌驾于对人格尊严及个人名誉的珍视之上。我国现代防护工程理论奠基人钱七虎院士常说："要有正确的金钱观，钱是为了你生活，生活是为了工作。"金钱对个人生活而言，只是生活的保障，绝不是生活的目的，这样健康积极的金钱观，值得我们学习和践行。拜金主义的核心理念不仅在于对金钱无所不能观点的深刻认同，还在于将金钱占有量的多少认定为衡量世间一切是非善恶的最高价值标准。拜金主义会直接阻碍人们形成正确、积极、健康的财富观。财富是用来更好服务于人的生活，但人不能做金钱的奴隶，人不能过度夸大财富在人生中的作用而被财富支配，因此在对财富价值正确认知的基础上，我们必须坚决克服拜金主义的消极影响。

（二）崇尚积极的劳动观，合法取得财富

马克思主义的劳动财富观揭示了财富的来源是劳动，一分耕耘一分收获，财富是靠人的劳动创造出来的，所以我们要尊重劳动、尊重知识、尊重人才、尊重创造，反对不劳而获。不劳而获的财富有多种来源，有的是合法的，有的是不合法的。正所谓"君子爱财，取之有道""德不配位，必有灾殃"，人们在获取财富时可以通过脚踏实地的劳动、合法努力的经营，不能做违背道德、有损他人利益和有损国家利益的事，合理合法致富。引导人们通过合法劳动获取财富，通过先进的科学技术、生产方式和管理模式来为个人和国家的共同利益创造出更多的财富，是财富观教育的重要内容。

（三）理性消费财富，抵制奢靡浪费

理性消费是指消费者在消费能力允许的前提下，以追求效用最大化的原则所进行的消费。我国传统文化中有关财富的消费主要是提倡节俭和适度，尽量避免财富消费的过度或不足的现象发生。古语云"当用则万金不惜，不当用则一文不费"，人们在日常生活中各种行为、欲望、思想都要适度，遵循恰到好处的原则，让各项事物能够平衡、和谐地进行发展。科学适度的财富支配能够有效避免攀比、炫耀、奢侈消费等现象的出现，还可以避免过度节俭的现象，从思想指引和精神导向上，我们要崇尚艰苦奋斗、勤俭节约的财富观，杜绝消费主义与享乐主义的侵蚀。

（四）强烈的法律责任意识

法律制度是创造和保护财富的必要条件，通过法律给予创造财富的人应有的尊重，并且确保他们获取财富的手段正当合法。虽然我国现行的法律体系比较完善，但

是制定法律是一方面，遵守法律又是另一方面。法律责任的缺乏会导致我们对财富的非理性追求，因此我们应该在经济发展和人民生活水平进步的同时，培养人们的法律责任感，增强法律意识，使正确的财富观深入人心并最终外化为正确的财富行为，实现民族的振兴、国家的富强和个人的全面自由发展。

（五）坚定的诚信意识

如果法律是依靠国家的强制力量来保障行为准则的实施，即强调的是"他律"，那么道德则是通过公序良俗、社会舆论和内心信念来调节人与人之间的利益关系，即强调的是一种"自律"。自古以来，诚信就是我国的传统美德，是古代商人的发财之道，也是传统财富观的精髓。在现代，诚信是个人实现自我财富目标以及国家宏观经济健康发展的必要手段。目前，我国正处在社会转型时期，由于社会结构的调整和利益格局的变动，一部分社会成员道德滑坡。一些人认为只要能够赚钱，就可以不择手段，这是一种典型的错误财富观。如果只追求物质利益而抛弃了道德和尊严，最终会使人们失去奋斗目标和人生动力。因此，我们在经济发展的同时，诚信意识的教育一定要跟上。

财经知识窗 1-2

不同民族对财富的追求特点

中国人：中国人注重社会稳定与经济合理发展，对财富的追求更多体现在光宗耀祖、丰衣足食、安居乐业、民族发展等方面，倾向于通过勤劳节俭、诚实守信、家庭传承等方式积累财富，投资与储蓄并重。

欧美人：欧美文化强调个人主义和竞争精神。在财富追求上，他们倾向于通过个人的努力和才华来获得成功和财富。这种财富观鼓励人们勇于冒险、敢于创新。

犹太人：犹太人注重积累财富，但同时强调要做金钱的主人，而不是奴隶。他们认为，金钱应该被用来改善生活、实现理想和目标，而不是成为束缚自己的枷锁。

俄罗斯人：俄罗斯人对财富的态度是既向往又警惕。他们认为财富可以带来社会地位和尊重，但同时担心财富会滋生邪恶和腐败。因此，在追求财富的过程中，他们往往保持谨慎和理性的态度。

日本人：日本人对待财富倾向于保持低调和谦逊的态度，崇尚平均主义。在这种文化背景下，炫耀财富和奢侈消费往往被视为不道德的行为。他们往往将个人财富视为家庭或集体的一部分，而非完全独立的个体所有，在处理财富问题时更加注重家庭和社会的整体利益。

三、财商

在现代社会能力发展要素中，财商、智商、情商同样不可缺少，财商的高低并不是看一个人拥有多少财富，而是在具备良好品德的基础上，在创造个人财富的同时，创造社会财富和精神财富。财商教育是融入于生活的生存教育、道德教育和人性教育，已成为社会、学校、家庭面临的一项重要教育。

（一）财商的含义

财商（Financial Quotient，FQ）的本义是"金融智商"，通常是指财力商数，即我们对待财富的能力，是衡量一个人认识金钱、创造财富能力大小的指标。财商包括两个方面的能力：一是创造财富及认识财富倍增规律的能力（即价值观）；二是驾驭财富及应用财富的能力。

财商与情商、智商属于同类型概念。三者之间既有联系，又有区别。财商侧重于理财的技能；情商是指情绪、意志等的品质；智商是指智力发展水平。个体财商能力的高低受其自身情商、智商水平的影响。财商是与智商、情商并列的现代社会能力三大不可缺少的素质。

财经知识窗 1-3

智商（IQ）：表示人的智力水平，涉及观察力、记忆力、思维力、想象力、创造力和问题解决能力。智商高的人往往能够更快地理解问题、分析问题、解决问题，更容易学习新知识和新技能，是个人职业发展进步的基础。

情商（EQ）：反映人在情绪、情感、意志、耐受挫折等方面的品质，包括自我情绪管理、自我激励、认知他人情绪和人际关系管理能力。情商高的人能更好地应对职场中的压力与挫折，保持冷静并积极应对，擅长与他人合作建立良好的人际关系，这对于职业发展中的晋升至关重要。

财商（FQ）：个体处理财务问题的技能，包括理解财务知识、实施财务管理和投资策略，以及辨别投资机会和风险的能力。高财商的人往往能够合理规划个人和家庭的财务，更容易实现经济独立和财务自由。

智商、情商和财商在职业发展中都扮演着重要的角色。在职业发展的过程中，个人应全面提升这三个方面的能力，以实现更好的职业发展成就。

（二）财商教育

1.财商教育的必要性

财商教育是指社会、学校、家庭为培育受教育者的财商能力，根据现代社会发展的要求和个体身心发展规律，对受教育者进行专业、系统的财商知识、理财技能的教育活动，通过教育提高他们对获取财富和享用财富的方式的认识，培养正确的金钱观念和理财技巧，提高人们的财商素养。

经济合作与发展组织（OECD）认为财商教育是通过信息、指导、建议等方式提高消费者或者投资者对金融产品、概念、风险的理解的过程，旨在提升消费者或投资者识别金融风险和机遇技巧，增强信心，做出理性的决定，明确如何能获得帮助、如何采取有效的措施提升个人和家庭的财经福祉。OECD认为，财商是现代经济社会民众必备的素养，拥有较高的财商可以提升个人生活的幸福指数，有助于个人和家庭的幸福，同时一个具备较高财商群体的社会也将更加稳定和富足。实施财商教育被认为是最有效提升民众财商的方式。

2.财商教育的内容

财商教育主要包括三个方面的内容：财富观的树立、财富管理知识的学习和财富管理能力的培养。前文介绍了树立健康的财富观的相关内容，这里主要介绍财富管理知识的学习和财富管理能力的培养内容。

（1）财富管理知识

财富管理知识，也称财经知识，是公民通过教育或者经验了解和掌握的、涉及财经领域的、与个人生活息息相关的重要概念和原理。财富管理知识主要涉及四个方面的内容：第一，日常收支方面的知识。为满足日常生活需要，需要维持收支平衡，涉及的知识包括货币、货币的时间价值、收入、交易等。第二，金融投资方面的知识。当财富不足或盈余时，需要借助金融途径获取财富或实现财富增值，具体涉及借贷、信用、储蓄、投资等方面的知识。第三，风险防范方面的知识。在较长的生命周期中，需要利用金融产品应对未来可能面临的风险。养老计划和其他各种保险方面的知识都属于这一范畴。此外，对基本经济学原理和国家宏观经济政策的理解同样影响个人的财富管理决策。因此，财富管理知识体系中还应有第四个方面——财经视野，它是指公民对基本经济学原理和国家宏观经济政策的理解，包括对资源稀缺、沉没成本、通货膨胀等概念，以及利率变化、税收、财经公共政策等现象的理解。

（2）财富管理能力

能力与知识是两个不同的概念，前者是某种相对稳定的心理资源，后者则是通过学习掌握到的陈述性信息。财富管理能力指的是人们运用适当的手段和方法，合理规划财富、使用财富的能力。在财富管理能力中最重要的是决策能力，如个体决定如何管理自己的金钱，选择购买什么样的金融产品，提前做出财务计划安排，这些行为都与个体的决策能力密切相关。此外，财富管理还需要个体加工各类财经信息，如账单、房租信息、银行流水、租赁与贷款合同、金融产品说明书、股市指数、消费品信息等，这就要求个体必须具备流畅、迅速、精确加工上述信息的能力。不仅如此，个体还需要具备对内部与外部干扰的抵抗能力。举例而言，某人去银行购买理财产品，首先必须阅读产品说明书并计算其收益与损失，通过对不同产品的优劣进行排序，选择某一产品进行购买。在此过程中，他不仅要防止过于冒险的购买倾向，还要排除对某些理财产品非理性的个人偏好。

✓ **课堂互动 1-3** --

中国有一句俗语"富不过三代，穷不过五世"，是指无论通过什么途径发家致富，一个家族保持富裕的时间不会超过三代人。另一个类似的观点是"一代创，二代守，三代耗，四代败"。其实，这是一种模糊的说法，未必就一定是三代或四代这么精确的时间，"富不过三代"只是表示富裕繁华的时间不会太长久。

你认为"富不过三代"的原因是什么？

笔记：_____

_____

_____

任务 3　提升财经素养，做好职业规划

在当今复杂多变的经济环境中，财经素养已成为个人经济生活和职业发展中不可或缺的一部分。它不仅是管理个人财务、实现经济自主的基础，还是在职场中做出明智决策、规划长远职业道路的关键。财经素养涵盖了广泛的领域，包括基本的财务知识、投资理财策略、风险管理和宏观经济的理解等。掌握这些知识和技能，可以帮助个人更好地应对职场挑战，把握经济机遇。

一、财经素养的内涵

（一）财经素养的定义

财经素养是财经知识、能力、价值观凝聚而成的内在综合能力，是个人终身发展和社会发展的必备品格的关键性能力，是一种隐性品质，表现为个体在生活、工作中运用财经知识、技能解决经济生活问题，并在解决问题的过程中认知劳动与收入、收入与消费之间的关系，由此建立正确的劳动观、消费观、财富观等。

（二）财经素养教育对个人的重要意义

财经素养在人一生中具有极其重要的作用，它关乎个人的财务管理、投资决策、生活品质和长期的财务安全。具体体现在以下方面：

1. 提升个人财务管理能力

财经素养的核心在于使个人能够更有效地管理自己的收入和支出。通过掌握基本的财务知识和技能，个人可以制定合理的预算，确保资金在满足日常生活需求的同时，能为未来的目标和突发事件做好准备。良好的财务管理习惯是财经素养的基础，通过树立理性的消费观念，有助于个人实现财务的稳定和健康，避免浪费和冲动购物，从而实现财富的积累和增值。

2. 优化投资决策

投资是实现财富增值的重要途径，而财经素养则是个体做出明智投资决策的关键。通过了解不同的投资工具、市场趋势和风险评估方法，人们可以更加准确地判断哪些投资适合自己的风险承受能力和长期目标，从而制定出更为合理的投资策略。这不仅有助于实现财富的增值，还能培养个人的风险意识和长期投资观念，避免盲目跟风或冲动投资带来的损失。

3. 提高生活质量

财经素养不仅关乎对金钱的管理，更与个人的生活质量息息相关。通过合理的消费规划和投资选择，人们可以在有限的收入下实现更高的生活品质，在能够满足自己和家人的生活和娱乐需求的同时，也能为未来的发展和成长积累足够的资金。

4. 确保财务安全

财务安全是个人和社会稳定的基础。通过制订应急计划，如建立紧急资金储备、购买适当的保险等，在面对经济波动、失业、疾病等风险时，能够及时应对突发的财务困境，确保生活的稳定。

5.促进个人成长和发展

财经素养的培养过程也是个人自我管理和规划能力的提升过程。通过学习和实践财经知识，个人可以培养自己的自律性、责任感和决策能力。这些品质不仅对个人成长和发展至关重要，还能帮助个人在职业生涯和生活中取得更大的成功。

财经素养的提升是社会经济发展的重要推动力。当更多人具备基本的财经知识和技能时，他们会更加理性地进行消费和投资，更加有效地利用资源，从而推动经济的持续增长和社会的繁荣稳定。因此，提升财经素养不仅是个人的责任和义务，还是社会和经济发展的必然要求。

财经知识窗 1-4

揭秘财富管理多元领域版图

个人、家庭、企业等主体在管理财富时，通常需要与哪些机构打交道呢？我国财富管理行业中从业机构主要包括银行、证券公司、保险公司、信托公司等传统金融机构，以及新兴的第三方财富管理公司和数字化的财富管理平台。目前，我国的财富管理业务已经初步形成了"银行系""非银系""三方系"同台竞技的发展格局。商业银行是我国金融体系的核心组成部分，在财富管理领域具有较强的先发优势。近年来，证券公司、保险公司、基金公司、信托公司等非银金融机构纷纷基于拓展传统业务边界、提高经营效益等发展需求加快布局财富管理业务，各类第三方机构也进一步深耕财富管理客户服务领域。"银行系"主要是指商业银行，"非银系"是指经营各种金融业务但不称为银行的金融机构，如证券公司、保险公司、基金公司、信托公司等；"三方系"主要是指那些独立的中介理财机构，不同于银行、保险等金融机构，它是根据客户的财务状况提供更加合理的理财规划的第三方财富管理公司。

☑ 阅读思考 1-3

中国净资产过千万的家庭超 200 万户

胡润百富 2023 中国高净值家庭现金流管理报告显示，在今天的中国有 600 万元人民币家庭净资产的"富裕家庭"达 518 万户；有千万人民币家庭净资产的"高净值家庭"达 211 万户；有亿元人民币家庭净资产的"超高净值家庭"达 13.8 万户；有 3 000 万美元可投资资产的"国际超高净值家庭"达 5.4 万户。北京是高净值家庭数量最多的城市。中国这些富裕的家庭，主要集中在以下城市：北京 30.6 万户、上海 27.1 万户、香港 21.5 万户、深圳 8.0 万户、广州 7.3 万户。其中，近几年增幅最快的是深圳（2.7%），香港的增幅最慢（0.5%）。高净值人群的基本构成：金领约占 20%，炒房者约占 10%，企业主约占 60%，职业股民约占 10%。此报告还显示，为了降低未来的现金流风险，中国高净值人群认可的举措是提高风险意识，主要包括"资产配置多元化""合理使用负债工具""不仅关心流入，更要防范风险、避免爆雷""养老要早做准备"等。中国高净值家庭的投资偏好主要以房地产、股票、基金等为主。从家庭资产配置的角度来看，海外房产是高净值家庭非常喜欢的投资方式之一。毕竟房子是实实在在的固定资产，可以自住或租赁，以实现全球资产多元化配置，有效规避各类风险。

资料来源：根据胡润百富2023中国高净值家庭现金流管理报告整理。

思考：近年来，中国千万净资产家庭的数量不断增长，这一现象背后的原因是什么？对社会和个人有哪些影响？

笔记：_____

_____

_____

（三）财经素养教育的目标

随着全球经济的快速发展和金融市场的日益复杂，财经素养已成为衡量现代公民综合素质的重要指标之一。它不仅关乎个人财富的积累与管理，更深刻影响着个人的生活品质、职业发展乃至社会的整体福祉。因此，财经素养被普遍视为21世纪公民不可或缺的核心素养。中国的财经素养教育目标是以"学生为本、国家为重"为出发点，构建"三九五体系"目标（如图1-1所示）。

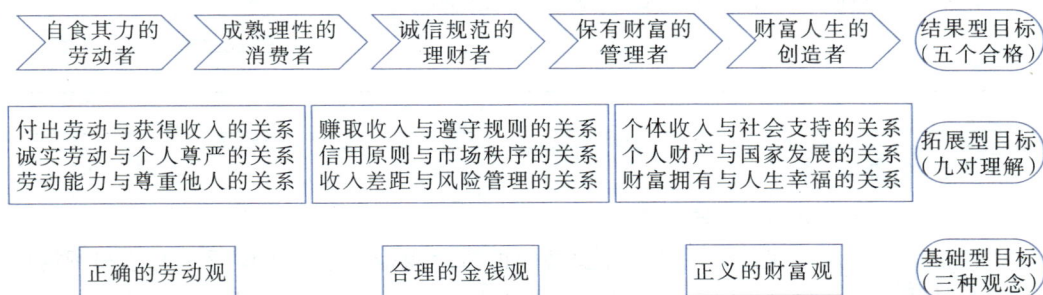

自食其力的劳动者	成熟理性的消费者	诚信规范的理财者	保有财富的管理者	财富人生的创造者	结果型目标（五个合格）
付出劳动与获得收入的关系 诚实劳动与个人尊严的关系 劳动能力与尊重他人的关系		赚取收入与遵守规则的关系 信用原则与市场秩序的关系 收入差距与风险管理的关系		个体收入与社会支持的关系 个人财产与国家发展的关系 财富拥有与人生幸福的关系	拓展型目标（九对理解）
正确的劳动观		合理的金钱观		正义的财富观	基础型目标（三种观念）

图1-1 财经素养教育"三九五体系"

"三"是指"形成三种观念"，包括正确的劳动观、合理的金钱观、正义的财富观，这是财经素养教育的基础型目标。财经素养教育，始于劳动的实践，旨在德育的升华。它不仅是一门学问，更是引导学生树立正确劳动观念的灯塔。人们应该通过自身不懈的辛勤劳动来获取收入，亲手创造财富的价值。在此基础上，树立正确的金钱观，理解金钱在生活中的正当角色，要懂得智慧地平衡利益与道义，既不做金钱的奴隶，忽视生活的本质，也不轻视金钱作为劳动成果与生活支撑的正当意义。更重要的是，随着财富的累积与创造，正义的财富观不可或缺。财富的积累不仅是个人能力与勤奋的体现，更是社会协作与支持的结果。因此，在追求财富的同时，也要承担对社会的责任与义务，理解创造财富的过程需要与社会福祉同行。

"九"是指"理解九对关系"，这是财经素养教育的扩展型目标，包括从劳动演绎出的"付出劳动与获得收入、诚实劳动与个体尊严、劳动能力与尊重他人"三对关系；从金钱演绎出的"赚取收入与遵守规则、信用原则与市场秩序、收入差距与风险管理"三对关系；从财富演绎出的"个体收入与社会支持、个人财产与国家发展、财富拥有与人生幸福"三对关系，共九对关系。通过对这些关系的理解，财经素养教育的基础型目标"三种观念"被进一步深化和具体化。

"五"是指"成为五个合格者",这是财经素养教育的结果型目标,包括能够成为合格的劳动者,做一个自食其力的劳动者;成为合格的消费者,做一个成熟理性的消费者;成为合格的理财者,做一个诚信规范的理财者;成为合格的管理者,做一个保有财富的管理者;成为合格的创造者,做一个财富人生的创造者。这五个合格者是个体在经济生活中或将承担的不同角色,不同角色的存在价值和能力要求有所不同,其间的关系主干是层层递进与提升。"成为五个合格者"的财经素养教育目标,旨在帮助个体在人生不同阶段胜任经济生活中的不同角色,为个人幸福、家庭福祉、国家稳定和社会发展发挥应有的作用。

✅ **课堂互动 1-4**

假设你是一位即将步入职场的新人,面对着未来职业生涯的种种挑战和机遇。你深知,要成为一名合格的劳动者,不仅需要具备专业技能和知识,还需要具备良好的职业素养、沟通能力、团队合作精神以及持续学习的能力等。

1.你认为一名合格的劳动者应该具备哪些核心素质和能力?请列举并解释。

2.你计划如何培养和提升自己的这些素质和能力?

笔记:_____

_____

_____

二、职业素养

(一)职业素养的定义与内涵

职业素养是人类在社会活动中需要遵守的行为规范,它是个体行为的总和所构成的内在品质。这一综合品质不仅包括了职业道德、职业思想(意识)、职业行为习惯,还包括了职业技能、职业作风和职业意识等方面。这些方面相互交织、相互影响,共同构成了一个人在职场中的综合素质。作为职业人在职场中必备的基本素质,职业素养是个人职业发展的重要基石,它关乎个人在职场中的表现、发展以及团队的协作和企业的整体绩效。

(二)职业人的必备素养

要想成为一名合格的职业人,需要具备一定的职业素养,职业人必备的素养涵盖了多个方面,具体有以下方面:

1.职业道德

职业道德是从事某一职业的人在职业活动中所应遵循的行为规范和准则,它犹如人品之镜,映照出从业者内心的光辉与责任。这不仅是一套规则,还是一种对职业的尊重、对社会的承诺,以及个人品德在职业行为中的体现。它涵盖了爱岗敬业、诚实守信、勤勉尽责、尊重他人、保守机密、奉献社会等多个方面,要求从业者在追求职业成功的道路上,始终坚守职业道德的底线,维护职业的尊严与价值。职业道德是职场中的指南针,指引着每个人以正确的态度和行为去面对工作,实现个人与社会的共同发展。

2. 职业技能

职业技能包括专业知识和技能以及学习能力。职业人需要具备与职业相关的专业知识和技能，以胜任工作任务。同时，职业人需要保持持续学习的态度，关注行业动态和技术发展，积极参加培训和学习机会，以提升自己的竞争力。职业技能的高低关系到事业成败的核心竞争力，直接决定了职业人在就业市场上的竞争力。"三百六十行，行行出状元"，在新时代的浩瀚舞台上，每一位职业人都是那颗独一无二的星辰，应奋力闪耀，扬己之长，以工匠精神为灯塔，照亮前行的道路。

3. 职业行为

职业行为是职业人在日常工作中所表现出的行为方式，不仅包括具体的操作行为，如技能展示、任务执行等，还涉及职业人在职业环境中的互动、沟通、决策等复杂行为，具体可表现为团队合作、沟通能力和自我管理等。职业人需要能够有效地与同事协作，共同完成工作任务，发挥自己的专长并尊重他人的贡献。同时，职业人需要具备良好的口头和书面沟通技巧，能够清晰表达自己的想法和意见，并倾听他人的观点，积极协调合作，解决冲突。自我管理则要求职业人能有效管理时间、任务和压力，制定明确的工作目标，并保持高效的工作习惯。

4. 职业作风

职业作风是职业人在工作中表现出来的一贯态度和行为特征，它对于个人职业发展和企业经营管理都具有深远的影响。当代大学生作为社会的栋梁，应当培养积极向上的行为习惯，在学业和实践中坚守诚信正直，以高度的责任感和使命感对待每一项任务，追求卓越，勇于奉献。同时，当代大学生还应注重团队合作，学会友爱互助、密切配合，共同面对挑战，实现目标。此外，当代大学生还应严于律己，自我管理，确保言行举止符合职业规范。

5. 职业意识

职业意识是职业人应具有的主动性的职业态度，包括创新意识、服务意识、竞争意识、协作意识、奉献意识以及强烈的职业道德观念和职业纪律意识，遵守职业规范，维护职业形象。这些职业意识是职业人在职场中取得成功的重要因素。可以说，树立职业意识是赢得职业起跑线的关键。这一意识通过有效管理自身行为、思想和时间来得到强化和提升，体现在工作中便是全心全意、一丝不苟、兢兢业业的态度，以及自觉完成每一个细节和过程的能力。

职业素养对于个人在职场中的成功至关重要。它不仅能够提升个人的工作能力和效率，使个人在工作中更加得心应手，还能够增强个人的职业竞争力和吸引力，为个人的职业发展打下坚实的基础。具备良好的职业素养的职业人往往更容易受到企业和团队的青睐，获得更好的职业发展机会。同时，良好的职业素养也有助于建立和谐的团队关系和企业文化，促进企业的整体发展和进步。因此，职业人应该注重提升自己的职业素养，不断学习和成长，以适应职场的变化和挑战，实现个人价值和企业目标的双赢。

拓展阅读1-1

办公基本规范
与礼仪

三、职业规划与机会成本

职业规划是个人实现职业目标、追求职业发展的系统过程。它要求个人对自己的兴趣、价值观、技能以及市场需求有深入的了解，并据此制定出一系列可行的职业发展步骤。在职业规划中，财经素养的作用尤为突出。它能够帮助个人评估不同职业路径的经济前景，做出更合理的职业选择，还能够在个人职业发展过程中，提供有效的财务管理和投资策略支持。

（一）精心规划职业生涯

1.明晰内心所向，及早规划成本低

职业规划，无疑是人生规划中最关键的一环，它深刻影响着个人的成长轨迹与未来发展。面对"我将投身哪个行业？选择何种职业？"的拷问，唯有深入思考，方能明晰内心所向，确立行动指南。

2.洞悉趋势，精心布局

在职业规划的道路上，首要步骤在于洞悉行业趋势，其次是明确职业方向，这是绘制个人职业蓝图的关键一步，最后是制订切实可行的职业规划，每一步都需精心布局，在此过程中，切记勿让眼前的安逸成为羁绊。生活的舒适区虽好，却非长久之计。

3.灵活动态调整职业规划

职业规划不仅是一份计划，还是对自我价值的深度探索，是对未来可能性的勇敢追求。我们需要付出实际行动、不断前行、探索未知、挑战自我，让每一步都成为成长的见证。同时，职业规划也是一个动态调整的过程，我们需要时刻保持敏锐的市场洞察力，根据行业变化和个人发展，灵活调整职业规划，确保它始终与我们的职业目标和人生价值相契合。这样，职业规划才能真正成为我们人生道路上的坚实基石，引领我们走向更加辉煌的未来。

（二）职业选择中的机会成本

在探讨如何做好职业规划时，不得不提及一个关键的经济概念——机会成本。机会成本，是指当我们选择了一条道路时，所放弃的其他所有可能道路中价值最高的那一条。这一概念在职业规划中尤为重要，因为它帮助我们理解每一个职业决策背后的潜在代价与收益。

在进行职业规划时，求职者需要全面考虑自身的兴趣、能力、价值观和市场需求等多方面因素，确定一个长远且可行的职业发展方向。然而，选择并非孤立存在，每一个决定都意味着放弃了其他潜在的机会。例如，一位大学生在面临毕业选择时，可能同时收到了两家公司的 offer：一家是知名互联网公司，提供高薪但工作强度大；另一家则是初创企业，薪资相对较低，但能提供更多的成长机会和股权激励。此时，若选择前者，机会成本便是放弃了后者可能带来的快速成长和潜在的高额回报；反之亦然。

再举一例，假设一位职场人士决定利用业余时间学习新技能以提升职业竞争力，他可能需要放弃休闲时光、陪伴家人或参与其他兴趣活动的时间。这里的机会成本便

是牺牲了这些非职业发展的个人享受与情感交流。然而，从长远来看，新技能的掌握可能为其职业生涯打开更广阔的门路，带来更高的职业成就感和经济回报。

因此，理解机会成本对于做出明智的职业规划至关重要。它促使我们在决策过程中不仅要考虑直接收益，还要评估间接成本，即那些因选择而放弃的潜在机会。在职业规划中，明智的决策者会全面权衡各种选择的利弊，充分考虑机会成本的影响。他们不仅关注眼前的利益得失，更具备前瞻性的眼光，能够预见并评估未来可能的发展趋势与潜在价值。通过科学合理地规划职业生涯路径，他们能够在追求个人梦想与实现职业价值的同时，最大化地降低机会成本，成就更加辉煌的人生篇章。

总之，职业规划与机会成本紧密相连。通过深入理解和应用机会成本的概念，我们可以更加清晰地认识到每一个职业决策背后的复杂性和多面性，从而做出更加明智、更加符合自身利益的规划。

☑ 阅读思考1-4

小金的职业发展之路

小金虽非出身名校，仅以一纸专科财务管理专业的文凭踏入社会，但他的心中却燃烧着一团不灭的火焰。他深知自己的热爱所在，更明了自身所长，于是，他毅然地选择了从事财务工作。经过十多年的努力，小金从最初的核算员，到后来的会计，再到主管会计，直至财务总监，他一步一个脚印，始终坚持在自己选择的道路上努力着。

然而，与小金同龄的许多人，却是另一番景象。他们手握名校的本科、研究生学历，如同站在人生的起跑线上，拥有无数的选择。但正是这繁多的选择，让他们陷入了迷茫。他们不清楚自己应该在哪个领域开始自己的职业生涯，于是，只能像无头苍蝇一般，在这家公司试试，在那家公司碰碰，工作换了一个又一个，领域跨了一个又一个，结果却都是浅尝辄止，最终一事无成。

小金的故事，是对那些仍在职业道路上徘徊不定的人的一盏明灯。它告诉我们：明确的目标，加上不懈的努力，即使起点不高，也能在属于自己的领域里绽放出耀眼的光芒。

资料来源：根据网络公开资料整理自编。

思考：小金的故事给你带来了什么样的启示？你认为学生在确定自己的就业目标时应该重点考虑哪些因素？

笔记：_____

拓展阅读1-2

财富管理从业人员职业规范

拓展阅读1-3

理财师的职业资格和发展前景

≫ 育德育才　　　　管子的财富管理思想：生财有道论

管仲（约公元前723年—公元前645年），颍上人（今安徽颍上），是春秋时期著名的政治家、军事家，被誉为"法家先驱"，史称"管子"。他早年从商，熟悉商业经营，了解民生疾苦，后从政辅佐齐桓公成为春秋时代第一位霸主。《管子》是中国古代具有重要经济学价值的经典著作，记录了管仲及其学派的言行事迹。《管子》虽然崇尚财富，但并非不择手段的金钱至上。管仲认为财富的获取手段必须重视劳动的重要性，尊重客观规律，并且合法正当。人类历史自产生以来，劳动（特别是体力劳动）往往成为获取财富最主要的途径。管仲主张教育百姓重视劳动的重要性，甚至还提出了"劳教定而国富"（《管子·侈靡》）的观点。农业财富生产的增加不仅要发挥主观能动性，还要"务农时"，同时注重保护自然资源和生态环境，实现可持续发展。此外，人们无论通过哪一类职业获取财富，都必须诚信经营、正直守诺，正所谓"非诚贾不得食于贾，非诚工不得食于工，非诚农不得食于农，非信士不得立于朝"（《管子·乘马》）。因此，生财有道是管子对待财富的一种重要态度。

资料来源：刘甲朋，殷允杰. 财富管理思想史［M］. 北京：清华大学出版社，2021.

思考：如何理解"非诚贾不得食于贾，非诚工不得食于工，非诚农不得食于农，非信士不得立于朝"？

笔记：_____

_____

_____

拓展阅读1-4

解码财富管理
行业

课后训练

一、选择题

1.推动我国财富管理行业快速发展的主要因素包括（　　）。

A.我国高净值家庭数量增多　　　　B.居民财富管理需求增加

C.居民收入与财富增长　　　　　　D.财富科技的快速发展

2.关于现代家庭财富管理中的财富概念，选项中表述最恰当的是（　　）。

A.财富是有使用价值的东西

B.财富是货币与金银等贵金属

C.财富是能够产生收益的物质资产

D.财富是有市场价值或能够创造收益的所有有形财富和无形财富的总称

3.以下选项中，符合健康的财富观内涵的是（　　）。

A.金钱只是一种工具和载体，它绝不是人生的目的和意义

B.金钱是衡量成功与否的核心标准

C.做金钱的主人，而不是受金钱的奴役

D.金钱是万恶之源

4.以下选项中，对"财富"的理解错误的是（　　）。

A.财富就是金钱

B.财富包括精神财富和物质财富，是生存的基础

C.一个人最宝贵的财富是钱

D.拥有更多的财富，一定会拥有更多的幸福

5.现代公民必须具备的三大基本能力是（   ）。

A.智商　　　　　　　B.财商　　　　　　　C.情商　　　　　　　D.德商

6.财商包括两个方面的能力，即（   ）。

A.创造财富及认识财富倍增规律的能力（即价值观）

B.理解能力

C.驾驭财富及应用财富的能力

D.消费能力

7.以下选项中，无法提供理财服务的是（   ）。

A.基金公司　　　　　B.保险公司　　　　　C.信托公司　　　　　D.律师事务所

二、技能训练

1.很多人认为财经素养教育是关于金融知识方面的教育，请调查了解各个国家或地区及经济组织的财经素养教育体系内容，并谈谈你受到的启发。

2.调查了解至少3位富豪榜上的"首富"，总结他们在创造财富过程中体现出来的共同品质。

3.讨论专升本的机会成本是怎样的。

三、财经实践

实践项目：模拟拍卖会。

实践目标：

（1）理解价值观对人生规划的意义。

（2）通过竞拍理解拍卖的一般原则，学会运用有限资源获取最大价值；通过制定阶段目标，体验人生职业规划的方法，并应用于生活实践。

（3）通过拍卖及其活动后的讨论与分享，引导学生思考投资过程中"分散风险"的原理，以增强风险意识，在做出选择时，要学会把个人价值与社会价值结合在一起考虑。

实践内容：

（1）通过模拟拍卖人生这笔财富，引导学生澄清自我价值观，合理对人生这笔财富理性投资、合理规划，让学生尝试制定阶段目标。

（2）活动过程：模拟拍卖会时间约20分钟，讨论与分享约20分钟，课堂总结约5分钟。

实践准备：

（1）教具：拍卖锤、模拟货币、竞拍者号码牌等。

（2）课前设计拍卖清单、PPT。拍卖清单物品及起拍价内容：友情（500元）、亲情（500元）、美貌（500元）、爱心（500元）、诚信（1 000元）、金钱（1 000元）、一门手艺（500元）、读名牌大学（500元）、自己的公司（1 000元）、快乐（1 000元）、健康（1 000元）、智慧（1 000元）。

（3）学生分成6个小组，课前领取拍卖物品清单。

实践规则：

（1）每个学生手中有 5 000 元（道具钱），它代表了一个人一生的时间和精力。

（2）每个人可以根据自己对人生的理解竞买拍卖清单中的拍品。

（3）每件拍品都有底价，每次出价都以 500 元为单位，价高者得；一旦有出价 5 000 元的，立即成交。

（4）每次竞拍只要为此拍品出价，不管是否拍到，均需要交纳竞拍费用。

（5）每次出价时以举牌为准，若叫价 3 次无人加价则成交。

选 3 名学生做教师助手，其中一名学生负责记录每件拍品的成交价和成交人的名字与学号，另两名学生负责收钱，包括成交人的钱、在竞拍过程中出价人的钱。

学习目标

知识目标

1.了解理性消费的核心要点；

2.熟悉财富管理流程和原则；

3.掌握生命周期理财的原理及应用；

4.能够理解并学会计算投资收益相关指标。

技能目标

1.能够运用生命周期理财策略和技巧初步制订个人或家庭财富规划；

2.能够通过投资收益相关指标的计算制定财富管理目标。

素养目标

1.培养正确的消费观，量力而行，理性消费；

2.培养理性分析能力和理智务实的人生态度。

☑ **课前思考** --

1.你有进行过投资吗？是否从中获益？

2.你的目标是什么？

（1）列出你在教育、社会、财务、家庭、健康／身体、休闲娱乐方面的目标（见表2-1）。在某些方面，你的目标可能多于5个，在另一些方面，你的目标可能少于5个。

表2-1　　　　　　　　　　　　　　　**你的目标**

教育	社会	财务	家庭	健康／身体	休闲娱乐

（2）哪些是最重要的目标？

从每一个方面选取1个对你来讲重要的目标，并按重要程度排序（见表2-2）。在每一个目标后面备注你为实现这一目标可能采取的行动，以及实现这一目标所需的资源。

表2-2　　　　　　　　　　　　　　　**目标排序**

实现目标的条件	重要程度（大→小）					
	目标1	目标2	目标3	目标4	目标5	目标6
我可以做些什么						
实现这一目标需要哪些资源						

3.你对钱的态度属于哪一种类型？请在以下选项中选择符合自己的类型，并思考适合自己的财富管理方法。

（1）精打细算的土拨鼠：量入为出，精打细算，从不借钱，不用信用卡，有储蓄习惯。

（2）小心翼翼的美洲豹：担心钱不够用，致力于积累财富，量出为入，开源重于节流，赚钱机会稳妥的情况下，可以借贷。

（3）有洁癖的波斯猫：厌恶铜臭，不让金钱左右人生，听天由命，不顾及财务保障，缺乏规划，不量出不量入。

（4）及时行乐的猴子：享受花钱，花的比赚的多，依赖信用卡透支额度或借钱，透支未来，冲动消费。

（5）逃避问题的鸵鸟：回避处理钱，也不求助专家，不借钱，不用信用卡，只存款无其他投资。

笔记：_____

_____

_____

财经智慧小贴士

　　开学前后往往是电信、网络诈骗高发期，一些诈骗分子会冒充大学老师、资助机构工作人员等，给新生发短信、打电话、加微信或QQ好友，用各种手段骗取钱财，或发放互联网消费贷款，诱导学生通过"先学后付""免息分期"等不良贷款参加各种技能培训，使学生陷入高额贷款陷阱。请你一定擦亮眼睛，提高警惕，抵住诱惑，避免上当。

任务1　学会理性消费

　　随着消费市场持续较快增长，消费已成为我国经济增长的"主引擎"，人们的消费观念也在不断演变。从基本的衣、食、住、行到更高层次的精神追求，消费无处不在，它既是满足生活需求的手段，也是个人生活态度和价值观的体现。然而，在享受消费带来的便利与满足的同时，我们也必须清醒地认识到，不合理、过度的消费行为可能带来的负面影响，如经济压力、资源浪费、环境破坏等。树立理性的消费观念是保障个人财务健康与社会经济稳定的重要基石。

一、生活中常见的消费行为误区

1. 冲动消费

　　在商家的促销活动和社交媒体的影响下，一些人容易陷入冲动消费的陷阱。他们购买大量并不真正需要的商品，导致资源的浪费和个人财务的紧张。比如，每年的"双十一"购物节，一些消费者会冲动购买大量商品，其中很多是平时并不需要或很少使用的。

2. 消费过剩

　　在某些社会群体中，消费被视为一种身份和地位的象征。这种观念导致了消费过剩的现象，即人们购买远远超过其实际需求的商品和服务。例如，一些人为了追求时尚和潮流，为了攀比，频繁更换手机、电脑等电子产品，而这些产品往往还没有达到需要更换的程度。

3. 过度超前消费

　　简单来说，过度超前消费是指个人或家庭在当前的收入水平不足以支撑其消费需求时，通过借贷、信用卡分期等方式，提前透支未来的收入来满足当前的消费欲望。这种行为往往超出了个人的经济承受能力和合理预算范围，过度超前消费会带来一系列负面影响。例如，需要承担高额的利息和还款压力、逾期还款或违约影响个人信用评分、长期的债务压力影响心理健康和幸福感等。

☑ **阅读思考 2-1** --

警惕不良"校园贷"

随着人们物质生活极大丰富，越来越多的人开始追求物质享受，各种攀比层出不穷，有的学生因父母提供的费用不能满足其需求，为满足内心疯狂滋生的欲望，他们可能会转向贷款机构获取资金，"校园贷"便应运而生。"校园贷"是指在校学生向金融机构或者借贷平台借钱的行为。借贷时通常无抵押无担保，但一些借贷公司存在高利借贷的情况。这些不良"校园贷"是一些非法机构通过虚假宣传，引诱借款学生落入"套路贷""高利贷"陷阱，"小贷"滚成"巨债"，行诈骗、敲诈之实。例如，某同学为购买新款手机及其他消费，到没有资质的非法公司申请贷款，随后经过拆东墙补西墙，不断找其他非法小贷公司借款还债，最终欠下共计70余万元的债务，其中包括了远远高于正规贷款的利息，而这位同学原始的借款金额仅为3万元。若不能及时归还贷款，放贷人可能会采取恐吓、殴打、威胁等手段进行暴力讨债，一些学生甚至因无法还款而逃课、辍学，这对学生的人身安全和校园秩序造成严重的危害。2017年9月6日，教育部明确"取缔校园贷款业务，任何网络贷款机构都不允许向在校大学生发放贷款"。

零门槛、无抵押、无利息，专为学生打造，秒到账……这些字眼都来自一个为大学生"量身定制"的陷阱——"校园贷"。面对这些不良"校园贷"，大学生们应擦亮眼睛，莫入圈套。

资料来源：王雨馨. 教育部喊停"校园贷"：禁任何网贷机构向在校大学生放贷 [EB/OL]. [2017-09-09]. http://m.cnr.cn/news/20170909/t20170909_523941745.html.

思考：现在国家对校园贷、网贷管控比较严格，你将如何保证日常财务稳定，避免因消费需求无法满足而走向借贷的道路呢？

笔记：_____

_____

_____

财经知识窗 2-1

有些人觉得，如果不懂金融，就不应该投资，而是应该把钱存在银行。这其实是对投资的一种误解。实际上，持有现金或把钱存入银行，也是一种投资方式，只不过是一种较为保守的投资策略，因为现金和类似现金的资产（如银行存款）本身就是一种资产形式，所以持有它们也是一种投资行为，只不过这种方式相对更加被动。但持有现金或把钱存银行并不意味着高枕无忧，很多时候它的收益率可能是负的。当市场物价上涨，通货膨胀率很高时，货币购买力下降，持有现金就意味着亏钱，银行存款利息率低于通货膨胀率时，收益率就是负的。

二、树立理性的消费观念：个人、社会与经济的共赢之道

早在两千多年前，伟大的圣贤孔子便在《论语·述而》中深刻阐述："奢则不孙，俭则固；与其不孙也，宁固。"此言寓意深远，是指在"奢侈"与"节俭"之

间，孔子更倾向于"节俭"一端，他反对奢侈浮华的生活方式，倡导节俭朴素的生活态度，但也不赞成过分节俭，强调适度与理性。这一思想，犹如一颗璀璨的明珠，镶嵌在我国悠久的文化传统之中，提醒着世人：坚持适度消费、理性消费，不仅是对个人品德的磨砺，更是对优秀文化传统的传承与弘扬。

所谓理性的消费观念，是指在个人经济能力可承受的范围内，遵循效用最大化的原则来进行消费。理性消费着重强调消费者应当基于自身的经济状况和实际需求，对个人经济进行合理规划，避免盲目追随潮流或受情绪驱使而消费。其核心要点包括：

1.量入为出，适度消费

消费需量力而行，即消费应与个人实际情况相符，控制在经济能力可承受的范围之内，既不过度超前消费，也不过分抑制消费。如今，大多数家庭收入有了较快增长，消费能力得到了很大的提高，但是无论哪种家庭，其消费都应该立足于现实，不要超越家庭的经济条件，做到量入为出。

2.精心计划，忌盲目消费

有了一定的经济收入以后，应该做好规划和预算，明确自己的消费需求和财务状况。计划要制订得详细，花费要合理，善于精打细算。不仅保证家庭的正常开支，还要保留结余，做好理财规划。凡事预则立，不预则废。避免盲目跟风，即要防止因追求与他人一致或受社会时尚潮流影响而产生的攀比消费行为。

3.勤俭节约，艰苦奋斗

勤俭节约、艰苦奋斗，是中华民族的传统美德，也是我们应恒久秉持的价值观，作为民族精神的璀璨明珠，历久弥新。在当今物质丰盈的时代，资源短缺却成为制约经济和社会发展进步的重要原因。因此，建设节约型社会，树立节约意识，营造"铺张可耻，节约光荣"的氛围尤为重要。

作为一名高校大学生，要清楚地认识到自己的首要任务是努力学习，从而实现德、智、体、美、劳综合素质的全面提升，而不是比吃比穿，在面对物欲横流的社会大环境的影响和西方文化的冲击时，要有明辨是非的能力，保持理性的消费观念，不过分追求骄奢淫逸，不贪图物质享受，在自身经济承受范围内合理消费，把消费重心向文化消费、技能消费等提升自身文化知识和能力素质的方向倾斜，不断强化自身修养，坚决抵制超前消费、享乐消费，从而帮助自己树立正确的消费观。同时，高校大学生群体还要警惕不良商家、不法分子的侵权、诈骗行为，多从警示教育中总结经验，趋利避害，确保自身的人身财产安全。拥有正确的消费观，可以让我们更理性地消费；保持合理的消费结构，可以让我们的生活过得舒适、健康又有意义。在这个前提下进行财富管理，才会让我们的生活更美好。

财经知识窗 2-2

效用最大化原则

效用是指消费者的满意程度，当消费者满意程度最高的时候效用达到最大。效用最大化原则，简单来说，就是消费者在有限的收入下，如何选择购买各种消费品，以达到总效用（即满足程度）的最大值。具体来说，当消费者对若干消费品进行选择时，他们会调整每种消费品的购买量，直到用每一元钱购买任何一种消费品所带来的边际效用（即增加一单位消费品所带来的额外满足程度）都相等，这时就实现了总效用的最大化。

☑ 课堂互动 2-1 --

近年来，"断、舍、离"的生活方式逐渐受到年轻人的追捧。他们倡导简约生活，拒绝购买不需要的物品，定期清理家中的杂物。这种消费观念不仅让他们的生活更加轻松和自在，还减轻了对环境的负担。另外，一些国内的社区也开始推行"零废弃"生活，鼓励居民减少垃圾产生，实现资源的循环利用。这种生活方式不仅有助于环境保护，还能让居民更加珍惜资源。

你知道绿色消费吗？作为当代大学生，举例谈谈你自己的消费观念。

笔记：_____

_____

_____

拓展阅读 2-1

国家助学贷款
为贫困大学生
保驾护航

任务 2　生命周期与财富规划

每个人的一生都在和财富打交道，从创造财富、积累财富到传承财富，财富管理将伴随人生的每一个阶段，因此财富管理是所有人终身的必修课。但谈到财富管理，很多人的第一反应可能还是"我应该投资什么产品？哪个产品最赚钱？什么时点投资最好？"等，这些思路其实在一定程度上忽略了财富管理的本质功能。财富管理是为实现人生目标提供必不可少的财务支持，最终目的并非一时的收益高低，而是要满足个人和家庭的财务需求；而为了做到真正的财富管理，首先需要结合人的生命周期做一份全面的财富规划。

人在不同的生命周期阶段，由于所处的社会经济背景、家庭形态、财务状况、获取收入的能力、社会地位不同，承担的家庭义务和社会责任不同，财富管理的目标也不同，对金融产品和服务的需求也有很大差异。我们需要在人生的不同阶段合理安排收支，实现在整个生命周期内消费的最佳配置和价值最大化。

一、生命周期理论

生命周期理论是财富管理的基础理论，我们把几个不同阶段组成的人的一生称为财务生命周期。一般来说，可以把财富管理的生命周期分为以下五个阶段：青年单身期、家庭形成期、家庭成长期、家庭成熟期、退休养老期。

（一）青年单身期

青年单身期，即参加工作至结婚这段时期，一般为 2~8 年。在这个时期，个人刚步入社会开始工作，财务状况是资产较少，可能还有负债（如贷款、父母借款），甚至净资产为负，总体属于经济收入比较低而且花销大的人生阶段。

（二）家庭形成期

家庭形成期，即结婚到新生儿诞生这段时期，一般为 1~5 年。在这个时期，家庭成员增加，家庭负担加重，为了提高生活质量需要较大的家庭建设支出和日常开支。

（三）家庭成长期

家庭成长期，即子女出生到子女完成教育这段时期，一般为20年左右。在这个时期，家庭成员不再增加，整个家庭成员的年龄在不断增长，经济收入增加，花费也不断增加，生活趋于稳定。

（四）家庭成熟期

家庭成熟期，即子女参加工作直至家长退休这段时期，一般为15年左右。在这个时期，家庭已经达到稳定状态，子女已经完全独立，资产逐渐增加，负债逐渐减少。个人的事业、经济状况都达到了顶峰状态，是较为自由、轻松的。

（五）退休养老期

退休养老期，即退休以后的养老阶段。在这个时期，往往是人身体状况最差而收入最不可能增长的时期。

二、生命周期收支曲线与财富规划

如果把每个人生命周期中的所有支出和收入用两条曲线来描述（如图2-1所示），则A区为人生净支出区，未工作就业时，刚需的生活消费和教育支出，或就业后收入低，但需要成家立业，处于收不抵支状态；B区为财富积累区，职业生涯处于顶峰，就业和投资收入也相对最高，主要依靠这个时期积累和安排养老资金；C区为年老收不抵支区，消费青壮年时积累的养老资金。

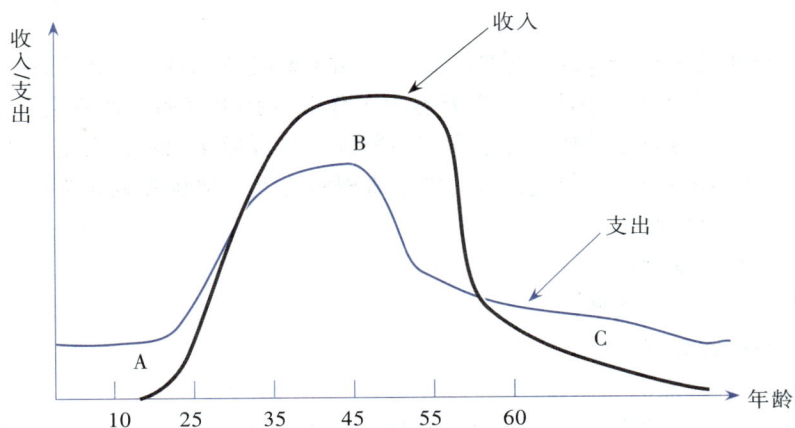

图2-1　生命周期的收支曲线示意图

财富管理的基本目标是实现：B＝A＋C，即个人财富收支平衡。

量入为出是我国传统的财富观，很多前辈的财富管理目标是实现 B＞A＋C，即个人财富收支平衡，略有结余。

如果出现 B＜A＋C，这是最可悲的。其表现是"人没死，钱却没了"，只能"啃老"，或寅吃卯粮、靠子孙后代，或靠政府救济，吃"低保"。

生命周期收支曲线因人、因时变化，是不确定的，个人财富管理的任务就是在设定财富管理目标后，通过有效的财富管理、合理的资产配置、不断增收节支，适时修正财富管理目标，最终达成 B≥A＋C 的财富管理目标，以规避 B＜A＋C 情况的出现。

财经知识窗 2-3

　　财富管理的真正意义不在于让账户余额多几个零，而是在于实现少小无忧、成家立业、住有所居、病有所医、老有所养、家有传承，满足个人和家庭的财务需求，身后财富也可以按照自己的意愿进行传承和分配。"凡事预则立，不预则废"，要实现这些目标，必须尽早做好全面的财富规划，否则即使是亿万财富也可能在不知不觉间流失殆尽。

　　在这一点上，NBA 球星阿伦·艾弗森或许可以像他的绰号一样，给我们一个"答案"。艾弗森职业生涯总收入超过 2 亿美元，但由于缺少规划，肆意挥霍，退役不久就几乎陷入破产。但艾弗森之所以并未真正破产，恰恰是因为他的经纪人当年预留一部分代言费成立了一只信托基金，让他每年可以从中领取 100 万美元以资生活，但在 55 岁前都无权动用本金，也算是实现了一定程度上的财富规划。

三、生命周期不同阶段的财富需求

　　在不同的人生阶段，无论是接受教育、成家立业、养育孩子，还是最后的老年生活，我们都需要根据自身和家庭的实际情况未雨绸缪，充分认识少年阶段几乎"零收入"，青年和中年阶段收入增长、财富累积，以及老年阶段收入锐减的人生收支变化规律，合理规划每个阶段的理财目标，为人生财富积累做尽可能科学合理的配置。

（一）青年单身期的理财重点

　　青年单身期是家庭资金的积累期，这一时期主要的理财目标是在提高自身素质的同时，为未来累积财富。为此，个人要努力工作并寻找更好的工作机会，努力培训、进修以提高自己，努力通过投资等手段广开财源，尽可能多地获得财富，为未来的结婚和进一步投资做好准备。因此，该时期的理财重点及一般优先顺序为：

（1）消费支出控制；
（2）偿还教育贷款；
（3）购房（租房）规划；
（4）小额投资尝试。

（二）家庭形成期的理财重点

　　这一时期，个人在事业上经济收入增加，且生活开始走向稳定，但是财力不足。因此，该时期的理财重点及一般优先顺序为：

（1）建立家庭应急储备；
（2）初步建立家庭保障体系；
（3）购房和购车规划；
（4）子女养育及智力开发费用；
（5）开始建立退休基金；
（6）稳健型投资。

（三）家庭成长期的理财重点

　　这个时期持续时间最长，是家庭收入不断增加，巩固、壮大个人和家庭资产的阶段，也是家庭建设、子女教育培养和养老储备的重点时期。因此，该时期的理财重点及一般优先顺序为：

（1）偿还房贷、车贷；

（2）完善保险保障体系；

（3）子女教育规划；

（4）完善养老规划；

（5）组合投资规划。

（四）家庭成熟期的理财重点

在这一时期，个人最大限度地为未来岁月添砖加瓦，并逐步降低资产的投资风险，向退休阶段过渡。因此，该时期的理财重点及一般优先顺序为：

（1）提高投资收益的稳定性；

（2）进一步完善养老规划；

（3）资产传承安排。

（五）退休养老期的理财重点

理财的原则应该是身体、精神第一，财富第二。这一时期的理财规划需要注意平衡两大目标：一是财产安全，二是遗产传承。因此，该时期的理财重点及一般优先顺序为：

（1）保障财产安全；

（2）准备善后费用；

（3）遗产安排。

人生的各个年龄阶段有着不同的特征和财富管理目标（见表2-3），我们要根据人生规划的进程，了解自己的生活需求，制订短期、中期、长期的理财计划，定期检查，弹性调整，保证各阶段目标的实现。其实，财富管理就是管理人生，生儿育女、养家糊口，每个人都要如此度过一生。所以，我们要在每个人生阶段做出正确的选择，合理规划财富，才能成就幸福人生。

表2-3　　　　　　　　　　　　生命周期各阶段的特征及财富管理目标

人生阶段	青年单身期 25岁以前	家庭形成期 25~35岁	家庭成长期 30~55岁	家庭成熟期 50~60岁	退休养老期 60岁以后
特征	从参加工作至婚前，以父母家庭生活为中心	从结婚到子女出生，家庭成员数随子女出生而增加	从子女出生到完成学业，家庭成员数固定	从子女完成学业到夫妻均退休，家庭成员数随子女独立而减少	从夫妻均退休到夫妻一方过世，家庭成员只有夫妻两人（也称空巢期）
收入及支出	收入较低，消费支出较多	收入以双薪家庭为主，支出随成员增加而上升	收入以双薪家庭为主，支出随成员固定而趋于稳定，但子女上大学后学杂费用负担重	收入以双薪家庭为主，事业发展和收入达到巅峰，支出随家庭成员减少而降低	以理财收入及转移性收入为主，或变现资产维持生计，支出发生变化，医疗费用增加，其他费用降低

续表

人生阶段	青年单身期 25岁以前	家庭形成期 25~35岁	家庭成长期 30~55岁	家庭成熟期 50~60岁	退休养老期 60岁以后
储蓄	几乎没有储蓄	随成员增加而下降，家庭支出负担大	收入增加而支出稳定，在子女上大学前储蓄逐步增加	收入到达巅峰，支出可望降低	大部分情况下，支出大于收入，为耗用退休准备金的阶段
居住	和父母同住或自行购房、租房	和父母同住或自行购房、租房	和父母同住或自行购房、租房	和父母同住或夫妻居住	夫妻居住或和子女同住
资产	资产较少，甚至净资产为负	可积累的资产有限	可积累的资产逐年增加	可积累的资产达到巅峰	逐年变现资产来应付退休后生活费开销
负债	有负债（如贷款、父母借款）	通常要背负高额房贷	若已购房，为交付房贷本息、降低负债余额的阶段	应该在退休前把所有的负债还清	应该无新增负债
理财目标	丰富理财知识	积累资金	子女教育、退休养老、储蓄、投资全面兼顾	积累财富、晚年养老	安度晚年、资产保值、遗产规划
理财重点	积极储蓄	选择资本高增长率的投资对象	均衡投资、合理配置	收益型投资	保守型投资

拓展阅读2-2

小张的财富规划

拓展阅读2-3

张先生的财富规划之路

☑ 课堂互动 2-2

王某和李某的年龄都是35岁，年薪同样都是15万元。王某单身并且没有家庭负担；李某已婚还有两个年龄分别为8岁和6岁的小孩，其妻子为餐馆服务员，每年收入8万元，其岳母同他们生活在一起，负责带小孩。

资料来源：根据网络公开资料整理自编。

请依据王某和李某的家庭特点，运用生命周期理论分析他们的财务需求（请按照先后顺序列出）。

笔记：＿＿＿＿＿＿＿＿＿＿＿＿＿＿＿＿＿＿＿＿＿＿＿＿＿＿＿＿＿＿＿＿

＿＿＿＿＿＿＿＿＿＿＿＿＿＿＿＿＿＿＿＿＿＿＿＿＿＿＿＿＿＿＿＿＿＿＿＿

＿＿＿＿＿＿＿＿＿＿＿＿＿＿＿＿＿＿＿＿＿＿＿＿＿＿＿＿＿＿＿＿＿＿＿＿

任务3　财富管理流程

在当今这个快速变化的时代，财富管理已成为每个人生活中不可或缺的一部分。它不仅是关于如何积累更多的金钱，更是关于如何智慧地规划、保护和增值资产，以确保我们能够实现个人及家庭的长远目标，从而应对生活中的不确定性和风险。

财富管理是一个综合性的过程，它要求我们在理解自身财务状况的基础上，制定明确的财务目标，并通过一系列有序的步骤来实施和监控这些目标。同时，遵循一些基本的原则也是至关重要的，它们如同航海中的灯塔，指引我们在复杂多变的金融市场中保持正确的方向。

财经知识窗 2-4

我国正迈入全民理财的新时代。中国银行业理财市场年度报告（2023年）显示，银行理财产品存续规模已接近30万亿元大关，投资者数量超过1亿，显示出市场对理财产品的强劲需求。随着居民财富的增长和理财意识的觉醒，理财不再是少数人的专利，而是成为大众普遍关注的生活方式。年轻一代尤其是90后、00后，正成为理财市场的新生力量，他们更加积极地探索多元化的投资渠道，推动着理财产品的不断创新与丰富。

同时，金融科技的快速发展也为全民理财时代的到来提供了有力支撑。互联网、大数据、人工智能等技术的应用，使得理财服务更加便捷、高效，降低了理财门槛，让更多人能够享受到理财带来的收益。

资料来源：张琼斯. 中国银行业理财市场年度报告（2023年）［EB/OL］.［2024-02-02］. https://news.cnstock.com/news，bwkx-202402-5186584.htm.

一、财富管理实施流程

（一）记好账，做好两张表

1. 记好账是个人及家庭财富管理的基础

平时养成记账的好习惯，掌握了家庭财务收支情况，才可分析各类收支结构、做好预算（见表2-4）。现在一些第三方支付平台，如"支付宝"均有记账本工具，许多财经类的门户网站，如"新浪财经"就有"收支记录""统计分析""提醒预算"等工具可供使用。

表2-4 个人/家庭收支明细记录表

支出项目	金额	收入项目	金额
经常性支出		劳动报酬	
生活费		工资	
水、电、煤气费		奖金	
子女教育费		补助津贴	
医药保健		投资收入	
交际应酬		存款利息	
服饰鞋帽		租金收入	
话费、网费		现金股利	

支出项目	金额	收入项目	金额
维修保养、停车费		债券利息	
电器家具		其他收入	
礼品礼金		接受馈赠	
孝敬长辈		接受救济	
理财支出		遗产继承	
保险费		……	
理财亏损			
其他支出			
房产车产			
教育培训			
捐赠支出			
旅游娱乐			
……			
合计		合计	
结余			

2.做好个人及家庭资产负债表（见表2-5）。

表2-5   个人/家庭资产负债表

资产项目	金额	负债项目	金额
现金		信用卡未偿余额	
存款		车贷	
股票		房贷	
基金		……	
房产			
寿险现金价值			
……			
合计		合计	
净值			

（二）了解自己的财富价值观

如果你每月或每年有选择性的支出可供安排，就会有两种选择：一是现在消费，提升当前的生活质量；二是选择储蓄，用于支持未来消费的财源。未来消费可以按照购房、子女教育与退休人生三大财富管理目标来划分，由此可划分出四种典型的财富价值观，分别以"蚂蚁族""蟋蟀族""蜗牛族""慈乌族"命名（见表2-6），看一下你属于哪种类型呢？

表2-6   四种典型的财富价值观

类型	特点	应对方法
蚂蚁族 先牺牲后享受	储蓄率高 最重要的目标——退休规划	完成储蓄美梦 投资——稳定的基金或股票 保险——养老保险或投资性保险
蟋蟀族 先享受后牺牲	储蓄率低 最重要的目标——目前消费	强迫最低额储蓄 投资——稳定的基金或股票 保险——基本需要的养老保险
蜗牛族 背负不嫌苦	牺牲未来 目前的享受——为壳（房）辛苦、为壳（房）忙	以基金投资来准备购房 投资——定投中长期基金 保险——房产保险
慈乌族 一切为儿女着想	为子女教育 牺牲目前与未来的消费——给子女遗产	以储蓄或基金来准备儿女教育基金 投资——中长期表现好的基金或黄金投资 保险——子女教育年金

在财富管理过程中，理财价值观其实是人们对不同理财目标的优先顺序的主观评价。价值观因人而异，没有对错标准，我们需要了解在不同价值观下的财务特征和理财方式。

☑ 阅读思考 2-2

王先生和李先生10年前是大学同班同学，大学毕业后都从事财务工作。工作5年后，他们都存储了30万元。不久后，他们都花掉了这30万元：王先生在广州购买了一套房；李先生购买了一辆奥迪小轿车。又过了5年，王先生的房子市值为60万元；李先生的车市值只有5万元。虽然他们的收入都一样，且有同样的学历、同样的社会经验，但他们目前的资产有了很大的差异，为何他们的财富不一样呢？

资料来源：根据网络公开资料整理自编。

思考：对王先生和李先生两种不同的理财观进行分组讨论。

笔记：_____

_____

_____

（三）挑选适合自身的专业理财顾问和交易渠道

财富规划是一项专业的工作，无论是满足日常开支的现金管理，还是用于长期配置的保险和投资，都需要依赖专业金融机构提供的产品和服务。特别是对于退休养老等中长期目标，由于时间跨度跨越了经济周期，对大类资产配置能力的要求更加突出。在知名品牌银行或非银行金融机构挑选专业理财顾问进行沟通，可咨询相关财富管理业务，也可让其作为自己的客户经理。除了网点物理渠道外，移动互联网渠道越来越成为客户首选的交易渠道，如网上银行、手机银行、网上客服等电子渠道，可足不出户享受365天24小时全天候金融服务。

财经知识窗 2-5

专业理财服务，该找谁？

专业财富管理从业人员的职级：参考2021年12月29日中国人民银行发布的《金融从业规范 财富管理》（以下简称《规范》）中的标准，财富管理从业人员分为个人理财师、理财规划师、私人银行家和家族财富传承师四个职级，并对应不同财富水平的客户群，如图2-2所示。

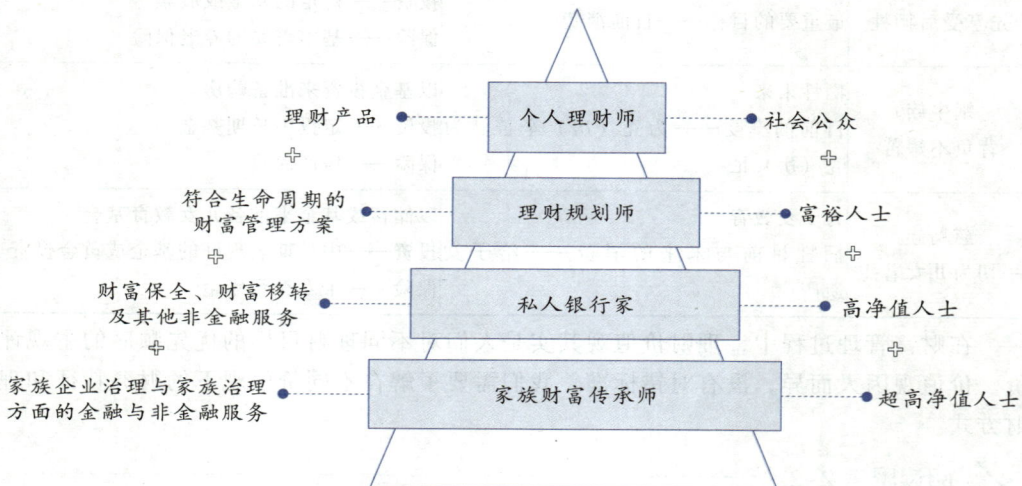

图2-2 财富管理从业人员的职级

个人理财师：服务社会公众（金融资产60万元人民币以下）的财富管理从业人员，能根据客户的不同理财需求提供相应的理财产品。

理财规划师：服务富裕人士（金融资产60万元（含）至600万元人民币）的财富管理从业人员，在个人理财师的基础上，能为客户提供符合生命周期需求的财富管理方案。

私人银行家：服务高净值人士（金融资产600万元（含）至3 000万元人民币）的财富管理从业人员，在个人理财师和理财规划师的基础上，能为客户提供财富保全、财富移转及其他非金融服务。

家族财富传承师：服务超高净值人士（所在金融机构资产规模3 000万元（含）人民币以上或个人名下金融资产规模达2亿元（含）人民币以上）的财富管理从业人员，在个人理财师、理财规划师和私人银行家的基础上，能为客户提供家族企业治理与家族治理方面的金融与非金融服务。

(四) 测试自己的风险偏好

风险偏好是影响个人投资的重要因素之一，测试风险偏好的维度有许多，但个人年龄、投资经验、投资的产品、非保本产品投资比例、投资收益预期、最长投资年期、家庭收入中除储蓄外有多少比例可用于投资、可调用的不时之需的钱相当于几个月的家庭开支等这些维度是不可或缺的。一般个人年龄越大、投资经验越少、投资产品的安全度越高、非保本产品投资比例越低、投资收益预期越高、可投资年期越短、家庭收入中除储蓄外可用于投资的比例越低、可调用的不时之需的钱越少，个人投资的风险承受能力就越低。按客户风险偏好的高低，可分为进取型、稳健型和保守型三类。

☑ **课堂互动 2-3** --

学生可以在各银行的官方网站上进行注册，成为个人银行客户，然后进行自我风险测评。

风险偏好测试 (样本)

1.（年龄）您的年龄在以下哪个范围内？

A. 18~35 岁

B. 36~45 岁

C. 46~60 岁

D. 60 岁以上

2.（家庭背景）您的供养人数是多少？（包括配偶、子女、父母）

A. 无

B. 1 人

C. 2~3 人

D. 3 人以上

3.（现金储蓄）当有突发事件（如失业及患病等）发生时，你的现金储蓄可维持多久的正常生活？

A. 多于 1 年

B. 6 个月至 1 年

C. 低于 6 个月

D. 无

4.（收入）您一个月的支出占总收入的百分比大概是多少？

A. 少于 25%

B. 25%~50%

C. 51%~75%

D. 超过 75%

5.（资产净值）如果您现在退休，您的财富可维持现有生活水平的百分比是多少？

A. 76%~100%

B. 51%~75%

C. 25%~50%

D. 少于25%

6.（投资经验）以下哪一项可以最佳描述您的投资活动？

A. 把大部分资金放在一个主要为股票的股票型基金中

B. 把大部分的资金放在一个主要为股票及少量债券的混合型基金中

C. 把大部分的资金放在一个主要为债券及少量股票的混合型基金中

D. 把大部分的资金放在一个主要为货币市场工具的保本型基金中或主要为货币市场工具及债券的债券型基金中

7.（投资知识）您对一般投资工具（如股票、债券、基金）的认识程度如何？

A. 非常熟悉

B. 比较熟悉

C. 稍微认识

D. 完全不懂

8.（风险取向）如果您在电视游戏节目上中了奖，您会选择以下哪一种中奖方式？

A. 参加下一回合游戏，只有1%的机会获得1 000 000元

B. 参加下一回合游戏，只有25%的机会获得40 000元

C. 参加下一回合游戏，只有50%的机会获得20 000元

D. 不参加下一回合游戏，可获得10 000元

9.（风险取向）一个月前，您进行了一项投资，经过市场调整后，投资项目的价格下跌了20%。假设基本因素不变，您会如何做？

A. 买多点，因为此时投资项目更便宜

B. 继续持有，等待项目价格回升

C. 把部分投资项目卖掉，将所得款项放在银行储蓄存款

D. 把投资项目卖掉，以免夜长梦多

10.（风险取向）您会如何形容"风险"呢？

A. 令人兴奋

B. 充满机会

C. 不肯定性

D. 可能损失

（试题分值：A. 4分；B. 3分；C. 2分；D. 1）

评估结果确认：＿＿＿＿＿＿（客户风险等级）

［客户确认栏］

本人保证以上所填全部信息为本人真实的意思表示，并接受贵行评估意见。

客户签名：＿＿＿＿＿＿

评　估　人：＿＿＿＿＿＿

评估日期：＿＿＿＿＿＿

银行签章

客户分级评估标准及可以购买的产品类型，见表2-7。

表2-7   **客户分级评估标准及可以购买的产品类型**

分值范围	客户类型	适合的产品类型
10~15分	保守型	极低风险产品
16~21分	稳健型	极低、低风险产品
22~27分	平衡型	极低、低、中等风险产品
28~33分	成长型	极低、低、中等、较高风险产品
34~40分	积极进取型	极低、低、中等、较高及高风险产品

极低风险产品：经银行风险评级确定为极低风险等级的产品，包括各种保证收益类理财产品，或者保障本金，且预期收益不能实现的概率极低的产品。

低风险产品：经银行风险评级确定为低风险等级的产品，包括本金安全，且预期收益不能实现的概率较低的产品。

中等风险产品：经银行风险评级确定为中等风险等级的产品，该类产品本金亏损的概率较低，但预期收益存在一定的不确定性。

较高风险产品：经银行风险评级确定为较高风险等级的产品，该类产品存在一定的本金亏损风险，收益波动性较大。

高风险产品：经银行风险评级确定为高风险等级的产品，该类产品的本金亏损概率较高，收益波动性大。

（五）评估各种投资工具的风险与收益
1. 投资工具的类型与风险特征（见表2-8）

表2-8   **投资工具的类型与风险特点**

类型	投资工具	特点
短期投资工具	各类存款、理财产品、国库券、货币市场基金、大额存单、银行承兑票据、商业承兑票据等	风险低，流动性强，通常用于满足紧急需要、日常开支周转和一定当期收益需要
固定收益证券	中长期国债、政府机构债券、市政债券、公司债券、债券基金、优先股等	风险适中，流动性较强，通常用于满足当期收入和资金积累需要
普通股	A股、B股、H股、认股权证等	风险高，流动性较强，用于资金积累、资本增值需要
衍生金融产品	期权、期货、远期、互换等	风险高，个人参与度低
其他	房地产、黄金、艺术品、古董等	具有行业和专业特征

2．主要金融投资产品"三性"比较（见表2-9）

表2-9 　　　　　　　　　　主要金融投资产品"三性"比较

金融产品	安全性	盈利性	流动性
存款	☆☆☆☆☆	☆	☆☆☆☆☆
债券	☆☆☆☆	☆☆	☆☆☆
黄金	☆☆☆☆	☆☆☆	☆☆☆☆
银行理财产品	☆☆☆	☆☆☆☆	☆☆☆☆☆
基金	☆☆	☆☆☆☆	☆☆☆☆☆
股票	☆	☆☆☆☆☆	☆☆☆☆☆

财经知识窗 2-6

　　安全性、盈利性和流动性，是投资理财中要关注的三个方面。几乎没有一款单一的金融工具能够同时满足这三个方面的需求。比如，存款很安全，流动性也很好，但是收益不高；房产比较安全，长期回报也不错，但变现能力较差；股票和基金买卖很便利，收益也值得期待，但时常波动，极容易产生亏损。只有通过合理的资产配置和预期管理，才能实现这三个方面的平衡，这往往需要专业人员的协助规划。

（六）根据投资目标、风险承受能力，建立适合自身的资产投资组合

　　人在不同的生命周期阶段、不同的家族形态下，对金融服务的需求是不同的，不同的人在相同的生命周期阶段、相同的家族形态下，对金融服务的需求也是千差万别的。但就像人的口味、饮食习惯可以千差万别，人生存所需的碳水化合物、脂肪、蛋白质、维生素、矿物质、水、膳食纤维七大类营养却是不能少的，而且必须按比例配置一样，家庭财富也必须进行有效配置、组合管理。

　　由于每个金融产品的基本功能不同，定位有差异，处于不同年龄和职业生涯、不同家族形态的人，金融资产的配置都是不同的。处于相同年龄阶段、相同家族形态、相同职业生涯状态的人，由于投资的风险承受能力不同，资产配置结构也相应不同（见表2-10）。通常，风险承受能力越强，资产配置越激进。

表2-10 　　　　　　　　　　不同时期的资产组合参考比例

家庭时期	日常生活费用支出	避险投资	风险投资
青年单身期	20%	30%	50%
家庭形成期	20%	30%	50%
家庭成长期	20%	35%	45%
家庭成熟期	20%	40%	40%
退休养老期	20%	50%	30%

✓ 阅读思考 2-3 ---

标准普尔家庭资产象限图

根据投资学的定义，资产配置是指根据投资需求将投资资金在不同资产类别之间进行分配，通常是将资产在低风险、低收益证券与高风险、高收益证券之间进行分配。全球最具有影响力的信用评级机构——标准普尔曾调研全球数十万个资产稳健增长的家庭，分析总结其家庭理财方式，从而得到了标准普尔家庭资产象限图，如图2-3所示。此图所列内容被认为是比较合理稳健的家庭资产分配方式。

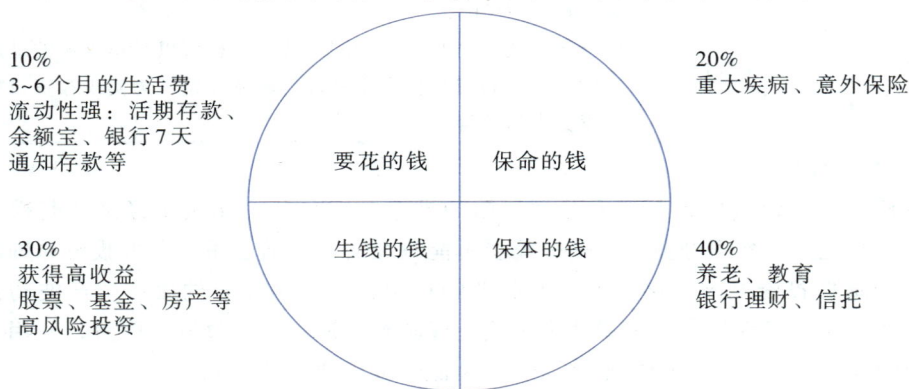

10%
3~6个月的生活费
流动性强：活期存款、
余额宝、银行7天
通知存款等

要花的钱　保命的钱

生钱的钱　保本的钱

20%
重大疾病、意外保险

30%
获得高收益
股票、基金、房产等
高风险投资

40%
养老、教育
银行理财、信托

图2-3　标准普尔家庭资产象限图

思考：根据标准普尔家庭资产象限图，结合自己的家庭经济条件和风险承受能力，列出合理的家庭资产分配方式及理财产品组合。

笔记：_____

_____

_____

二、坚守财富投资原则，树立科学投资理念

（一）风险匹配

投资时应购买风险评级等于或低于投资者风险承受能力评级的理财产品，这就是风险匹配原则。风险与收益是对称的。也就是说，要追求较高的收益，就要承担较大的风险；反之，要获得稳定的收益，则可不必冒太大的风险。投资人先要对自己的风险承受能力进行评估，再选择相匹配的理财产品，这样可以有效规避风险。投资者风险承受能力等级及其适合购买的理财产品，见表2-11。

表2-11　　　**投资者风险承受能力等级及其适合购买的理财产品**

风险等级	风险水平	产品类型	评级说明
保守型	很低	1星级产品	对投资产品的任何下跌都不愿意接受，甚至不能承受极小的资产波动，属于风险厌恶型的投资者
稳健型	较低	2星级（含）以下的产品	不愿意接受暂时的投资损失，关注本金的安全，属于中度风险厌恶型的投资者

续表

风险等级	风险水平	产品类型	评级说明
平衡型	适中	3星级（含）以下的产品	愿意承担一定程度的风险，主要强调投资风险和资产增值间的平衡，为了获得一定收益可以承受投资产品价格的波动，甚至可以承受一段时间内投资产品价格的下跌
成长型	较高	5星级（含）以下的产品	为了获得高回报的投资收益，能够承受投资产品价格的显著波动，主要投资目标是实现资产增值，为实现目标往往愿意承担相当程度的风险
积极进取型	高	5星级以上的产品	能够承受投资产品价格的剧烈波动，也可以承担这种波动所带来的结果，投资目标主要是取得超额收益，为实现投资目标愿意冒更大的风险

（二）分散投资

在任何投资组合中，都要有分散风险的理念。1981年，诺贝尔经济学奖得主詹姆士·托宾说过一句很经典的话——鸡蛋不能放在同一个篮子里。分散投资原则的意义就在于降低投资风险，保证投资者收益的稳定性。因为持有的单一资产波动性较大，会使失误的概率很高，失误后也可能造成满盘皆输。而通过资产配置，利用不同资产间的风险差异，可以降低整体风险，降低投资组合的波动率。

1. 最简单的投资组合：银行储蓄+短期理财产品

银行储蓄是最为传统的理财方式，它的好处就在于能够帮助大家养成储蓄的好习惯。除了银行储蓄，投资者还可以购买短期理财产品，周期短，收益较高，稳定性也好。因此，银行储蓄+短期理财产品的组合能够帮助你在短期内获得较高收益。

2. 最经典的投资组合：货币基金+固定收益类产品

要想获得长期稳定的收益，投资者可选择货币基金与固定收益类产品的组合，这是最经典的保本投资与风险投资组合。理财师表示，理财可以遵守"二八原则"，八成资金用于购买货币基金，风险性较小，每日计息，随时用随时能赎回，保证了本金与稳定收益，相比银行存款利息高；两成资金购买固定收益类产品。

3. 最稳健的投资组合：60%固定收益类产品+20%货币基金+20%股票等

对稳健型投资者来说，投资组合中无风险或低风险的产品比重较大，多配置一些固定收益类理财产品，在本金有保障的同时，收益更稳定。

4. 最激进的投资组合：50%股票等+30%固定收益类产品+20%货币基金

对激进型投资者来说，投资组合中高风险的产品所占比重较大，这种方式能让激进型投资者在最短的时间内使其投资组合的价值最大化。

财经知识窗 2-7

固定收益类产品，是指投资于存款、债券等债权类资产的比例不低于80%的理财产品。此类产品主要是为了回避利率和汇率波动风险。固定收益类的理财产品种类非常丰富，如定期存款、货币基金、债券等。

（三）价值投资

价值投资原则是一套指导投资者进行长期、稳健投资的理念和方法。它强调安全边际的重要性，即投资者应购买市场价格远低于其内在价值的有价证券，以降低投资风险。同时，价值投资注重长期回报，鼓励投资者选择具有持续竞争优势和良好基本面的公司，并耐心等待其价值的实现。此外，要求投资者从公司所有者的角度去思考，关注公司的盈利能力、管理质量等因素。忽略市场短期波动、坚守能力圈、关注净资产回报率等。

（四）控制欲望

投资时，首先要克服的敌人便是贪婪。贪婪易使投资者忽视风险，在市场上涨时，因贪念错失获利良机，未能及时锁定收益；而在市场下跌时，又急于抄底，即便遭遇价格暴跌也不愿放手，最终导致损失。因此，投资时务必设定止盈点和止损点，并严格遵守。与此同时，投资者要量力而行，不要以他人为模板制定超出自己能力范围的目标，以防贪婪导致损失。

财经知识窗 2-8

资产配置中常见的错误有两个：一是过于分散，缺乏权重，起不到发挥优势的作用；二是相关度过高，一损俱损，一荣俱荣，如虽然买了十几只股票，但都是产业上下游公司，这样风险很大。

☑ 课堂互动 2-4

虽然分散投资会降低投资风险，但是太多的投资对象不仅不会降低风险，反而会增加风险。号称美国"股神"的巴菲特所投资的股票种类也不过十多种。这是因为随着投资对象的增加，其组合风险也会下降，但这种效果也会随着投资对象的继续增加而递减。所以，持有30种股票和持有20种股票的风险几乎相当。你知道这是为什么吗？

笔记：_____

_____

_____

拓展阅读 2-4

《2023 中国居民投资理财行为调研报告》解读

任务 4　核算收益锁定财富目标

在追求财富增长的道路上，精确核算收益是至关重要的一环。它不仅能帮助我们清晰了解投资或经营活动的成果，还能为我们制定和调整财富目标提供有力的数据支持。通过科学的核算方法，我们可以更加精准地把握财务状况，从而制定出更为切实可行的财富增长策略。核算投资收益首先要了解货币资金的时间价值以及资金时间价值的计算。

一、货币资金的时间价值

（一）货币资金时间价值概念

货币资金时间价值也称资金时间价值，是指货币经历一定时间单位的投资和再投资所增加的价值。

由于不同时间单位货币资金的经济价值不同，因此不同时间单位的货币资金收入需要换算到相同时间单位上才能相互比较。在有借贷关系的经济关系中，现在的1元钱的经济效用和1年或若干年后的1元钱的经济效用是完全不相等的，即便通货膨胀率为0，人们将这1元钱存在银行也会在未来有利息的获得。

（二）货币资金时间价值产生的原因

在现实生活中人们注意到，如果存入银行1元钱，期限为1年，年利率为10%，期满后可多得到0.1元，这表明1元钱在经过1年的投资后增加了0.1元，这就是货币的时间价值。在财会实务中，人们习惯使用相对数来表示货币时间价值，即用增加的价值占投入货币的百分比表示，该例中用相对数表示的货币时间价值为10%。

究其原因是人们将资金存入银行或进行投资，其数额会随着时间的延续而不断增长，资金循环的起点是投入货币资金，经过一个投资周期后产生新的资金，并大于最初的投入资金。当资金每完成这样的一个循环时，货币就增加一定的数额，循环的次数越多，其增值额也就越大。因此，随着时间的不断延续，货币总量在循环中按几何级数增长，使得货币拥有了时间价值。

货币资金时间价值的存在导致了现在的1元钱的经济效用不等于1年或若干年后的1元钱的经济效用，即现在的1元钱和将来的1元钱价值不相等。

☑ 课堂互动 2-5

1977年，家住成都水碾河的汤玉莲婆婆在银行存了当时可以买下一套房子的钱，共400元，一忘就是33年。33年后，这400元存款产生了438.18元的利息，扣除中间几年需要征收的利息税2.36元，汤婆婆连本带息仅可取出835.82元。当年能买房的巨款，如今本息加在一起连一平方米也买不到了。

资料来源：佚名．把钱存进银行好吗？［EB/OL］．［2016-10-21］．https：//www.sohu.com/a/116758571_400047.

请你说明汤婆婆是如何变穷的？

笔记：_____

_____

_____

二、核算投资收益常见名词

（一）年收益率与年化收益率

我们经常会看到"某银行90天的理财产品，年化收益率5%"，这里的"年化收益率"和"年收益率"是一回事吗？

当然不是一回事，年收益率是指进行一笔投资，1年之后能够得到的实际收益率。

年化收益率是把当前收益率（如日收益率、周收益率、月收益率）换算成年收益率来计算的，是一种理论收益率，并不是真正的已取得的收益率，年化收益率是变动的。

以某款90天的银行理财产品为例，年化收益率5%，投资10万元，到期的实际收益为1 232.88元（100 000×5%×90÷365），绝不是5 000元（100 000×5%），这里要考虑到投资的期限。

（二）固定收益率与预期年化收益率

固定收益率，是指到期收益是固定的，即预计的收益与到期实际到手的收益是一致的。例如，某固定收益类基金产品，2年期的20万元投资本金，固定收益率9.8%，到期实际收益率也是9.8%。收益率通常都是以年为时间单位来表示的。

预期年化收益率，并不是指到期实际到手的收益率，而是指发售机构对发行的理财产品初期的一个最终收益率的估值。例如，一款预期年化收益率为10%的理财产品，到期实际收益率可能在5%左右，但究竟是多少，是不能确定的，要看到期实际到手的收益。

（三）利率、单利与复利

利率是指一定时期内利息额同借贷资本总额的比率。利率是单位货币在单位时间内的利息水平，表明利息的多少。利率是借款人需要向其所借金钱支付的代价，即放款人延迟消费借给借款人所获得的回报。通常以1年期利息与本金的百分比计算，用i表示。

单利是指按照固定的本金计算的利息，是计算利息的一种方法。单利的计算取决于所借款项或贷款的金额（本金）、资金借用时间的长短及市场一般利率水平等因素。按照单利计算的方法，只要本金在贷款期限内获得利息，不管时间多长，所生利息均不加入本金重复计算利息。这里所说的"本金"是指贷给别人以收取利息的原本金额。"利息"是指借款人付给贷款人超过本金部分的金额。

复利是指每经过一个计息期后，都要将所生利息加入本金，以计算下期的利息。这样，在每一个计息期，上一个计息期的利息都将成为生息的本金，即以利生利，也就是俗称的"利滚利"。计算利息的周期越密，财富增长越快，年期越长，复利效应也会越来越明显。

☑ **课堂互动 2-6** ────────────────────────

如果今天一次性让你拥有100万元，或者从今天开始第一天给你1元，连续30天，每天都给你前一天的2倍的金额。你会怎么选？为什么？

笔记： _____

_____

_____

三、投资收益计算

（一）投资收益率的计算

投资收益率，又称投资利润率，是衡量投资方案盈利能力的重要指标。它反映了在特定投资周期内，投资项目所带来的净收益与投资总额之间的比例关系。通过计算投资收益率，投资者可以直观地了解投资项目的盈利能力和资金利用效率，进而评估投资风险与回报的匹配程度。

在不考虑资金时间价值和各类税费的前提下，个人投资收益可以简单计算为个人投资收入。投资收益率就是投资收入占投入资金的比例。

投资收益率=投资收入÷投入资金×100%

我们常用时间区间的形式来表示收益率，如日收益率、月收益率、年收益率。

比如，投入资金为10 000元，日收益为6元，那么日收益率为0.06%（6÷10 000×100%），周收益为42元（6×7），周收益率为0.42%；月收益为180元（6×30），月收益率为1.8%；年收益为2 190元（6×365），年化收益率为21.9%。

财经知识窗 2-9

学会收益率计算有助于我们辨别收益来源、建立合理的收益预期，避免掉入投资陷阱。例如，有一位"朋友"称他前几天买的××股票连续3个涨停，赚了30%。今天××股票马上要暴涨，要求付费后才可以获取该股票信息，名额有限先到先得。请问这事靠谱吗？要不要借钱搏一搏？

作为一名投资者，在决定投资前要问自己两个问题：一是这位"朋友"是否拥有什么特别的能力和资源，可以为大家取得远高于银行存款的回报率；二是我有什么特别的本事，可以在收益的分配中与他共享利益。

（二）货币时间价值的计算

货币时间价值体现了资金的增值效应，只有准确核算出各期收益，我们才能进一步分析资金在不同时间点的价值变化。一般情况下，通过对比不同时间点的收益水平，可以更加科学地评估投资项目的长期回报，为优化资源配置、提升资金利用效率提供有力支持。

1. 税率的计算

（1）单利。

按单利计息时，仅按本金计算利息，上期本金所生利息不作为计算下期利息的依据。单利的计算公式为：

$I = P \times r \times n$

$S = P \times (1 + r \times n)$

式中，I 为利息额；P 为本金；r 为利息率；n 为期限；S 为本金与利息之和，又称本利和。

（2）复利。

按复利计息时，可将上一期本金所生利息计入本金，一并计算下一期利息，即如果本金与利息都不提现，则每一期都是按上期本利和来计息。复利的计算公式为：

$S = P \times (1 + r)^n$

$I = S - P$

【例2-1】一笔期限为3年，年利率为6%的100万元的贷款。请分别以单利和复利计算到期后的利息额以及本利和。

按单利法计算：

I=1 000 000×6%×3=180 000（元）

S=1 000 000×（1+6%×3）=1 180 000（元）

按复利法计算：

S =1 000 000×（1+6%）^{3}=1 191 016（元）

I=1 191 016−1 000 000=191 016（元）

从上述结果可见，在利率相同的情况下，按复利计息，可多得利息11 016元。

2. 终值的计算

终值，也称未来值，是指从当前的时刻看发生在未来某一时刻的一次性支付的现金流量。

（1）单利终值。单利终值的计算公式为：$F = P×（1+i×n）$

（2）复利终值。复利终值的计算公式为：$F = P×（1+i）^n$

式中，F为终值；P为现值；i为年利率（名义利率）；n为年数；$（1+i）^n$为复利终值系数。

【例2-2】将1 000元的本金存入银行，年利率为8%，存款期为3年。请分别以单利终值和复利终值计算到期后本金终值。

按单利终值计算：

F=1 000×（1+8%×3）=1 240（元）

按复利终值计算：

F =1 000×（1+8%）^{3}=1 259.71（元）

3. 现值的计算

未来的货币收入在目前时点上的价值就是现值，它是未来一次支付的现金流量折算到现在的值，用单利终值和复利终值的公式可以分别导出单利现值和复利现值的计算公式。

（1）单利现值。单利现值的计算公式为：$P=F÷（1+i×n）$

（2）复利现值。复利终值的计算公式为：$P=F÷（1+i）^n$

【例2-3】3年存款期满后得到1 000元，年利率为8%。请分别以单利现值和复利现值计算本金。

单利现值：

P=1 000÷（1+8%×3）=806.45（元）

复利现值：

P=1 000÷（1+8%）^{3}=793.83（元）

☑ **课堂互动 2-7** --

李先生每年都将积蓄的50 000元进行投资，每年都能获得3%的回报，请帮李先生测算一下5年后的投资收益。

选择正确的计算公式，并作讲解，以小组为单位完成任务。

笔记：＿＿＿＿＿＿＿＿＿＿＿＿＿＿＿＿＿＿＿＿＿＿＿＿＿＿

＿＿＿＿＿＿＿＿＿＿＿＿＿＿＿＿＿＿＿＿＿＿＿＿＿＿＿＿＿＿

＿＿＿＿＿＿＿＿＿＿＿＿＿＿＿＿＿＿＿＿＿＿＿＿＿＿＿＿。

☑ **阅读思考 2-4**

72 法则的运用

如果在计算单利终值、复利终值、单利现值、复利现值时感觉比较麻烦，那么 72 法则可以帮助你进行简便计算。

所谓"72 法则"，就是以 1% 的复利来计息，经过 72 年后，你的本金就会是原来的 2 倍。人们用这个公式可以以一推十，如利用 5% 年报酬率的投资工具，经过 14.4 年（72÷5）本金就翻一番；利用 12% 年报酬率的投资工具，只要 6 年（72÷12），就能让 10 000 元变成 20 000 元。

资料来源：根据网络公开资料整理自编。

思考：根据 72 法则，计算出表 2-12 中不同年平均回报率下本金翻一番所需的年限。

表 2-12   **不同年平均回报率下本金翻一番所需的年限**

年平均回报率	本金翻一番年限	年平均回报率	本金翻一番年限
0.5%		4%	
1%		6%	
1.5%		8%	
2%		9%	

4. 年金的计算

复利计算中常用到年金。年金是指一定时期内每期相等金额的收付款项，年金在我们的经济生活中非常普遍，如基金定投、分期付款、住房按揭、发放养老金、支付租金、零存整取等业务中每次存入的款项以及投资款项的利息支付等，都属于年金收付形式。

年金一词最初的含义仅限于每年一次的付款。实际上，很多种付款与年金具有相同的性质，只是时间单位并不仅仅局限于 1 年，所以现在已将年金一词的意义扩展到每一固定时间间隔支付一次。

参与年金计划是一种很好的投资安排，而提供年金合同的金融机构一般为保险公司，如购买养老保险其实就是参与年金合同。年金终值包括各年存入的本金相加以及各年存入的本金所产生的利息。但是，由于这些本金存入的时间不同，因此所产生的利息也不相同。

企业年金是指在政府强制实施的公共养老金或国家养老金之外，企业在国家政策的指导下，根据自身经济实力和经济状况建立的，为本企业职工提供一定程度退休收入保障的补充性养老金制度。企业年金基金是指根据企业年金计划筹集的资金及其投资运营收益形成的企业补充养老保险基金。

职业年金是用人单位在参加国家基本养老保险的基础上，为进一步提高职工退休后的生活水平，在国家政策指导和监督下实施的一种有一定程度互济性和强制性的社会保险项目，是基本养老保险的补充和辅助。

个人年金是指职工个人在工作期间按月从工资中提取一定比例的钱存入信托银行，退休后由信托银行分期分批拨付给职工个人，供其使用，目前在国外比较普遍。在我国刚刚开始推广的个人补充储蓄养老金，就属于这个范畴。

下面主要介绍普通年金的终值和现值的计算。

普通年金是指从第一期起，在一定时期内每期期末有等额收付的系列款项，又称"后付年金"。这种年金形式在现实经济生活中较为常见。普通年金终值犹如零存整取的本利和，它是一定时期内每期期末等额收付款项的复利终值之和。

（1）年金终值。年金终值的计算公式为：$F=A\left[(1+i)^{n-1}\right]\div i$

（2）年金现值。年金现值的计算公式为：$P=A\left[1-(1+i)^{-n}\right]\div i$

式中，F代表终值，即期末本利和的价值；P代表现值，又称期初金额；A代表年金，又称等额值；i代表利率，又称折现率：n代表计息期数；$\left[(1+i)^{n-1}\right]\div i$称为年金终值系数；$\left[1-(1+i)^{-n}\right]\div i$称为年金现值系数。由此可见，在期限和利率相同的条件下，年金终值系数和年金现值系数互为倒数。

【例2-4】每年年末存款100元，年利率为10%，经过5年，计算本利和是多少？

可以用年金终值的计算公式来计算一次性要存入的钱数。查系数表找到利率为10%、期限为5年的年金终值系数，即6.1051，经计算年金终值为610.51元（100×6.1051）。

【例2-5】客户王先生根据租房合同，在3年租赁期内每年要支付租金2 000元，他想知道现在要一次性存入银行多少钱？（假定市场平均利率为3%）

可以用年金现值的计算公式来计算一次性要存入的钱数。查系数表找到利率为3%、期限为3年的年金现值系数，即2.828，经计算年金现值为5 656元（2 000×2.828）。

系数表

复利终值系数、复利现值系数、年金终值系数、年金现值系数均可以通过查系数表快速找到。首先确定年利率和期数，系数表第一行表示利率，第一列表示期数，根据所要找的利率和期数找到相应数字即可。

≫ 育德育才　　　　　　人生值得我们努力奋斗

"不值得定律"是管理学和心理学中的经典定律。从心理学角度来看，"不值得定律"反映了人性中的一种心理——心浮气躁，一个人如果认为这件事情不值得做，通常就会以冷嘲热讽、敷衍了事的态度来对待，不仅很难取得成功，而且即使成功了也不会有满满的成就感。

"不值得定律"告诉我们，一夜暴富会使人生失去意义。对登山者来说，他们不会乘坐直升机登顶，只有一步一步地攀爬，才能在登山的过程中欣赏美丽的景色。许多社会成功人士都认为，奋斗时期恰恰是他们感到最幸福的时刻。同样，习近平总书记告诫我们"幸福都是奋斗出来的"，我们应该踏踏实实、一步一个脚印走好自己有意义、有价值的人生。

　　从财富管理学角度来看，"一夜暴富"只是痴人说梦，唯有提升自我价值水平才能创造出属于自己的财富，才能自始至终驾驭财富。财富管理不能让人一夜暴富，但是可以帮助人们理性地管理财富、进行智慧的投资，所以财富管理的目的绝不是追求一夜暴富。投资者进行财富管理首先需要建立正确的、理性的、智慧的财富管理观念，不可抱有一夜暴富的幻想。

　　资料来源：白光昭. 财富管理学［M］. 北京：清华大学出版社，2020.

　　思考：有人说"一夜暴富的心态，才是投资者对自己最大的伤害"，你是如何理解这句话的？

　　笔记：_____

_____

_____

课后训练

一、选择题

1.在生命周期中，（　　）股票投资应是最少的。

A.青年单身期　　　　B.家庭成长期　　　　C.家庭成熟期　　　　D.退休养老期

2.下列投资渠道中，安全性最高的是（　　）。

A.储蓄存款　　　　B.股票投资　　　　C.基金投资　　　　D.期货投资

3.下列投资品种中，风险最高的是（　　）。

A.国债　　　　B.企业债　　　　C.股票　　　　D.期货

4.下列投资渠道中，流动性最强的是（　　）。

A.活期储蓄　　　　B.证券投资　　　　C.理财产品　　　　D.不动产投资

5.有关生命周期的描述，下列选项表述错误的是（　　）。

A.家庭形成期是从结婚到子女独立

B.家庭成长期的特征是家庭成员数固定

C.家庭成熟期可累积的资产达到顶峰

D.退休养老期的收入以理财收入或移转性收入为主

6.下列各种投资组合中，适合即将退休的投资人的是（　　）。

A.定存+国债+保本投资型产品

B.绩优股+指数型基金+外汇期权

C.认股权证+股票型基金+期货

D.投机性股+房产信托基金+黄金

7.下列选项中，风险承受能力最高的是（　　）。

A.金融专业毕业、尚未就业的大学毕业生

B.上有父母、下有子女要抚养的 45 岁自由职业者

C.即将退休，但投资经验有 20 年的 60 岁公务人员

D.有 6~10 年投资经验、未婚、有房（无房贷）的 30 岁上班族

8.按照风险从小到大排序，下列排序正确的是（　　　）。

A.储蓄存款，国库券，普通股，公司债券

B.国库券，优先股，公司债券，商业票据

C.储蓄存款，国库券，商业票据，普通股

D.储蓄存款，优先股，商业票据，公司债券

9.经测试，你的客户是一个中度风险厌恶型的投资者，那么在给客户做投资规划时不能选用的投资工具是（　　　）。

A.国债　　　　　　　B.定期存款　　　　C.股票型基金　　　D.期货

10.下列理财工具中，（　　　）的防御性最强。

A.固定收益证券　　　B.股票　　　　　　C.期货　　　　　　D.保险

11.理财规划的最终目标是要达到（　　　）。

A.财务独立　　　　　B.财务安全　　　　C.财务自主　　　　D.财务自由

12.适合家庭形成期的主要理财方式有（　　　）。

A.基金　　　　　　　B.高风险投资　　　C.银行储蓄　　　　D.购买保险

二、技能训练

1.运用 Excel 函数公式也可以计算复利终值、复利现值，请试着查找资料了解这些函数，并完成以下案例的计算。

（1）假设年投资收益率为 5%，李先生想通过 1 年的投资取得收益 10 000 元，那么他的投资额（或投资本金）应是多少？

（2）现有资金 10 000 元，若用其购买某个 5 年期收益为 5% 的理财产品，则复利终值是多少？

（3）钱女士的儿子 5 年后出国留学需要 20 万元，某理财产品以复利计息，年利率为 3%，请问钱女士现在需要投入多少现金来购买该理财产品？

（4）张先生 4 年后要偿还 60 000 元债务，从现在起每年年末等额存入银行一笔款项，假定市场平均利率为 10%，则每年需要存入多少？

2.自新冠疫情暴发以来，中国的消费市场受到了哪些影响？你的消费行为有没有变化？

三、财经实践

1.提供基础的财富管理建议。

案例资料：28 岁的苏女士，月收入 3 000 元，她的老公 29 岁，月收入 8 000 元。他们上下班都要坐 1 小时的公交车，因此他们计划 1 年后买一辆属于自己的车，预算费用为 15 万元。苏女士家中现有存款 10 万元。在支出方面，每月房贷 3 500 元，每月生活开销 4 000 元，月结余 3 500 元。1 年后总计结余 4.2 万元，加上现有的 10 万元存款，买车资金捉襟见肘。苏小姐该如何理财，才能在 1 年后买车呢？

要求：运用所学的资产配置结构等知识给苏小姐一些合理的理财建议，并以小组

为单位完成任务。

2.李先生今年35岁，在一家教育服务公司从事市场营销工作，月收入6 000元。公司提供一套宿舍，居住条件还算不错。在暂不考虑买房的前提下，李先生将手头的资金投资了理财产品。常和金融人士打交道的李先生，对其他理财渠道并不感兴趣，他把全部的闲置资金投入股票中。从操作习惯上来看，他更倾向于跟风炒股。

要求：结合所学知识对李先生的投资行为进行评价，并以小组为单位完成任务。

学习目标

知识目标

1.掌握股票、债券、基金的概念和特征；

2.熟悉股票、债券、基金和金融衍生品的种类；

3.理解股票、债券的交易规则和投资原则；

4.掌握基金投资技巧和基金定投的操作；

5.了解期货和期权的合约要素。

技能目标

1.能够区分不同证券的特征，合理选择证券投资产品；

2.能够利用证券行情软件查询证券投资工具；

3.能够进行证券投资产品的模拟交易，识别证券投资的风险；

4.能够根据不同人生阶段进行证券投资产品的规划。

素养目标

1.培养正确的证券投资观念，懂得平衡收益与风险的关系，认识投资行为对社会、环境等方面的影响，树立可持续投资的理念；

2.培养学生批判性思维，鼓励学生对所了解的市场信息进行批判性思考，不盲目跟风或轻信市场传言，形成独立思考和判断的能力。

☑ **课前思考**

1. 调查了解你身边的亲戚朋友都投资了哪些证券产品？请你举例。
2. 说说人们为什么进行证券投资？
3. 作为刚进入社会的大学毕业生，你觉得适合投资哪些证券产品？

笔记：_____

_____

财经智慧小贴士

只要做好准备，在人生中抓住几个机会，迅速地采取适当的行动，去做简单而合乎逻辑的事情，这辈子的财富就会得到极大的增长。

——查理·芒格

任务1　分红派息的股票

世界上最早出现的股份有限公司是1602年在荷兰成立的东印度公司。伴随着股份的诞生，以股票形式集资入股的方式逐渐出现，并且产生了买卖、交易和转让股票的需求，客观上带动了股票市场的形成，并促使其不断发展。

一、股票概念

股票是一种有价证券，它是股份有限公司在筹集资本时向投资者签发的证明股东所持股份和享有权益的凭证。股票实质上代表了股东对股份有限公司净资产的所有权，这种所有权是一种综合权利。股东凭借股票可以获得公司的股息和红利，参加股东大会并行使自己投票表决、参与公司重大决策等权利，同时也承担相应的责任与风险。

☑ **阅读思考 3-1**

新中国"第一股"

1984年11月，经中国人民银行上海市分行批准，由上海飞乐电声总厂、飞乐电声总厂三分厂、上海电子元件工业公司、工商银行上海市分行信托公司静安分部发起设立上海飞乐音响股份有限公司（以下简称上海飞乐音响公司），发行股票1万股，每股面值50元，以筹集50万元股金。其中，65%由个人认购，35%由集体认购。

1984年11月15日，《新民晚报》刊登了一条题为《上海飞乐音响公司十八日开业——接受个人和集体认购股票》的495字"豆腐块"。一石激起千层浪，人们纷纷来电来访，询问股票发行的消息。

原本准备将股票销售给职工，看到社会如此踊跃，而自己的很多职工却对股票这个新鲜事物疑虑重重，上海飞乐音响公司决定向社会公开发行，此举无意间改写了历史。11月18日，股票发行，上海飞乐电器总厂的门房成了临时发行处，人们早早地排起了长队，盛况一时。上海飞乐音响公司的股票没有期限限制，不能退股，可以流通转让，这就使它成为一张真正意义上的股票，人们昵称为"小飞乐"，称其为"新中国'第一股'"（如图3-1所示）。

两年后，"小飞乐"股票因一次外交活动蜚声世界，再续传奇。

1986年11月14日，邓小平在会见美国纽约证券交易所董事长约翰·范尔霖率领的美国证券代表团时，将一张"小飞乐"股票赠给了范尔霖。这一举动，留下了中国改革开放的经典画面，成为当时乃至后来都极具象征意义的历史性美谈。

资料来源：佚名.新中国"第一股"[EB/OL].［2024-09-20］. https://www.thepaper.cn/newsDetail_forward_28809389.

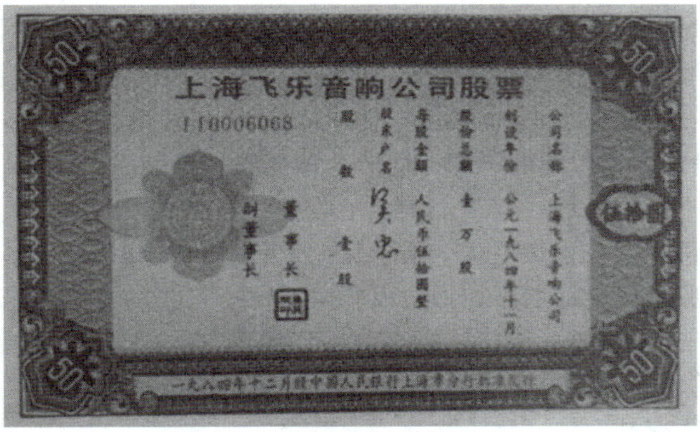

图3-1　上海飞乐音响公司的股票

思考：请你登录上海证券交易所投资者教育基地，通过体感互动线上参观的方式，了解上交所老八股，写出股票名称。

笔记：_____

_____

_____

二、股票的特征

（一）收益性

收益性是股票最基本的特征，它是指股票可以为其持有人带来收益的特性。持有股票的目的在于获取收益。股票的收益体现在两个方面：一是来自股份有限公司的投资收益；二是来自股票流通的投机收益，即买卖的差价。

（二）风险性

股票风险性的内涵是股票投资收益的不确定性，即实际收益与预期收益之间的偏离。也就是说，投资者在买入股票时，对其未来收益会有一个预期，但真正实现的收益可能会高于或低于原先的预期，这就是股票的风险性。从理论上来讲，股票收益的大小与风险的大小成正比。

（三）流动性

流动性又称变现性，是指股票可以依法转让而变现的特性，即在本金保持相对稳定、变现的交易成本很小的条件下，股票很容易变现的特性。股票持有人不能从公司退股，但股票转让为其提供了变现的渠道，流动性是股票的生命力所在。

（四）永久性

永久性是指股票载有权利的有效性是始终不变的，因为它是一种无限期的法律凭证。股票的有效期与股份有限公司的存续期间相联系，两者是并存的关系。这种关系实质上反映了股东与股份有限公司之间比较稳定的经济关系。

（五）参与性

参与性是指股票持有人有权参与公司重大决策的特性。普通股股票持有人作为公司的股东，有权出席股东大会，行使对公司经营决策的参与权。股东参与公司决策的权利大小，取决于其所持有股份的多少。

三、股票的分类

（一）按照股东享有权利的不同，可分为普通股和特别股

普通股是指秉持"一股一权"规则之下收益权与表决权无差别、等比例配置的股票。普通股是股份有限公司最基本、最常见的一种股票，其持有者享有股东的基本权利和义务。普通股是标准的股票，通过发行普通股所筹集的资金，是股份有限公司注册资本的基础。普通股的持有者是股份有限公司的基本股东，按照《中华人民共和国公司法》（以下简称《公司法》）的规定，公司股东依法享有资产收益、参与重大决策和选择管理者等权利。

特别股指的是设有特别权利或者特别限制的股票。优先股就是一种最常见的特别股，持有人优先于普通股股东分配公司利润和剩余财产，但参与公司决策管理等权利受到限制。

（二）按照股票是否记载股东姓名，可分为记名股票和无记名股票

记名股票是指在股票票面和股份有限公司的股东名册上记载股东姓名的股票。《公司法》规定，公司发行的股票可以是记名股票，也可以是无记名股票。股份有限公司向发起人、法人发行的股票，应当是记名股票，并应当记载该发起人、法人的名称，不得另立户名或者以代表人的姓名记名。

无记名股票是指在股票票面和股份有限公司股东名册上均不记载股东姓名的股票。无记名股票也称不记名股票，它与记名股票相比，差别不是在股东权利等方面，而是在股票记载方式上。无记名股票发行时一般留有存根联，它在形式上分为两个部分：一部分是股票的主体，记载了有关公司的事项，如公司名称、股票所代表的股数等；另一部分是股息票，用于进行股息结算和行使增资权利。《公司法》规定，发行无记名股票的，公司应当记载其股票数量、编号和发行日期。

（三）按照股票是否在票面上标明金额，可分为有面额股票和无面额股票

有面额股票是指在股票票面上记载一定金额的股票。这一记载的金额也被称为票面金额、票面价值或股票面值。大多数国家的股票都是有面额股票。《公司法》规定，股票发行价格可以按票面金额，也可以超过票面金额，但不得低于票面金额。这

样有面额股票的票面金额就成为股票发行价格的最低界限。

无面额股票又称比例股票或份额股票，是在票面上不记载股票面额，只注明它在公司总股本中所占比例的股票。无面额股票的价值随股份有限公司每股净资产和预期每股收益的增减而相应增减。

（四）按照股票上市的地区划分，可分为A股、B股、H股、N股、L股和S股

A股，即人民币普通股，是指由中国境内公司发行、上市，境内机构和个人以人民币购买的股票。

B股，即人民币特种股，是由中国境内注册、上市、发行，以人民币标明股票面值，以其他货币认购和交易的股票。

H股是指注册地在中国内地、上市地在中国香港的外资股。

以此类推，"纽约"的第一个英文字母是N，"新加坡"的第一个英文字母是S，"伦敦"的第一个英文字母是L，因此在纽约、新加坡、伦敦上市的外资股分别称为"N股""S股""L股"。

☑ **课堂互动 3-1** ────────────────────────────

请根据国海证券行情软件，查询目前我国证券交易所上市的A股、B股和H股的代码。

笔记：_____

_____

_____

四、股票的交易

《中华人民共和国证券法》（以下简称《证券法》）规定，证券交易必须实行公开、公平、公正原则。由于证券交易所是我国证券交易的主要场所，因此交易所对股票交易时间、交易单位、涨跌限制和交易机制做了具体的规定。中国大陆证券交易所包括上海证券交易所、深圳证券交易所和北京证券交易所，各交易所的规定有区别。

（一）交易时间

交易时间一般为周一至周五（法定节假日除外）。上海证券交易所、深圳证券交易所和北京证券交易规定：证券采用竞价交易方式的，每个交易日9：15—9：25为开盘集合竞价时间，形成当天的开盘价，9：30—11：30、13：00—14：57为连续竞价时间，14：57—15：00为收盘集合竞价时间，形成当天的收盘价。

（二）交易单位

股票的交易单位为"股"，100股为1手。委托买入的数量必须为100股或其整数倍。

（三）涨跌幅限制

上海证券交易所和深圳证券交易所对股票交易实行价格涨跌幅限制，涨跌幅限制比例为10%。其中，ST股票和*ST股票的价格涨跌幅限制比例为5%。上海证券交

所的科创板股票价格涨跌幅限制放宽至20%，新股上市后的前5个交易日不设价格涨跌幅限制。深圳证券交易所的创业板注册制新股上市前5个交易日不设价格涨跌幅限制，之后价格涨跌幅限制比例为20%。北京证券交易所的股票价格涨跌幅限制比例为30%。

（四）T+1交易

T+1交易制度是指投资者当天买入股票不能在当天卖出，需要第二个交易日才能卖出。

财经知识窗 3-1

初识K线

K线一般是指K线图，起源于日本德川幕府时代，后因其细腻独到的标画方式而被引入到股市及期货市场。K线图由一根根K线组合而成，每一根K线反映了相应时间周期内的价格变动情况，我们常用的是时间周期为交易日的日K线，每一根K线包括了四个价位信息，分别是开盘价、收盘价、最高价和最低价。

开盘价与收盘价之间的矩形实体，形成K线实体，实体分阳线实体和阴线实体。最高价、最低价与开盘价、收盘价，形成K线影线，影线是上涨或下跌过程被折回后的痕迹，分上影线和下影线，在实体上方的部分叫上影线，而实体下方的部分叫下影线。阴阳代表趋势、实体代表动能、上下影线代表转折意愿。K线是股市技术分析的基础。

单根K线可分为两种：阳线、阴线（如图3-2所示）。阴线是收盘价低于开盘价的形态，它表明在开盘与收盘之间的这段时间内，个股出现了下跌，在K线图当中会用绿线或实心来标注，表示下跌。阳线则是收盘价高于开盘价，它表明在开盘与收盘之间的这段时间内，个股出现了上涨，在K线图当中会用红线或空心来标注，表示上涨。

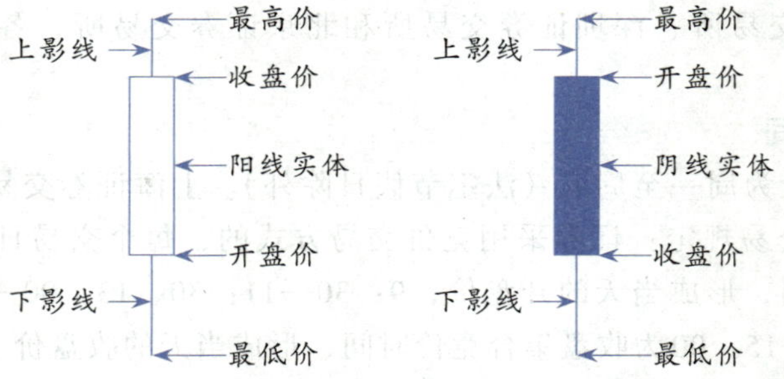

图3-2　阳线和阴线

五、股票投资的原则

（一）分散投资原则

"不要把鸡蛋放在同一个篮子里面"，这就是分散投资原则。投资者要将资金适时地按照不同比例投资于不同证券，以降低投资风险。分散投资一般有两个方面的内容：一是投资于多种证券，即使其中一种或几种证券亏损，只要其他证券收益良好，还是可以得到补偿的；二是进行多种证券投资时，要注意投资方向的选择，不仅要投资高收益股票，还要投资债券、基金等低风险产品，这样可以大大降低局部投资风险，不至于整体投资失败。

（二）策略投资原则

股票投资需要有一定的策略和方法，不能盲目跟风或者追涨杀跌，否则容易带来较大的损失。

（三）止盈止损原则

投资时，设置止盈点和止损点是非常重要的，可以帮助投资者更加合理地控制投资风险。

（四）不要从众原则

国内的股市基本是零和游戏，有人赚钱就有人亏钱，所以从众注定是要亏钱的，要逆向思考，与多数人行为不一致，才能赚钱。

（五）有闲钱再投资原则

投资者往往需要丰富的经验，而大部分大学生经济还没有完全独立，资金不充实，且缺乏社会经验和投资经验，因此要量力而行，利用闲散资金进行投资。

☑ **阅读思考 3-2** --

委托证券公司员工代为炒股

小李大学毕业刚工作，听说朋友炒股赚钱了，于是前往某证券公司营业部咨询开户事宜，该营业部柜台工作人员张某接待了小李。小李对股市了解不深，错误地认为投资股市一定可以赚钱。张某为抓住客户，介绍营业部经纪人王某给小李，让王某代理小李从事投资操作。小李出于对证券公司的信任相信了王某，全权委托王某进行证券操作，结果损失惨重。

思考：小李把账户全权委托给证券公司员工进行操作的做法，你认为对吗？作为新入市的投资者应该具备哪些投资知识？

笔记：_____

_____

_____

☑ **课堂互动 3-2** --

为什么经常听到"十个人炒股九个人亏"？请你结合本节课的内容，分小组讨论投资股票亏损的原因。

笔记：_____

_____

_____

拓展阅读 3-1

多层次市场
体系建设硕果
累累

任务 2　还本付息的债券

债券，顾名思义，"债"，即债务，就是欠别人的钱，"券"，即记录债务的凭证，通俗地讲，债券就是欠条，是指政府、金融机构、企业向社会公众借钱后打的欠条，投资者购买债券，就是把钱借给了因为缺钱而举债的机构。总体来说，债券是一种相对稳定和安全的投资工具，但具体的投资决策需要根据个人的风险承受能力和投资目标进行评估。

一、债券的概念

债券是一种有价证券，是社会各类经济主体为筹集资金而向债券投资者出具的、承诺按一定利率定期支付利息并到期偿还本金的债权债务关系凭证。债券反映了发行人与购买者之间的债权债务关系。债券的发行人（如政府、金融机构、企业等机构）就是债务人，而购买债券的投资者则是债权人。

二、债券的票面要素

债券作为证明债权债务关系的凭证，一般有一定格式的票面形式。通常，债券票面上有四个基本要素。

（一）票面价值

债券的票面价值，也称面值，是债券票面标明的货币价值，是债券发行人承诺在债券到期日偿还给债券持有人的金额，也是企业向债券持有人近期支付利息的计算依据。债券票面金额的确定要根据债券的发行对象、市场资金供给情况及债券发行费用等因素综合考虑。债券的面值是固定的，但它的价格是经常变化的。

（二）到期期限

债券到期期限是指债券从发行之日起至应当偿清本息之日止的时间，也是债券发行人承诺履行合同义务的全部时间。债券有不同的偿还期限，短则几个月，长则几十年，有短期债券、中期债券和长期债券之分。

（三）票面利率

票面利率也称名义利率，是债券年利息与债券票面价值的比率，投资者每张债券获得的年利息等于债券面值乘以票面利率。票面利率的形式有单利、复利和贴现利率。利率是债券票面要素中不可缺少的内容。

（四）发行者名称

这一要素指明了该债券的债务主体，既明确了债券发行人应履行对债权人偿还本息的义务，又为债权人到期追索本金和利息提供了依据。需要说明的是，在债券无纸化发行的情况下，债券发行者主要以发行公告的形式向社会公开宣布债券的票面要素。

☑ 课堂互动 3-3　--

根据表 3-1 债券的基本信息，指出债券的票面要素有哪些？

表 3-1			债券的基本信息		
债券全称	2023年记账式附息（三期）国债	债券简称	23国债03	债券代码	019696
发行量	910亿元	发行价	100元	计息方式	固定利率
期限	3年	票面利率	2.46%	交易市场	上海证券交易所
起息日期	2023-02-15	到期日期	2026-02-15	发行起始日	2023-02-14
上市日期	2023-02-17	发行单位	中华人民共和国财政部	付息方式	附息
币种	CNY	剩余期限	519天（1.4219年）	每年付息日	2月15日

笔记：_____

_____

_____

三、债券的特征

（一）偿还性

偿还性是指债券有规定的偿还期限，债务人必须按期向债权人支付利息和偿还本金。债券的性质决定了它必须是可偿还的，在发行之前就必须明确规定其归还期限，并按约定条件偿还本息。债券的偿还性使资金筹措者不能无限期地占用债券购买者的资金。换言之，他们之间的借贷经济关系将随偿还期结束、还本付息手续办理完毕而不复存在。

☑ **阅读思考 3-3** --

债券违约

2024年5月17日，搜特退债公告，因巨额债务逾期未偿还，公司主要银行账户、资产被法院冻结/查封，目前可用货币资金余额无法覆盖搜特退债剩余票面金额及利息，导致流动性不足无法兑付回售本息。因此，搜特转债继2023年5月22日成为首只退市转债后的实质性违约可转债，打破转债市场此前三十余年的"零违约"神话。

2024年6月27日，鸿达退债公告，因大额债务逾期，存在部分银行账户、资产被法院冻结/查封及银行存款被划扣等情况，公司经营困难，现金紧缺，目前流动资金不足以覆盖鸿达退债本次回售金额，公司因流动资金不足无法兑付回售本息。

2024年8月13日，蓝盾退债也宣告违约。蓝盾退债公告称，公司主要银行账户、资产已被法院冻结/查封，资金严重短缺，应于8月13日支付的蓝盾退债可转债本息无法按期兑付。

资料来源：王军. 首例！国企转债违约［N］. 证券时报，2024-08-15.

思考：1.债券到期不能还本付息，说明什么？

2.债券到期是否能偿还可能会受到哪些因素的影响？

3.债券的到期还本付息与银行存款到期还本付息有什么不一样？

笔记：＿＿＿＿＿＿＿＿＿＿＿＿＿＿＿＿＿＿＿＿＿＿＿＿＿＿＿＿＿＿＿

＿＿＿＿＿＿＿＿＿＿＿＿＿＿＿＿＿＿＿＿＿＿＿＿＿＿＿＿＿＿＿＿＿＿＿

＿＿＿＿＿＿＿＿＿＿＿＿＿＿＿＿＿＿＿＿＿＿＿＿＿＿＿＿＿＿＿＿＿＿＿

（二）流动性

流动性是指债券持有人可按照需要和市场的实际状况，灵活地转让债券，以提前收回本金和实现投资收益。流动性首先取决于市场为转让债券提供的便利程度；其次取决于债券在迅速转变为货币时，是否在以货币计算的价值上蒙受损失。

（三）安全性

安全性是指债券持有人的收益相对稳定，不随发行者经营收益的变动而变动，并且可按期收回本金。一般来说，具有高度流动性的债券同时也是较安全的，因为它不仅可以迅速地转换为货币，还可以按一个较稳定的价格转换。

（四）收益性

收益性是指债券能为投资者带来一定的收入，即债券投资报酬。在实际经济活动中，债券收益可以表现为三种形式：利息收入、资本利得和再投资收益。

四、债券的种类

债券种类很多，依据不同的标准会有不同的分类，具体如下：

（一）按发行主体的不同，债券可分为政府债券、金融债券和公司债券

政府债券的发行主体是政府，具体包括中央政府债券、地方政府债券和政府担保债券等。中央政府发行的债券被称为中央政府债券，也称国债，主要用于解决由政府投资的公共设施或重点建设项目的资金需要和弥补国家财政赤字。地方政府发行的债券被称为地方政府债券。除了政府部门直接发行的债券外，有些国家把政府担保的债券也划归为政府债券体系，称为政府担保债券。

金融债券是银行或非银行金融机构为筹措中长期信用资金而向社会发行的一种债务凭证，具体分为全国性金融债券和地方性金融债券。

公司债券是公司依照法定程序发行的、约定在一定期限还本付息的有价证券。公司发行债券主要是为了满足经营需要。由于公司的情况千差万别，有些经营有方、实力雄厚、信誉好，也有些经营较差，可能处于倒闭的边缘，因此公司债券的风险相对于政府债券和金融债券要高一些。

财经知识窗 3-2

什么是可转换公司债券？

可转换公司债券（以下简称可转债），是指发行人依照法定程序发行，在一定期限内依照约定的条件可以转换为股票的公司债券。这种债券附加转股选择权，在转换前是公司债券形成，转换后相当于增发了公司股票。因此，可转债兼有债权投资和股权投资的双重优势。

（二）按到期期限的不同，债券可分为短期债券、中期债券、长期债券

一般来说，偿还期限在 1 年以下的为短期债券。中期债券一般是指期限在 1 年以

上、10年以下的债券。偿还期限在10年以上的为长期债券。

（三）按形态的不同，债券可分为实物债券、凭证式债券、记账式债券

实物债券是一种具有标准格式实物券面的债券。在其券面上，一般印制了债券面值、债券利率、债券期限、债券发行人全称、还本付息方式等各种债券票面要素。它的一般特点是不记名、不挂失，可上市流通，不可提前兑现。

凭证式债券是债权人认购债券的一种收款凭证，而不是债券发行人制定的标准格式的债券。它的特点是可记名、可挂失，不能上市流通。

记账式债券是指没有实物形态的票券，利用证券账户通过电脑系统完成债券发行、交易及兑付的全过程。它的特点是可记名、可挂失、可流通、安全性较高。

（四）按利率是否固定，债券可分为固定利率债券、浮动利率债券和可调利率债券

固定利率债券是指在发行时规定了整个偿还期内利率不变的债券，其筹资成本和投资收益可以事先预计，不确定性较小，但债券发行人和投资者仍然必须承担市场利率波动的风险。

浮动利率债券是指发行时规定了债券随市场利率定期浮动的债券。由于与市场利率挂钩，市场利率又考虑了通货膨胀的影响，因此浮动利率债券可以较好地抵御通货膨胀风险。

可调利率债券也称可变利率债券，是指在债券存续期内允许根据一些事先选定的参考利率指数来变化，对利率进行定期调整的债券。调整间隔往往事先设定，包括1个月、6个月、1年、2年、3年、5年。

（五）按发行方式分类，债券可分为公募债券和私募债券

公募债券是指按法定手续，经证券主管机构批准在市场上公开发行的债券。这种债券的发行和转让相对自由，可以在证券市场上公开转让，任何投资者均可购买。

私募债券是指向与发行者有特定关系的少数投资者募集的债券，其发行和转让均有一定的局限性。私募债券的募集对象为有限数量的专业投资机构，如银行、信托公司、保险公司和各种基金公会等。在我国，私募债券的发行对象为合格投资者，每次发行对象不得超过200人。

☑ **课堂互动 3-4**

根据国海证券行情软件，分别查询不同债券的种类，写出查询步骤，并尝试介绍该债券。

笔记：_____

_____

_____

五、债券的交易

我国债券交易市场分为场外市场和场内市场。

（一）场外市场

场外市场主要包括银行间市场和银行柜台市场。其中，银行间市场的参与者限定

为机构。银行间市场是债券场外市场的主体部分，主要参与者是各类机构投资者，如银行、保险公司、证券公司等。这些机构之间通过询价方式进行交易，具有较大的灵活性和自主性。与银行间市场不同，银行柜台市场的参与者主要是个人投资者，他们通过银行的柜台进行债券的买卖交易，这个市场相对较为零售化。

☑ **课堂互动 3-5** ————————————————

登录某银行的官网，查询能在银行购买的债券种类、买卖的要求，并进行分享。

笔记：_____

_____

_____

（二）场内市场

场内市场则主要包括上海证券交易所和深圳证券交易所，这些交易所为债券交易提供了集中、公开的交易平台。在场内市场中，各类机构投资者和个人投资者都可以参与交易。本书主要介绍可转换公司债券（以下简称可转债）的交易规则。

1.可转债的代码

12开头的是深市可转债代码，11开头的则是沪市可转债代码。

2.交易方式

可转债实行T+0交易，即可以当天买当天卖。

3.申报数量

债券面值每张100元，交易单位1手=10张=1 000元，最小变动单位0.001元。

4.涨跌幅度限制

上市首日，设置-43.3%~57.3%的涨跌幅限制，并实施20%、30%两档临时停牌机制。盘中成交价格较发行价首次上涨或下跌达到或者超过20%的，临时停牌持续时间为30分钟；盘中成交价格较发行价首次上涨或下跌达到或者超过30%的，临时停牌时间持续至当日14：57；临时停牌时间跨越14：57的，于当日14：57复牌。

上市次日起，日涨跌幅限制在20%，并且取消临时停牌机制。

5.交易时间

交易时间与交易所股票的交易时间一致，这里不再赘述。

财经知识窗 3-3

可转债个人投资者的入场资格

个人投资者参与向不特定对象发行的可转债申购、交易的，应当同时符合下列条件：

一是申请权限开通前20个交易日证券账户及资金账户内的资产日均不低于人民币10万元（不包括该投资者通过融资融券融入的资金和证券）；二是参与证券交易24个月以上。

普通投资者参与向不特定对象发行的可转债申购、交易的，应当以纸面或者电子方式签署向不特定对象发行的可转债投资风险揭示书。

六、债券的投资原则

债券的投资原则是指投资者在选择债券投资时需要遵循的原则。在投资债券时，投资者要以科学的态度，遵循现行的原则，考虑回报率和风险，以实现理想的投资收益。一般来说，债券的投资原则主要包括以下四点：

第一，要慎重选择债券。在投资债券时，要仔细选择发行和交易的债券，要仔细研究债券的发行者、债券期限、抵押资产状况等，以了解债券的风险程度。

第二，要科学分散投资。在投资债券时，要从宏观上考虑投资平衡，采取分散投资的原则，防止出现单一债券因收益波动造成投资损失的情况。

第三，要适时做出有利的买卖操作。债券投资应根据宏观经济形势和债券行情，及时调整投资组合，把握投资机会，在有利时机买入或卖出债券，以实现理想的投资回报。

第四，要关注投资中的监管措施。投资者要了解政府、监管机构等所发布的债券投资法规，遵守所有投资相关规定，防止不符合法规的行为导致投资风险增加。

☑ 阅读思考 3-4 --

债券的评级与风险

一般来说，资信等级越高的债券发行者，其发行的债券的风险就越小，对投资者来说，收益就越有保证；资信等级越低的债券发行者，其发行的债券的风险就越大，虽然它的利率会相对高一点，但与投资的本金相比哪一个更重要，相信投资者自己会权衡。目前，国际通用的资信等级见表3-3。

表 3-3　　　　　　　　　　　　　国际通用的资信等级

等级	主要内容
AAA	最高级，保证偿还本息
AA	高级，还本付息能力强
A	中上级，具备较高的还本付息能力，但易受经济变化的影响
BBB	中级，具备一定的还本付息能力，但需要一定的保护措施，一旦有变化，偿还能力削弱
BB	中下级，有投机性，不能认为将来有保证，对本息的保证是有限的
B	下级，不具备理想投资条件，还本付息保证极小，有投资因素
CCC	信誉不好，可能违约，危及本息安全
CC	高度投机性，经常违约，有明显缺点
C	等级最低，经常违约，根本不能做真正的投资

思考：请你登录国海证券行情软件，查询公司债券的评级，并说明债券评级与风险的关系。

笔记：＿＿＿＿＿＿＿＿＿＿＿＿＿＿＿＿＿＿＿＿＿＿＿＿＿＿＿＿＿＿＿＿＿＿＿＿

＿＿＿＿＿＿＿＿＿＿＿＿＿＿＿＿＿＿＿＿＿＿＿＿＿＿＿＿＿＿＿＿＿＿＿＿＿＿＿

＿＿＿＿＿＿＿＿＿＿＿＿＿＿＿＿＿＿＿＿＿＿＿＿＿＿＿＿＿＿＿＿＿＿＿＿＿＿＿

任务3　集合理财的基金

证券投资基金（以下简称基金）是一种利益共享、风险共担的集合投资方式。证券投资基金业从无到有，从小到大，起源于英国，在美国兴盛，在全世界开枝散叶，与银行、证券、保险并驾齐驱，成为现代金融体系的四大支柱之一。

一、证券投资基金的概念

拓展阅读3-3

立足基金投资大时代 提升投资者获得感

证券投资基金是指通过发售基金份额，将众多投资者的资金集中起来，形成独立财产，由基金托管人托管、基金管理人管理，以投资组合的方式进行证券投资的一种利益共享、风险共担的集合投资方式。在我国，证券投资基金的基金托管人由合格的商业银行担任，基金管理人由专业的基金管理公司担任。

二、证券投资基金的特点

（一）集合理财、专业管理

基金将众多投资者的资金集中起来，委托基金管理人进行共同投资，表现出一种集合理财的特点。通过汇集众多投资者的资金，积少成多，有利于发挥资金的规模优势，降低投资成本。基金由基金管理人进行投资管理和运作。基金管理人一般拥有大量的专业投资研究人员和强大的信息网络，能够更好地对证券市场进行全方位的动态跟踪与深入分析。将资金交给基金管理人管理，使中小投资者也能享受到专业化的投资管理服务。

（二）组合投资、分散风险

为降低投资风险，一些国家的法律通常规定基金必须以组合投资的方式进行基金的投资运作，从而使"组合投资、分散风险"成为基金的一大特色。中小投资者由于资金量小，一般无法通过购买数量众多的股票分散投资风险。基金通常会购买几十种，甚至上百种股票，投资者购买基金就相当于用很少的资金购买了一篮子股票。在多数情况下，某些股票价格下跌造成的损失可以用其他股票价格上涨产生的盈利来弥补，因此可以充分享受到"组合投资、分散风险"的好处。

（三）利益共享、风险共担

证券投资基金实行利益共享、风险共担的原则。基金投资者是基金的所有者。基金投资收益扣除由基金承担的费用后的盈余全部归基金投资者所有，并依据各投资者所持有的基金份额比例进行分配。为基金提供服务的基金托管人、基金管理人只能按规定收取一定比例的托管费、管理费，并不参与基金收益的分配。

（四）严格监管、信息透明

为切实保护投资者的利益，增强投资者对基金投资的信心，各国（地区）基金监管机构都对基金行业实行严格的监管，对各种有损于投资者利益的行为进行严厉的打击，并强制基金进行及时、准确、充分的信息披露。在这种情况下，严格监管、信息透明也就成为基金的另一个显著特点。

（五）独立托管、保障安全

基金管理人负责基金的投资操作，本身并不参与基金财产的保管，基金财产的保管由独立于基金管理人的基金托管人负责，这种相互制约、相互监督的制衡机制为投资者的利益提供了重要的保障。

☑ **课堂互动 3-6** --

作为在校大学生的你，通过比较基金与股票、债券的区别（见表 3-4），应该选择哪种投资工具，并试着说明理由。

表 3-4　　　　　　　　　　　　　基金与股票、债券的区别

对比维度	基金	股票	债券
反映的经济关系	信托关系，是一种收益凭证，投资者购买基金份额后成为基金收益人	所有权关系，是一种所有权凭证，投资者购买股票后成为公司的股东	债权债务关系，是一种债权凭证，投资者购买债券后成为公司债权人
所筹资金的投向	间接投资工具，主要投资于股票、债券等有价证券	直接投资工具，主要投向实业领域	直接投资工具，主要投向实业领域
收益风险大小	主要投资于有价证券，投资选择灵活多样，收益相对适中、稳健	价格波动较大、高风险、高收益	价格波动较股票小，低风险、低收益
投资渠道	基金管理公司及银行、证券公司等代销机构	证券公司	债券发行机构、证券公司及银行等代销机构

笔记：_____

_____

_____

三、证券投资基金的种类

（一）按组织形式划分，基金可分为契约型基金和公司型基金

契约型基金，又称单位信托基金，是指以投资者、管理人、托管人三者作为基金的当事人，通过签订基金契约的形式，发行收益凭证而设立的一种基金。

公司型基金依据基金公司章程设立，是在法律上具有独立法人地位的股份投资公司。一般投资者则为认购基金而购买该公司的股份，也就成为该公司的股东，凭其持有的股份依法享有投资收益。

（二）按运作方式划分，基金可分为封闭式基金和开放式基金

封闭式基金是指基金份额总额在存续期内固定不变，基金份额可以在依法设立的交易场所交易，但基金份额持有人不得申请赎回的基金。由于封闭式基金在封闭期内不能追加认购或赎回，投资者只能通过证券经纪商在二级市场上进行买卖。

开放式基金是指基金份额总额不固定，基金份额可以在基金合同约定的时间和场所申购或者赎回的基金。

（三）按投资标的划分，基金可分为债券型基金、股票型基金、混合型基金和货币型基金

债券型基金是一种以债券为主要投资对象的证券投资基金。我国规定债券型基金投资于债券的比例占基金资产的80%以上。

股票型基金是指以股票为主要投资对象的证券投资基金。我国规定股票型基金投资于股票的比例占基金资产的80%以上。

混合型基金是指投资于股票、债券以及货币市场工具，且不符合债券型基金和股票型基金分类标准的基金。值得注意的是，投资股票多于债券的，称为偏股混合型基金；而投资债券多于股票的，称为偏债混合型基金。我们需要记住的是，随着股票占比提高，风险和收益都会提高。

货币型基金是以货币市场工具为投资对象的一种基金，其投资期限为1年以内，包括银行短期存款、国库券、公司短期债券、银行承兑票据和商业票据等。由于货币型基金具有资本安全性高、购买限额低、流动性强、收益高、管理费用低（有的还不收取赎回费用）等优点，因此它常被认为是低风险的投资工具。

（四）基金按募集方式划分，可分为公募基金和私募基金

公募基金是指可以面向社会公众公开发售基金份额、募集资金而设立的基金。公募基金可以向社会公众公开发售和进行宣传推广，基金募集对象不固定。

私募基金是指向特定的合格投资者发售基金份额、募集资金而设立的基金。私募基金不能进行公开发售和宣传推广，只能采取非公开方式发行。

（五）特殊基金

1. 交易所交易基金（ETF）

ETF是一种在交易所上市交易并可申购和赎回的、基金份额可变的基金运作方式。ETF结合了封闭式基金与开放式基金的运作特点，不但可以像封闭式基金一样在二级市场进行买卖，还可以像开放式基金一样进行申购和赎回。

2. 上市开放式基金（LOF）

LOF是一种既可以在场外市场进行基金份额申购和赎回，又可以在交易所进行交易，并通过基金份额转托管机制将场外市场与场内市场有机联系在一起的开放式基金。

3. QDII基金

QDII基金是指在某国境内设立，经该国有关部门批准从事境外证券市场的股票、债券等有价证券业务的证券投资基金。为国内投资者参与国际市场投资提供了便利。

4. 基金中基金（FOF）

基金中基金是以其他基金为投资对象的基金。在我国，根据中国证券监督管理委员会对基金类别的分类标准，80%以上的基金资产投资于其他基金份额的，即为基金中基金。

5. 不动产投资信托基金（REITs）

不动产投资信托基金是依法向社会投资者公开募集资金形成基金财产，通过基础设施资产支持证券等特殊目的载体持有基础设施项目，由管理人等主动管理运营上述基础设施项目，并将产生的绝大部分收益分配给投资者的标准化金融产品。

财经知识窗 3-4

你适合选择哪类基金投资？

1.债券型基金

债券型基金具有收益稳定、风险较低的特点。

适合人群：对资金的安全性要求较高、希望收益比较稳定的投资者；正在考虑为子女准备教育资金或为将来退休生活准备资金的人士。

2.股票型基金

股票型基金的风险比直接投资股票小很多，但其风险比债券型基金、货币型基金、混合型基金要大。

适合人群：能承受较高风险，喜欢激进冒险理财的中青年投资者；在养老、育儿、房贷、车贷等支出上没有太多负担的白领；想分享股票收益但是没有股票投资经验的长期投资者。

3.货币型基金

货币型基金具有高安全性、高流动性、稳定收益性的特点。

适合人群：害怕风险，希望资产流动性高，需要用钱的时候可以短期内很快变现的人。

4.混合型基金

混合型基金风险低于股票型基金，预期收益高于债券型基金。

适合人群：混合型基金的投资目标是追求在风险可控的前提下实现较高收益，适合风险承受能力适中、追求稳健收益的投资者。

5.指数型基金

指数型基金风险和收益水平相对较为稳定。

适合人群：指数型基金采用被动管理策略，费用低，适合希望通过定投来积累财富的投资者。

6.私募基金

私募基金的投资门槛较高，风险较大。

适合人群：风险承受能力较强、有一定资金实力的高净值投资者。

7.公募基金

公募基金的投资金额要求相对较低。

适合人群：缺乏专业知识和经验的普通投资者。

四、证券投资基金的买卖

（一）开放式基金的认购、申购和赎回

认购是指在开放式基金募集期间投资者申请购买基金的行为。基金的认购以书面委托或其他经过认可的方式进行。在基金募集期间，投资者可进行多次认购，但已申请的认购不能撤单。募集期间，投资者在 T 日的认购申请，T+2 日投资者可在销售商处查询初步确认结果；待基金合同生效后，投资者可以查询到最终确认结果。

申购是指基金在存续期间投资者向基金管理人提出申请购买基金份额的行为。基金的申购以书面方式或经认可的其他方式进行。当日的申购申请可以在 15：00 以前撤销。投资者一般于 T+2 日起可查询申购确认结果。特殊类型的基金除外。

赎回是指投资者通过基金销售机构申请将手中持有的基金份额变现的行为。基金的赎回以书面方式或经认可的其他方式进行。当日的赎回申请可以在 15：00 以前撤销。投资人的赎回申请成功以后，基金管理人通常将在 T+7 日内支付赎回款项，巨额赎回支付办法参照基金合同。

（二）ETF基金的购买

ETF 基金是场内交易，具体购买步骤如下：

1.选择合适的 ETF 基金

在选择 ETF 基金时，投资者需要考虑自己的投资目标、风险偏好和资金规模等因素。投资者可以通过基金公司的官方网站、证券交易所的网站或第三方投资平台等途径获取相关信息。

2.开立证券账户

在购买 ETF 基金之前，投资者需要先在证券公司开立证券账户。开立证券账户时，投资者需要提供身份证明、银行卡等相关信息，并签署相关协议。

3.下单购买 ETF 基金

在证券账户开立完成后，投资者可以通过证券交易软件或电话委托等方式进行下单购买 ETF 基金。在下单时，投资者需要输入基金代码、购买数量和购买价格等信息。

4.确认交易

在下单购买 ETF 基金后，投资者需要等待交易确认。确认交易后，ETF 基金的份额将会出现在投资者的证券账户中。需要注意的是，ETF 基金的价格会随着市场波动而变化，投资者需要密切关注市场动态，以便及时进行买卖操作。

财经知识窗 3-5

买新基金更便宜吗？

有的基民患有"恐高症"，认为新基金净值低，老基金净值已经上涨很多，所以买"便宜"的新基金更好。这种想法正确吗？

这些投资者可能误用了股票投资"低买高卖"的思路。事实上，基金并不存在"便宜"一说，基金能否为投资者创造良好回报，根本上是由基金管理人的投资能力决定的。与股票不同，基金的单位净值表示为：基金总净资产÷基金总份额，代表每单位基金的持有人权益，而非市值。基金分红后，单位净值会降低，但不代表这只基金不赚钱。

那么，买基金应选择新基金还是老基金呢？投资者可以从以下三个方面考虑：一是基金的流动性。开放式新基金一般有1~3个月的建仓时间，这段时间暂停申赎，流动性也受到了限制。二是基金的灵活性。新基金比老基金更灵活，如果恰逢市场下行，老基金已有一定仓位，而新基金可以逢低建仓。三是判断基金管理人的投资能力。由相同基金经理管理的新、老基金在此方面的差别不大，相对而言，老基金拥有更多可供参考的历史公开信息和业绩数据。

所以，买基金是买"新"还是买"老"，并没有绝对的答案。

五、证券投资基金的投资技巧

（一）了解基金类型、基金管理人

在投资基金之前，了解基金的类型、风险收益特征、投资策略、管理人等基本信息是非常重要的。不同类型的基金有不同的风险收益特征和投资策略，了解这些信息可以帮助投资者更好地选择适合自己的基金。基金管理人非常重要，他们的专业能力和经验直接影响基金的业绩。投资者在选择基金时应该了解管理人的背景、经验和业绩，选择值得信任的管理人。

（二）分散投资

不要把所有的钱都投入到一个基金或者一个类型的资产中，而应该进行分散投资，降低风险。可以通过投资不同类型的基金、不同的市场、不同的资产等方式来实现分散投资。

（三）长期投资

基金是一种长期投资工具，投资者应该做好长期投资的准备，不要过分关注短期的市场波动。长期投资可以帮助投资者获得更好的回报，因为基金经理有更多的时间和空间来管理和调整资产组合。

（四）定期定额投资

定期定额投资是一种有效的投资策略，可以帮助投资者降低市场波动的影响，减少投资风险。投资者可以设定每个月或者每个季度定期定额投资一定金额的基金，这样可以降低单次投资的金额，避免因为市场波动而产生的不必要的损失。

（五）不要盲目跟风

市场上的信息会影响基金的价格波动，投资者应该保持理性，不要盲目跟风，要根自己的投资目标和风险承受能力来选择基金，不要因为别人的意见或者市场的波动而改变自己的投资计划。

（六）定期评估

投资者应该定期评估自己的基金投资组合，看看是否需要进行调整。评估时，应该考虑自己的风险承受能力、投资目标和市场情况等因素，如果需要调整，可以适时地进行买卖操作。

六、证券投资基金的定投

基金定投是定期定额投资基金的简称，它是指在固定的时间以固定的金额投资到指定的开放式基金中。这种方式类似于银行的零存整取方式。

（一）基金定投的优点

基金定投的优点主要包括以下五个方面：

1. 平均投资成本，降低风险

通过定期定额投资，投资者可以在不同的市场阶段买入基金，从而平摊投资成本。在基金净值升高时买入的份额较少，而在净值走低时买入的份额较多，长期平均下来成本会比较低，这在很大程度上分散了投资风险。

2. 弱化入市时机选择的重要性

定投是一个长期的投资过程，投资者不必在乎进场时点，不必在意市场价格。只要股市最终回归正常价值点或者更高位，之前定投厚积的份额就能带来丰厚的回报。

3. 手续简单、省时省力

在进行基金定投时，只需要投资者在第一次购买基金时设置好每次定投的时间与金额，保证银行卡资金充足即可。它会自动购买与扣款，不需要投资者每次手动购买，因此也被称为"懒人理财"。

4. 复利效果

定投计划收益为复利效应，本金所产生的利息加入本金继续衍生收益，达到利滚利的效果，随着时间的推移，复利效果会越来越明显。

5. 强制储蓄，开源节流

基金定投类似于银行的零存整取方式，可以帮助投资者养成储蓄习惯，积少成多，通过长期投资来获取未来可观的收益。

（二）基金定投的误区

1. 误区一：基金定投一定赚钱

定投的基本原理是靠长期持续的投入来平滑持有成本、降低短期的波动风险，随着时间的推移，基金的份额在不断积攒，等到市场开始上涨时，投资者便开始获得投资收益。但在定投的过程中，基金价格有可能持续震荡调整，在这个过程中很有可能出现暂时的浮亏，如果这时候投资者忍受不住基金价格的波动而选择卖出，则会造成永久性损失。

所以，如果想通过基金定投赚钱，就要选择合适的方法，并保持良好的心态，在困难的时候需要信心和耐心，才有可能在市场转好时收获微笑曲线。

2. 误区二：所有基金都适合定投

基金定投往往更适合选择长期上涨、波动相对较大的基金，如股票型基金、偏股型基金和宽基指数型基金等，这样才能更好地达到平滑成本的目的。虽然货币型基金和债券型基金也是长期上涨的，但它们的波动相对较小，定投的效果自然没有权益类基金那么显著。如果投资者想选择主动权益类基金进行定投，尽量选择管理经验相对丰富、历史业绩比较好的基金经理。

3. 误区三：基金下跌就停止定投

巴菲特说过："如果你不愿意持有一只股票10年，那么你连10分钟都不要持有。"基金定投也是同样的道理，当市场出现大跌或持续调整的时候，很多投资者可能会因为恐惧而停止定投甚至清仓，从而陷入不赚钱甚至亏钱的窘境。而相对理性的做法是，在市场下跌或持续调整的时候，更应该坚定信心，保持好定投的节奏，因为在市场相对低位的时候我们可以收集更多便宜的筹码，这样平滑成本的效果反而会更好。

4. 误区四：等市场明朗的时候再开始定投

很多投资者都想在市场结束调整或者市场开始上涨后再开始投资。但实际上，没有人能准确预测市场的涨跌。我们站在现在看过去的K线，总感觉市场走势很清晰，但当我们站在现在看未来的时候，总是充满了各种不确定性。定投越早开始，效果越好。

☑ **课堂互动 3-7** —————————————————————————————

登录天天基金网，利用该网站提供的"定投计算"，选择某只基金按月进行1年、3年和5年的定投。比较投资收益，并说说自己对定投的看法。

笔记：_____

_____

_____

任务4　以小博大的金融衍生工具

金融衍生工具是在20世纪70年代初期，随着布雷顿森林体系的瓦解和浮动汇率制的出现，国际金融市场日趋动荡，为了规避市场风险及获取盈利，银行、投资机构等对金融工具进行创新而逐渐发展起来的。它是在传统金融工具基础上衍生出来的新兴金融工具，起源于原生性金融商品或基础性金融工具，这种基础性金融商品主要包括货币、外汇、存单、债券、股票等。

一、金融衍生工具的概念

金融衍生工具，也称衍生金融产品，是与基础金融产品相对应的一个概念，是指建立在基础产品（如货币、债券、股票等）或基础变量之上，其价格取决于基础金融产品价格（或数值）变动的派生金融产品。

这里所说的基础产品是一个相对的概念，不仅包括现货金融产品（如债券、股票、银行定期存款单等），还包括金融衍生工具。作为金融衍生工具基础的变量，其种类繁多，主要是各类资产价格、价格指数、利率、汇率、费率、通货膨胀率以及信用等级等。近年来，某些自然现象（如气温、降雪量、霜冻、飓风）甚至人类行为（如选举、温室气体排放）也逐渐成为金融衍生工具的基础变量。

金融衍生工具可以进一步细分为远期合约、期货合约、期权合约和互换合约等。远期合约是指买卖双方在未来的某一时间按照约定的价格和数量买卖某种资产或金融工具的协议。期货合约是指按照期货交易所规定的标准条款和条件，买卖某种商品或金融资产的标准化合约。期权合约是指赋予持有人在特定时间内按照约定价格购买或出售某种资产的权利的合约。互换合约则是指双方约定在未来某一时期交换特定现金流的合约，常见的互换合约包括利率互换和货币互换。

需要注意的是，虽然金融衍生工具可以提供规避风险和增加收益的机会，但它也具有高风险性。因为金融衍生工具的价格受多种因素影响，如市场利率、价格变动、信用风险等，所以在进行金融衍生工具交易时，投资者需要进行充分的风险评估和风险管理。

二、金融衍生工具的基本特征

从金融衍生工具的定义可以看出，它具有四个显著的特性：

1. 跨期性

金融衍生工具是交易双方通过对利率、汇率、股价等因素的变动趋势的预测，约定在未来某一时间按照一定条件进行交易或选择是否交易的合约。无论是哪一种金融衍生工具，都会影响交易者在未来一段时间内或未来某时点上的现金流，跨期交易的特点十分突出。

2. 杠杆性

金融衍生工具交易一般只需要支付少量的保证金或权利金就可签订远期大额合约或互换不同的金融工具。这种高杠杆效应使得投资者可以利用较小的资金获得较大的收益，但同时伴随着较高的风险。

☑️ **课堂互动 3-8** --

资本市场上有句话：新手死于无知，老手死于杠杆！很少有人能正确地认识风险，多数人只是被别人赚钱的假象所迷惑，而不惜加大杠杆来增加交易的收益。请你收集关于金融衍生工具投资风险的相关案例，并进行分享和总结。

笔记：_____

_____

_____

3. 联动性

金融衍生工具的价值与基础产品或基础变量紧密联系、规则变动。基础产品或基础变量的价格变化将直接影响金融衍生工具的价格变动，因此在进行金融衍生工具交易时投资者需要关注基础产品或基础变量的价格变化趋势。

4. 不确定性或高风险性

金融衍生工具的交易成果取决于投资者对基础工具（变量）未来价格（数值）的预测和判断的准确程度。基础工具价格的变幻莫测决定了金融衍生工具交易盈亏的不稳定性，这是金融衍生工具高风险性的重要诱因。

三、期货

期货是相对现货而言的，是由现货衍生而来的。期货不是货物，通常是指以某种大宗商品或金融资产为标的、可交易的标准化远期合同——期货合约。期货合约是期货交易所统一制定的、规定在将来特定的时间和地点交割一定数量标的物的标准化合约。期货合约中的标的物既可以是实物商品，也可以是金融产品或相关产品。标的物为实物商品的期货合约称为商品期货；标的物为金融产品的期货合约称为金融期货。期货分类见表3-5。

表3-5　　　　　　　　　　　　　　　期货分类

分类	具体内容
商品期货	1.农产品期货（如小麦、玉米、大豆、棉花、白糖等） 2.金属期货（如铜、铝、铅、锌、锡、铁矿石、螺纹钢、黄金、白银等） 3.能源化工期货（如原油、汽油、天然气、煤炭、甲醇等）
金融期货	1.外汇期货（如欧元期货、日元期货、英镑期货、欧元兑日元交叉汇率期货等） 2.利率期货（如国债期货、伦敦银行间同业拆放利率期货等） 3.股权类期货（如股票价格指数期货、单只股票期货、组合股票期货等）

财经知识窗 3-6

我国期货交易所

1. 郑州商品交易所，成立于1990年10月，是国务院批准成立的首家期货市场试点单位，由中国证券监督管理委员会管理。目前上市交易25个期货、18个期权品种，范围覆盖粮、棉、油和能源、化工、纺织、冶金、建材等多个国民经济重要领域。

2. 大连商品交易所，成立于1993年，已上市包括全球首个实物交割的铁矿石期货、国内首个活体交割畜牧品种——生猪期货等在内的21个大宗商品期货和13个期权品种，是全球重要的农产品及塑料、煤炭、铁矿石期货市场。

3. 上海期货交易所，成立于1999年，目前上市交易23个期货、9个期权品种，范围涵盖金属、能源、化工、服务等领域。据国际期货业协会（FIA）统计，上海期货交易所场内商品衍生品成交规模多年来位居世界前列。

4. 中国金融期货交易所，于2006年9月8日在上海正式挂牌成立。专门从事金融期货、期权等金融衍生品交易与结算的公司制交易所。目前上市交易有股指期货、股指期权和国债期货品种。

5. 广州期货交易所，于2021年4月19日挂牌成立，是经国务院同意，由中国证券监督管理委员会批准设立的第五家期货交易所，是国内首家混合所有制交易所。目前上市交易有工业硅、碳酸锂期货和期权品种。

☑ 课堂互动 3-9

请登录我国期货交易所官网，查询商品期货合约（如白糖期货合约）、金融期货合约（如中证1000股指期货合约），并说明合约的基本要素有哪些。

笔记：＿＿＿＿＿＿＿＿＿＿＿＿＿＿＿＿＿＿＿＿＿＿＿＿＿＿＿＿＿＿

☑ 阅读思考 3-5

巴林银行倒闭事件

巴林银行事件是巴林银行因交易员从事期货投机失败而倒闭的事件。1763年，弗朗西斯·巴林爵士在伦敦创建了巴林银行。1995年2月26日，英国中央银行——英格兰银行突然宣布了一条震惊世界的消息：巴林银行不得继续从事交易活动并将申请资产清理。10天后，这家拥有233年历史的银行以1英镑的象征性价格被荷兰国际集团收购，这意味着巴林银行的彻底倒闭。弄垮这一具有233年历史、在全球范围内掌控270多亿英镑资产的巴林银行，竟然是一个年龄只有28岁的毛头小子尼克·里森。

1995年，时任巴林银行新加坡期货公司执行经理的尼克·里森一人身兼首席交易员和清算主管两职。有一次，他手下的一个交易员，因操作失误亏损了6万英镑，当里森知道后，因为害怕事情暴露便启动了88888"错误账户"（该账户是银行对代理客户交易过程中可能发生的经纪业务错误进行核算的备用账户）。随着时间的推移，备用账户使用后的恶性循环使公司的损失越来越大。

为挽回损失，1994年下半年，里森认为，日本经济开始走出衰退，股市将会大涨，于是大量买进日经225指数期货合约和看涨期权。然而，1995年1月16日，日本关西大地震，股市暴跌，里森所持多头头寸遭受重创。为反败为胜，里森再次大量补仓日经225期货合约和利率期货合约，2月24日，当日经指数再次加速暴跌后，里森所在的巴林期货公司的头寸损失，可以称是巴林银行全部资本及储备金的1.2倍，于是尼克·里森畏罪潜逃，233年历史的老店就这样顷刻瓦解了。

资料来源：佚名.哪些银行最容易倒闭？世界9大银行倒闭案大揭秘［EB/OL］.［2017-07-31］. https://finance.china.com/jrxw/13000288/20170731/31018698_all.html.

思考： 请你拓展阅读《我是如何弄垮巴林银行》这本书，感受期货交易的风险，谈谈金融从业人员应该如何合规从业。

笔记：＿＿＿＿＿＿＿＿＿＿＿＿＿＿＿＿＿＿＿＿＿＿＿＿＿＿＿＿＿＿＿＿＿＿＿＿

＿＿

＿＿

四、期权

期权又称选择权，期权交易就是对这种选择权的买卖，实际上是一种权利的单方面有偿让渡。期权的买方通过支付一定数量的期权费来获得这种权利，但并不承担必须买进或卖出的义务。而期权的卖方则在收取了一定数量的期权费后，在一定期限内必须无条件服从买方的选择并履行成交时的允诺。这种交易方式是基于双方对未来的市场预期不同而进行的，因此具有较高的风险和回报。期权的分类见表3-6。

表 3-6　　　　　　　　　　　　　　**期权的分类**

分类	具体内容
按照选择权性质的不同	看涨期权和看跌期权
按照合约所规定的履约时间的不同	欧式期权、美式期权和修正的美式期权
按照基础资产性质的不同	股指期权、利率期权、外汇期权、金融期货期权、货币期权等

✓ **课堂互动 3-10** ------------------------------

请登录期货交易所官网，查询白糖期权合约，说明期权合约的基本要素，并比较期货与期权的区别。

笔记：_____

_____

拓展阅读 3-4

"保险+期货"
为乡村产业
保价护航

》》 **育德育才**　　　　　　　**特别国债的"特别"之处**

特别国债通常有两层含义：

一是资金投向为特定目标发行的、具有明确用途的国债。从历史经验来看，特别国债大多是在宏观环境发生重大变化，经济遭受重大冲击，或面临巨大风险时发行的，专项用于国家重大战略和重点领域建设，或应对重大疫情和自然灾害等公共危机。

二是它不同于普通国债，通常不计入财政赤字，其收支列入中央政府性基金预算，发行的审批机制及流程也较为灵活，一般只需国务院提请全国人大常委会审议，并由财政部执行。

我国发行的特别国债见表 3-2。

表 3-2　　　　　　　　　　　　　　**特别国债发行情况**

发行时间	发行期限	发行规模	发行用途
1998 年	30 年	2 700 亿元	补充四大商业银行资本金
2007 年	10~15 年	1.55 万亿元	购买外汇注资中投公司
2017 年	7~10 年	6 964 亿元	2007 年特别国债部分续作
2020 年	5~7 年	1 万亿元	抗击新冠疫情
2022 年	3 年	7 500 亿元	2007 年特别国债部分续作
2024 年	20 年、30 年、50 年	1 万亿元超长期特别国债	国家重大战略实施和重点领域安全能力建设

拓展阅读 3-2

我国绿色金融
发展进入
"深水期"

思考：根据上述资料查询当年特别国债发行的相关介绍，请说明在当时发行特别国债的意义，国家如何利用金融工具服务实体经济？

笔记：_____

_____

_____

课后训练

一、选择题

1.我国证券采用（　　）交易方式。

A.面谈　　　　　　B.线上　　　　　　C.线下　　　　　　D.竞价

2.股票实质代表了股东对股份有限公司的（　　）。

A.债权　　　　　　B.收益权　　　　　C.所有权　　　　　D.物权

3.我国证券交易所规定的A股最小交易单位为（　　）。

A.10手　　　　　　B.10股　　　　　　C.1手　　　　　　D.1股

4.H股是在（　　）上市交易的股票。

A.中国香港　　　　B.美国　　　　　　C.英国伦敦　　　　D.新加坡

5.债券反映了发行人与购买者之间的（　　）关系。

A.所有权　　　　　B.债权债务　　　　C.转让权　　　　　D.使用权

6.目前我国债券面值为每张（　　）。

A.1 000元　　　　　B.500元　　　　　C.10元　　　　　　D.100元

7.（　　）是指以某种大宗商品或金融资产为标的、可交易的标准化合约。

A.期货合约　　　　B.期权合约　　　　C.互换合约　　　　D.远期合约

8.期权交易中支付期权费的是（　　）。

A.买卖双方　　　　B.买方　　　　　　C.卖方　　　　　　D.中介

9.股票交易连续竞价时间为（　　）。

A.9：25—11：30　　　　　　　　　　B.9：30—11：30

C.13：00—15：15　　　　　　　　　　D.13：00—14：57

10.债券的特征包括（　　）。

A.偿还性　　　　　B.风险性　　　　　C.收益性　　　　　D.安全性

11.可以作为债券的发行人的有（　　）。

A.政府　　　　　　B.金融机构　　　　C.企业　　　　　　D.个人

12.证券投资基金的特点是（　　）。

A.集合投资　　　　　　　　　　　　　B.专业管理

C.利益共享、风险共担　　　　　　　　D.组合投资、分散风险

二、技能训练

1.利用同花顺或者东方财富的手机模拟交易平台，进行A股买卖操作。

2.利用天天基金网，查找基金种类，并比较不同基金投资的风险。

3.利用同花顺模拟交易平台，进行可转债买卖，感受T+0高频交易。

4.利用同花顺模拟交易平台，进行期货期权买卖，感受高风险与高收益的瞬息变化。

三、财经实践

实践项目：走进证券期货投资者教育基地

实践目标：

（1）了解证券期货投资者教育基地的功能与作用，感受中国资本市场创新发展的历程。

（2）通过典型案例进行投资者风险教育，普及金融知识，提升金融素养。

（3）对投资者进行风险测评时，倡导"长期投资、价值投资、理性投资"的投资理念。

实践内容：

（1）实地走访当地证券期货投资者教育基地，切身感受投资者教育服务的基础设施和理念。

（2）搜索证券公司建设的投资者教育网站，选择关于股票、债券、基金投资的视频进行学习，并进行课堂分享。

（3）收集投资者教育基地的宣传资料，熟悉非法集资、非法证券活动的常见手段以及防范措施。

实践准备：

（1）教师根据班级人数进行分组，建议每组4~6人。

（2）教师联系当地证券期货投资者教育基地，确定参观时间和内容。

（3）教师在参观前布置小组任务，确保实践项目顺利完成。

项目四
理财
产品投资

学习目标

知识目标

1.掌握存贷款理财的种类、特点，以及利率的计算；

2.理解信用卡的分类、功能、特点及其理财技巧；

3.认识互联网理财的优势、平台，及其产品的特性、风险和发展趋势；

4.理解黄金投资的特点和方式，了解其价格变动历史及优势；

5.了解信托的定义、产品与服务，以及信托行业概况；

6.了解收藏品的基本知识和投资价值。

技能目标

1.能够区分和使用非证券类金融理财工具；

2.能够分析和比较不同理财产品的风险与回报。

素养目标

1.培养理性消费观念，了解和感受消费与储蓄之间的平衡，避免不必要的浪费；

2.认识到财富管理对国家经济发展的重要性，激发对未来从事财富管理行业的兴趣。

✓ 课前思考

1.俗语有云：乱世黄金，盛世收藏。查阅资料，说说你对这句话的理解。

2.请上网查找中国农业银行关于人民币贷款利率的规定。

笔记：_____

_____

_____

财经智慧小贴士

理财小口诀

信用卡在手，精明用则金钱多。

贷款须谨慎，步步为营稳如锥。

理财网上行，慧眼识珠方安宁。

存钱入小库，积少成多见真章。

诈骗处处有，防患未然心不忙。

任务1　银行理财种类多

　　商业银行是以营利为目的的重要金融机构，主要是通过吸收储户的存款、发放贷款、办理票据贴现等业务从中获取收益。此外，商业银行还提供支付服务、理财和咨询业务。也就是说，客户可以通过商业银行转账、刷卡消费，来购买多种金融产品，如基金、保险等。

　　商业银行的传统业务是经营存款和发放贷款。随着金融市场的不断发展，商业银行存贷款业务竞争日益激烈，商业银行转向发展中间业务，以提供金融服务作为主要的利润来源渠道。

财经知识窗 4-1

什么是中间业务？

　　中间业务是指银行不承担信用风险，通过提供金融服务获取手续费收入的业务，如代理保险、基金销售，信用卡服务等。这些业务不仅为银行带来稳定收入，还能提高客户黏性。

一、存款理财概述

（一）存款理财的定义

　　存款理财是指居民个人通过储蓄存款的方式进行理财。储蓄存款是社会公众将当期暂时不用的收入存入银行而获取利息的行为，储蓄机构为其开具存折或者存单作为凭证，存款人凭存折或者存单支取存款的本金和利息。

　　储蓄存款是安全可靠又方便易办的一种大众化投资方式。储蓄存款具有存取自由、安全性高、收益稳定等特点，因而在个人及家庭投资理财中，始终占有较大比重。从理财品种选择的角度来看，家庭应在资产配置中保留3~6个月生活开支的额度以作应急储备，其保存形式就可以选择储蓄存款。

（二）存期的规定

存期一律按对年、对月、对日计算；每月按30天、全年按360天计算；计算存期采用"算头不算尾"的方法。例如，某储户存单30日到期，于31日来支取，不算过1天；31日到期，于30日来支取，也不算提前1天，但应凭证件取款；30日存入，当月31日支取，给1天的利息。逢法定节假日到期造成储户不能按期取款，储户可在节假日前1天办理支取。

（三）储蓄存款的种类

根据各个银行的不同情况，储蓄业务大体包括活期储蓄存款和定期储蓄存款两种。

1. 活期储蓄存款

活期储蓄存款是储户在存款时不限定存期，可随时存取的业务。人民币活期储蓄存款起存金额为1元。

特点：方便将个人生活待用款和暂时不用款暂存；存款、取款灵活方便。

2. 定期储蓄存款

定期储蓄存款是储户在存款时约定存期，开户时一次存入或在存期内按期分次存入本金，到期时整笔支取本息或分期、分次支取本金或利息的储蓄方式。根据存取的方式又可进行具体品种的划分。

（1）整存整取定期储蓄

整存整取定期储蓄是存款时约定存期，一次存入本金，全部或部分支取本金和利息的业务。人民币整存整取定期储蓄存款起存金额为50元。

特点：带来较高的利息收入；开户时可以选择约定转存；可以做质押贷款；可以办理提前支取。

（2）零存整取定期储蓄

零存整取定期储蓄是存款时约定存期，按月定额存储，到期一次支取本息的业务。人民币零存整取定期储蓄存款起存金额为5元。

特点：可以在获得高于活期储蓄存款利息收入的同时，集零成整，有计划性、约束性、积累性积攒财富。

（3）整存零取定期储蓄

整存零取定期储蓄存款是存款时约定存期和支取期限，本金一次性存入、分次支取，利息于期满结清的定期储蓄存款业务。人民币整存零取定期储蓄存款起存金额为1 000元。

特点：整存零取定期储蓄具有计划性强的特点，可以获得较高的利息收入。

（4）存本取息定期储蓄

存本取息定期储蓄是存款时约定存期和取息期，一次性存入本金，分次支取利息，到期后一次支取本金的定期储蓄存款业务。人民币存本取息定期储蓄存款起存金额为5 000元。

特点：存本取息定期储蓄可以分期付息，并且可以获得比活期储蓄更高的利息收入。

（5）教育储蓄

教育储蓄是针对接受非义务教育而存入的储蓄资金实行的利率优惠、利息免税的一种零存整取定期储蓄存款业务。起存金额为50元，每份本金合计不得超过2万元。

特点：教育储蓄具有存期灵活、总额控制、利率优惠、利息免税、定向使用等特点。教育储蓄能够积零成整，满足中低收入家庭每月固定小额存储，积蓄资金，以解决子女非义务教育支出的需要。

3. 个人通知存款

个人通知存款是存款时不约定存期，一次性存入本金，可以一次或分次支取，支取时需提前通知营业机构，约定支取存款日期和金额的业务。

特点：存款利率高于活期储蓄利率。存期灵活、支取方便，能获得较高收益，适用于大额、存取较频繁的存款。

（四）利率的计算

1. 利率的换算

（1）年利率

以年为单位计算利息时的利率，通常用%表示。

年利率=月利率×12

（2）月利率

以月为单位计算利息时的利率，通常用‰表示。

年利率=日利率×360

（3）日利率

以日为单位计算利息时的利率，通常用‱表示。

日利率=年利率÷360=月利率÷30

2. 提前支取和逾期支取的计息规定

定期存款储蓄要求储户在存款时约定存期，但在实际生活中会出现提前支取和逾期支取这两种情况。

（1）提前支取的计息规定

储户可根据自己的实际需要办理部分提前支取，尽管提前支取部分只能享受支取日活期利率，但剩下的存款仍可享受原有利率。

（2）逾期支取的计息规定

逾期支取的定期储蓄存款。逾期部分按支取日活期储蓄存款利率计息。

（五）储蓄投资理财策略分析

1. 储蓄投资宜考虑市场环境

经济好转时，不存太长期的定存，这时选择中短期的定存比较合适。

经济很好时，应多选不受降息影响的种类，一般加大长期和定期的比例。

经济低迷时，多选短期定存，一般来说不宜超过3年，由于短期存款流动性强，当利率上升时，可以重新转存。当经济不好时，应增加投资的灵活性，多以活期或短中期定存为主。

2. 储蓄投资宜选择分散进行

如果存款过于集中，在急需用钱时就会因存款金额的限制，不能拿到足够的款项。存款到期的时间上，也不应过分集中，可以采用循环周转法：每月将家中余钱存成1年定期存款。1年后，手中正好有11张存单。这样，不管哪个月急用钱都可取出当月到期的存款。

3. 建立紧急备用金

在开始投资之前，建立一个紧急备用金账户是非常重要的。此账户中的资金可用于应对突发事件，如意外事故、失业等。建议将至少3个月的生活费用以存款储蓄或购买货币市场基金的形式存入紧急备用金账户中。

财经知识窗 4-2

银行年 vs 自然年

银行在计算利息时通常采用"银行年"，即1年按360天计算，而不是按自然年的365天或366天计算。这种计算方法简化了利息计算，但也可能略微影响实际收益。

二、贷款理财

贷款是商业银行信用合作社等机构作为贷款人按照一定的贷款原则和政策，以还本付息为条件，将一定数量的货币资金提供给借款人使用的一种借贷行为。

（一）贷款的种类

贷款的分类标准有很多，这里主要介绍按照贷款期限分类和按照贷款担保方式分类两种。

1. 按照贷款期限分类（见表4-1）

表4-1　　　　　　　　　　　　　　贷款的分类

类别	期限
中长期贷款	贷款期限超过5年
中期贷款	贷款期限超过1年，在5年以内
短期贷款	贷款期限在1年以内
透支	没有固定期限的贷款

2. 按照贷款担保方式分类

（1）信用贷款

信用贷款是一种金融安排，其核心特点在于借款人的信用评级和信用历史记录。此贷款类型通常不涉及抵押品，而是根据借款人的信用信誉来确定贷款的授予与否以及贷款利率。较高的信用评级通常可以获得更有利的贷款条件。

（2）担保贷款

担保贷款要求借款人提供担保物品作为贷款的抵押品。这些担保物品可以包括不动产、车辆、有价证券等有价值的资产。如果借款人未能按时偿还贷款，担保物品将用于弥补债务。

（3）保证贷款

保证贷款涉及第三方保证人的介入，这是一个承诺，如果借款人无法按合同条款偿还贷款，保证人将承担偿还的责任。这种担保通常需要符合一定的法律和金融条件。

（4）按揭贷款

按揭贷款主要用于房地产购买。在这种贷款形式下，借款人支付一定比例的首付款，然后将余下的购房款项分期偿还。这通常包括本金和利息。

（5）质押贷款

质押贷款要求借款人提供具有价值的资产作为贷款的抵押品，以确保借款的安全性。这些资产可以包括黄金、股票、债券等。如果借款人未能按照合同履行义务，质押物将被处置以偿还债务。

（6）票据贴现

票据贴现是一种金融交易，其中一家金融机构以折扣价购买他人的未来到期票据。这种交易允许票据持有人提前获得一部分票面金额，并在票据到期时获得全额支付。票据贴现通常用于短期资金需求的满足。

财经知识窗 4-3

信用评分的构成要素

1. 还款历史：占比约35%，包括过去的还款记录。
2. 债务水平：占比约30%，当前的负债情况。
3. 信用历史长度：占比约15%，信用记录的时间跨度。
4. 信用类型组合：占比约10%，不同类型信用产品的使用情况。
5. 新增信用：占比约10%，最近申请的新信用额度。

（二）贷款的办理

一般情况下，办理一笔贷款的全过程包括六个主要环节：贷款申请、贷款审批、签订贷款合同、贷款发放、贷款的管理和贷款的收回。

（三）贷款理财应注意的问题

1. 根据家庭的经济实力确定贷款额度

家庭经济实力的内容包括存款和可变现资产两大部分。其中，可变现资产又涵盖了有价证券、现有住房置换等。申请贷款前，要对家庭未来收入及支出做出合理的预期，除此之外，还要考虑的因素有年龄、专业、学历、工作单位性质、行业前景乃至宏观经济发展趋势等。同时，应对未来大额支出做出预期，如结婚、生育、健康、教育、出国及买房、买车等其他大额消费品。

2. 要保证所提交申请文件的真实性

借款人应提交身份证、职务和收入证明（含家庭资产状况说明）、购房合同、已付款凭证、保证人同意担保书证明、公积金管理部门出具的证明等文件，并保证上述文件的真实性、有效性和合法性。现代社会是信用社会，诚实、守信是基本的道德准则，因申请文件的不真实而产生的后果，借款人应自己承担。

3. 要谨慎选择贷款年限和还款方式

有的人认为同一笔贷款，15年付清比30年付清要少付近一半的利息；有的人认为，选30年的还款期，可以减少每月还款压力。例如，初次买房的年轻夫妇，收入未达到丰厚程度，考虑到现实家庭中开支负担较重，又有养儿育女负担的压力，希望尽量减轻每月支出。借款人需要结合自身经济实力和还款方式选择合适自己的还款手段。

财经知识窗 4-4

常见的还款方式有等额本息还款、等额本金还款、按月付息到期还本、提前偿还部分贷款、提前偿还全部贷款、随借随还六种，具体内容见表4-2。

表4-2　　　　　　　　　　　　　　银行贷款的主要还款方式

还款方式	描述
等额本息还款	贷款的本金和利息之和采用按月等额还款的一种方式。住房公积金贷款和多数银行的商业性个人住房贷款都采用了这种方式。这种方式下，每月的还款额是相同的
等额本金还款	借款人将贷款额平均分摊到整个还款期内每期（月）归还，同时付清上一交易日到本次还款日间的贷款利息的一种还款方式。这种方式下，每月的还款额逐月减少
按月付息到期还本	借款人在贷款到期日一次性归还贷款本金（期限1年以下（含1年）的贷款适用），贷款按日计息，利息按月归还
提前偿还部分贷款	借款人向贷款银行提出申请，可以提前偿还部分贷款金额，一般金额为1万元或1万元的整数倍，偿还后贷款银行会出具新的还款计划书，其中还款金额和还款年限都会发生变化，但还款方式是不变的，且新的还款年限不得超过原贷款年限
提前偿还全部贷款	借款人向贷款银行提出申请，可以提前偿还全部贷款金额，偿还后贷款银行会终止借款人的贷款，并办理相应的解除手续
随借随还	借款后利息是按天计算的，用一天算一天息。随时都可以一次性结清款项，不需要违约金

三、信用卡理财

信用卡是一种金融工具，记录持卡人的账户信息，通常具备由银行授予的透支额度。持卡人可以利用信用卡进行购物、支付账单或其他交易，并在适当时候进行还款。信用卡的透支功能不仅为持卡人提供了方便的短期资金周转能力，还为持卡人带来了额外的消费和财务管理的灵活性。除此之外，信用卡还常常附带各种优惠、保险和积分等福利，成为理财规划中不可或缺的一部分。

财经知识窗 4-5

信用卡的概念最早可以追溯到20世纪初。1914年，美国西部联合石油公司首次发行了一种金属卡片，允许顾客在该公司的加油站进行除账消费。现代信用卡的雏形则出现在1950年，由 Diners Club 创立。随后，美国运通公司和银行也相继推出了自己的信用卡业务，逐步形成了今天我们所熟知的信用卡体系。

（一）信用卡的分类

信用卡根据不同标准可分为很多类，主要介绍以下两种划分方式：

1. 按发卡机构不同划分

按发卡机构不同，可分为银行卡和非银行卡。银行卡，即银行发行的信用卡；非银行卡，即其他机构发行的信用卡，主要包括零售信用卡和旅游娱乐卡。其中，零售信用卡，是指商业机构所发行的信用卡。例如，由百货公司、石油公司等发行的信用卡，专门在指定商店消费，定期结账。旅游娱乐卡，是指服务业公司发行的信用卡。例如，由航空公司、旅游公司等发行的信用卡，用于购票、住宿、娱乐等。

2. 按清偿方式不同划分

按清偿方式不同，可分为贷记卡和准贷记卡。贷记卡，即先消费，后还款或分期付款；准贷记卡，即先存款后消费，一般不允许透支。

（二）信用卡的功能和特点

1. 循环信用消费

银行根据办卡人的综合情况核定信用额度，在信用额度内，持卡人可以先刷卡消费，在规定的到期还款日前偿还全部或部分透支款，便可以按还款金额恢复相应的信用额度。

2. 超长免息期

不需要存款即可透支消费，并可享有20~56天的免息期，按时全额还款利息分文不收。

3. 最低还款额

持卡人信用消费后，在到期还款日前难以全部偿还消费款项的，可以按照银行规定的最低还款额（如10%）还款，银行对其消费日至还款日占用的额度和剩下未还款部分按日计收利息。

【例 4-1】 张先生的账单日为每月5日，到期还款日为每月23日。1月30日张先生刷卡消费10 000元。2月5日账单中的"本期应还金额"为10 000元。2月23日，张先生仅偿还了2 000元。请问（日利率0.5‰）：

（1）2月23日，张先生还款的金额是否达到了最低还款额？

（2）3月5日的账单中产生的利息是多少？

解答：

（1）根据最低还款额为消费总额10%的规定，在2月23日张先生最低还款金额为：

10 000×10%=1 000（元）

张先生在当天偿还了2 000元，已经超过了最低还款额。

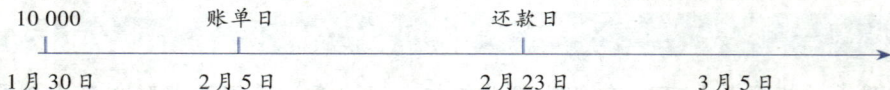

10 000	账单日		还款日	
1月30日	2月5日		2月23日	3月5日

（2）消费日至还款日共24天，产生的利息为：

10 000 ×0.5‰×24=120（元）

还款日至下一账单日（3月5日）共10天，未还款部分产生的利息为：

（10 000−2 000）×0.5‰×10=40（元）

3月5日的账单中产生的利息为：

120+40=160（元）

（三）信用卡理财技巧

1. 正确理解信用卡免息期

信用卡的免息期是银行为鼓励消费给持卡人提供的可以延迟付款的优惠。免息期是消费日至到期还款日之间的时间段。

2. 使用时要注意理性消费

虽然信用卡可以先消费后还款，但是盲目消费和过度消费也会形成较大的还款压力。在提前享用自己心仪物品的同时，还要考虑自己是否有能力偿还。

3. 珍爱信用记录

信用卡出现逾期未还的情况，将会影响个人信用记录，甚至被银行列入黑名单，以后想向银行或住房公积金管理中心申请贷款，就会有可能被拒绝。

4. 注意信用卡关于年费的规定

信用卡基本上都有年费，但有免年费的政策，注意利用好信用卡的年费政策。此外，对于长期未使用的信用卡，为避免年费产生，可以作销卡处理。

☑ 阅读思考 4-1

信用卡取现的一般规定

信用卡取现是一项为持卡人提供临时资金周转的便捷服务。根据2024年的相关规定，持卡人在享受这一服务时需要遵守一系列明确的指导原则和限制条件。

首先，银行机构必须严格监控信用卡资金的使用方向，确保资金不被用于偿还贷款、投资等非消费领域，严防资金流向政策限制或禁止的领域。此外，银行和清算机构需建立有效的监测和拦截机制，以防控套现、盗刷等异常用卡行为，保障信用卡交易的安全。

在信用卡分期业务方面，银行应规范管理，明确分期业务的最低起始金额和最高金额上限，并严格遵守分期业务期限不得超过5年的规定。对于预借现金业务申请分期还款的客户，额度不得超过人民币5万元或等值可自由兑换货币，期限不得超过2年。

信用卡取现不仅涉及手续费的支付，还会产生利息。以招商银行为例，境内人民币预借现金手续费为每笔取现金额的1%，最低收费每笔10元人民币，而利息则从取现当天起至清偿日按日利率万分之五计收，按月计收复利。

值得注意的是，信用卡的取现额度通常为信用额度的50%，但这个额度是可以通过持卡人良好的用卡行为和准时全额还款来提高的。同时，持卡人应避免在非紧急情况下使用预借现金功能，因为这一行为往往伴随着较高的成本。

最后，持卡人必须认识到，虽然信用卡取现是合法的，但套现行为是违法的。套现不仅涉及虚构的消费交易，而且是一种欺诈银行的行为，可能导致严重的法律后果。相反，合法的取现行为是持卡人向银行借款的一种形式，受到法律的保护和规范。

资料来源：佚名. 信用卡提现 ［EB/OL］.［2002-04-15］. https：//baike.baidu.com/item/信用卡提现/6538239.

思考：信用卡取现是合法的，而套现是违法的。解释这两者之间的区别，并讨论套现行为对个人和金融系统可能造成的后果。

笔记：_____

_____

_____

☑ **课堂互动 4-1**

在当今社会，信用卡已经成为了我们日常生活中不可或缺的一部分。它不仅方便了我们的支付方式，还为我们提供了许多额外的福利和保障。然而，信用卡的使用也伴随着风险和挑战，尤其是对年轻人而言。

1. 在何种情况下使用信用卡支付更为合理？

2. 讨论如何避免信用卡的过度使用和债务累积。

3. 常见的信用卡诈骗方式有哪些，应如何避免？

（注：学生分成小组，每组选择一个话题进行讨论。）

笔记：_____

_____

_____

四、银行理财产品

银行理财产品是一种由商业银行面向特定客户群体开发设计并销售的资金管理服务。在这一过程中，银行作为受托人，根据客户的投资目标、风险承受能力和流动性需求，运用多种金融工具进行投资运作，并承诺为客户提供预期收益或分享投资收益。

（一）个人投资者使用银行理财的必要性

面对种类繁多的投资工具，作为个人投资者可以根据自己的偏好进行投资抉择。个人投资者是否有必要使用银行理财产品进行投资？答案是当然有必要，这是因为：首先，个人投资者的投资范围有限，如对于某些优质债券，个人投资者并无申购资格；其次，个人投资者需要更为专业的投资机构代为打理资产，实现资产保值、增值。

（二）银行理财产品的分类

银行理财产品的分类标准可以根据不同的维度进行划分。其中，一种常见的分类方式是根据投资领域来划分，主要包括债券型理财产品、信托型理财产品、挂钩型理财产品和QDII型理财产品（见表4-3）。这种划分依据主要是考虑到产品投资的具体领域和资产类别，以帮助投资者根据自己的风险偏好和投资目标选择合适的理财产品。

表4-3　　　　　　　　　　　　　　银行理财产品介绍

品种	产品介绍	产品特点	适合的投资人群
债券型理财产品	银行将资金主要投资于货币市场，一般投资于央行票据和企业短期融资券	短期国债、金融债、央行票据以及协议存款等期限短、风险低的金融工具	投资风格较保守的投资者（可以低风险获得较定期储蓄高的收益），或者做了投资组合的投资者（可用此类产品降低组合风险）
信托型理财产品	信托公司通过与银行合作，由银行发行人民币理财产品，募集资金后由信托公司负责投资，主要是投资于商业银行或其他信用等级较高的金融机构担保或回购的信托产品，或者投资于商业银行优良信贷资产受益权信托的产品	虽然产品不保本，但是产品收益较为稳定，风险相对较小	追求高收益，并有较强风险承受能力的投资者
挂钩型理财产品	挂钩型理财产品也称结构性产品，其本金用于传统债券投资，而产品的最终收益与相关市场或产品的表现挂钩	这类产品一般分为保本固定收益、保本非浮动收益、非保本浮动收益三类，由于部分产品收益具有不确定性，特别适合对风险承受能力和金融市场判断力较强的投资者	追求高收益，并有较强风险承受能力的投资者
QDII型理财产品	投资人将手中的人民币资金委托给被监管部门认证的商业银行，由银行将人民币资金兑换成美元，直接在境外投资，到期后将美元收益及本金结汇成人民币，再分配给投资人的理财产品	产品一般不能保本，多为投资港股、欧美股票、商品基金，资金将全额投资该类标的，风险相对较大	对直接参与海外市场有信心，并能够承受本金损失风险的投资者

（三）投资银行理财产品应注意的问题

1.选择信任的投资主体

消费者购买理财产品时，要选择自己信任的银行，清楚购买产品的特点，根据自己的实际情况理性购买。有些民间金融理财机构会宣传其理财产品的年化收益率达10%~30%，甚至更高，以高收益来吸引消费者。面对这些诱惑，消费者要多调查、多了解、多核实，评估其承诺兑现能力及其可行性，最终选择专业、正规的理财机构。

2. 关注收益率

拓展阅读 4-1

某银行理财
产品说明书
（节选）

理财产品广告中的收益率是年收益率，还是累积收益率，或者是税前收益率，还是实际收益率；产品是否代扣税。

3. 了解并关注投资方向

银行理财产品募集到的资金将投放于哪个市场，具体投资于什么金融产品，这些决定了该产品本身风险的大小、收益率是否能够实现。

任务 2   互联网理财渠道广

在这个信息爆炸的时代，互联网理财平台以其灵活性和高效性，成为投资者手中的财富神器。不需要走进银行、不需要繁复的手续，只需轻轻一点，丰富多样的理财产品便尽在掌握之中。然而，机遇与挑战并存，互联网理财的便捷性也要求投资者必须具备更高的金融知识水平和风险识别能力。在享受便捷之余，如何做到理性投资、安全投资，成为每位投资者都必须面对的问题。

一、 互联网理财概述

互联网理财是一种金融服务模式，涵盖银行和非银行机构，通过互联网平台向个人或家庭提供理财产品和保险服务。这一趋势允许消费者通过在线渠道轻松获取各种投资工具，包括基金、股票、债券和保险产品，以期望实现个人或家庭资产的增值。该模式不仅提供了便利的购买途径，还常常伴随着更低的交易成本和更广泛的投资选择，为用户创造了更灵活的投资机会。

2013 年，余额宝的推出，掀开了国内互联网理财产品快速发展的序幕。随着互联网的普及、教育程度的提高及相关理财意识的增强，互联网理财用户量迅猛攀升。中研普华产业研究院发布的《2023—2028 年中国互联网理财行业市场前瞻与未来投资战略分析报告》显示，互联网理财用户量从 2015 年的 2.4 亿人快速增长至 2022 年的 6.7 亿人，增长了近 1.8 倍。

二、 互联网理财的优势

（一）购买方便，年化收益率高

互联网理财产品的购买渠道依托于用户规模大、使用频率高、发展成熟的第三方支付平台，为理财产品的销售提供了便捷，投资者足不出户即可完成投资。市场上互联网理财产品的七日年化收益率为 2%~3%，年化收益率较银行储蓄存款可观。

（二）理财门槛低、高收益、高流动性

互联网理财产品一元起购，按天计算收益，T+0 赎回模式，且收益率高出银行活期储蓄收益数倍，拥有压倒性优势。

（三）资金出入，灵活掌握

互联网投资理财可以根据投资者的不同偏好，为投资者提供各种产品信息和各种

多元化产品，越来越多的互联网理财产品具有更加灵活的投资期限和投资方式，以满足各类投资者。

三、主流互联网理财品种介绍

（一）余额宝

余额宝是蚂蚁集团旗下的余额增值服务和活期资金管理服务产品，于2013年6月推出。

余额宝的特点是操作简便、低门槛、零手续费、可随取随用。除理财功能外，余额宝还可直接用于购物、转账、缴费等消费支付，是移动互联网时代的现金管理工具。截至2023年6月30日，余额宝累计用户数达251.56万，是中国用户数最多的货币基金。

余额宝可由投资者灵活选择所接入的基金，投资者在投资界面可看到接入基金的概况、公告及资产配置情况等信息。余额宝可对接的有天弘余额宝货币、银华货币A、建信嘉薪宝货币A、华安日日鑫货币A等40余款基金产品。

（二）腾讯理财通

腾讯理财通是腾讯推出的专业财富管理平台，已上线货币基金、保险类理财、债券基金、指数基金、混合型基金、境外型基金等多元化理财产品，以及工资理财、指数定投等多种便捷功能，满足用户的多元化财富管理需求。

腾讯理财通涵盖多款基础产品及服务，为用户带来便捷的支付及财富管理体验。基础产品及服务介绍如下：

1. 余额+

用户在理财通持有的所有货币基金账户（零钱通和零钱理财除外），均具有享收益、可支付、随时取、用途多等特点。买入"余额+"后，用户享有组合货币基金收益，总收益为持有的所有单只货币基金的收益总和，使用"余额+"买入其他理财产品时不限额度。同时，"余额+"的资金还支持自动还信用卡、还贷款、充话费等。

2. 稳健理财

此类理财产品主要投资于能持续带来利息收入的"固定收益类"资产，如国债、金融债等，具有收益长期稳健、风险相对偏低、期限品类丰富等特点。理财通将此类理财产品细分为"稳健入门产品"和"稳中求进产品"。前者适合对收益要求不高、风险偏好较低的用户；后者适合追求长期稳健收益，同时具有一定风险承受能力的用户。

3. 进阶理财

此类理财产品主要投资于资本市场的金融产品，如债券、股票等，具有收益相对较高且短期存在波动、风险相对较高等特点。理财通将此类理财产品细分为"进阶入门产品"和"追求收益产品"。前者主要投资于债券等风险较低的资产，部分产品再增加一些其他的投资品种，如可转债、股票等，在控制风险的前提下，争取实现更高收益；后者大部分投资于股票市场，与市场共同成长或争取超越市场表现，属于高风险、高收益类产品。

4. 一起投

开展基金投顾服务的平台，为用户精选合适的投资策略和投顾团队，尽力达成用

拓展阅读4-2

《互联网金融与金融创新》——以"余额宝和娱乐宝"为例（节选）

户的投资目标。截至 2020 年 12 月 31 日，接入的基金组合有中欧超级股票全明星、南方津享稳健添利债券 A、华夏 90 后浪养老、华夏 80 当道养老、华夏 70 正好养老等。

课堂互动 4-2

在这个数字时代，互联网理财如同一股清新的春风，冲破传统理财的束缚，为广大投资者带来了前所未有的便捷。

分析余额宝作为互联网金融产品如何改变了人们的理财方式，及其对传统银行业务的挑战和影响。

笔记：_____

_____

_____

四、互联网理财风险提示

（一）账户安全风险

网络理财账户的安全性是用户最为关心的问题之一。如果账户密码设置简单或重复使用，极易成为黑客攻击的目标。一旦账户密码被盗，用户的财产安全将面临严重威胁。因此，强化密码设置并定期更新是保护账户安全的基本措施。

（二）移动设备使用风险

在移动互联网时代，智能手机成为许多人进行理财操作的首选工具。然而，不良的手机使用习惯，如下载来源不明的应用、使用公共 Wi-Fi 进行交易等，都可能增加账户被盗的风险。保持良好的手机使用习惯，对手机安全性保持警觉，是防范此类风险的关键。

（三）信息确认风险

虽然网络汇款的便捷性为用户提供了极大的方便，但也可能因疏于确认对方身份而造成损失。网络诈骗案件频发，不法分子常常利用用户的信任进行欺诈。因此，进行任何形式的网络汇款前，确认对方身份的真实性是至关重要的步骤。

（四）市场风险

虽然互联网理财产品提供了多样化的投资渠道，但市场的不确定性仍然存在。市场变化多端，从宏观经济因素到特定行业的波动都可能对网络投资市场造成影响。投资者应对市场有充分的认知，合理分配投资组合，以分散风险。

财经知识窗 4-6

防范网络诈骗的关键步骤

1. 核实对方身份：通过官方渠道验证对方信息。
2. 警惕高回报承诺：过高的回报通常意味着高风险或诈骗。
3. 不轻易点击陌生链接：可能含有钓鱼网站或恶意软件。
4. 保护个人信息：不随意在网上分享敏感信息。
5. 使用安全支付方式：优先选择有担保交易的支付平台。

6.及时举报可疑活动：发现诈骗及时向有关部门报案。

五、互联网理财发展趋势

（一）金融技术和新的投资模式

随着互联网金融技术的不断完善和日趋深入，传统的金融业务也延伸至新的领域，新兴的投资模式也在改变着市场格局，为投资者提供了更稳健的投资策略。

（二）精准服务和智能化

新的技术模式为投资服务提供客观的能力支持，包括精准服务和智能化，从而使市场离成功更近一步。例如，大数据分析、云计算技术等是智能投资过程的核心，致力于改善投资服务的精准性，并满足投资者的金融策略要求。

（三）专业高效的运营服务

新的互联网理财行业致力于提供全面的运营服务，包括风险控制、合规保障、信息安全、运营流程整合等，以此提高运营服务效率和专业性。此外，互联网的便捷性打通资金链条，降低了理财品管理及运营成本，互联网的长尾效应聚合个人用户零散资金，既提高了互联网理财运营商在商业谈判中的地位，也使得个人零散资金获得更高的收益回报。

财经知识窗 4-7

互联网理财的监管发展历史

2015年：《关于促进互联网金融健康发展的指导意见》出台，明确监管分工。

2016年：《网络借贷信息中介机构业务活动管理暂行办法》发布，规范P2P行业。

2018年：《关于规范金融机构资产管理业务的指导意见》发布，打破刚性兑付。

2021年：《关于进一步规范商业银行互联网贷款业务的通知》发布，规范互联网贷款业务。

拓展阅读4-3

谁将引领中国
互联网理财
走向未来？
（节选）

课堂互动 4-3

在数字经济时代，移动支付已成为我们生活的一部分。支付宝和微信支付是两个领先的支付平台，它们不仅改变了我们的支付方式，还在金融产品创新方面不断突破，为用户提供了便捷、高效的服务。在这场激烈的竞争中，移动支付市场和在线理财市场得到了迅速发展。

1.支付宝与微信支付的竞争：探讨这两个平台如何通过金融产品创新，为用户提供便捷服务，并推动移动支付和在线理财市场的发展。

2.针对互联网理财产品的发展趋势，我们应进行哪些方面知识的储备来应对未来的竞争和挑战。

笔记：_____

_____

_____

任务3　财富保值选黄金

黄金投资，自古以来就是财富积累和价值保存的象征。在经济动荡的时代，黄金更是成为全球投资者避险的选择。黄金投资不仅限于实物黄金的买卖，还扩展到了黄金 ETF、黄金期货等多种形式，每一种投资方式都蕴含着不同的风险和回报。投资黄金，就像是在历史的长河中寻找一条永恒的流金岁月。它既可以作为个人财富的保护伞，又可以成为投资组合中重要的分散风险工具。然而，如何精准把握黄金市场的脉动，选择合适的投资时机和方式，是每位黄金投资者都需要学习的课题。

一、黄金的特性

（一）开采难度大，产量有限

美国地质调查局公布的数据显示，目前可供开采的全球黄金资源储量约为 5.3 万吨，其中已探明的黄金储量为 3.3 万吨。由于金矿产业投资周期长、开采成本高，因此从历史数据来看，全球矿产金数量不可能快速增长。

（二）具有重要的工业用途

黄金是一种软的、金黄色的、抗腐蚀的贵金属。黄金有良好的物理特性，韧性和延展性好，熔点（1 064.43℃）和沸点（2 808℃）极高。黄金的化学性质稳定，具有很强的抗腐蚀性，在高温下也不会和氧气、硫反应。因此，黄金是电子业、现代通信、航天航空业等部门的重要材料。

（三）包含较高的人类劳动

马克思说过："货币天然不是金银，但金银天然是货币。"金银具有体积小、价值大、易于分割、不易磨损、便于保存和携带等优点。因此，黄金成为财富传承的一项不错选择。

二、黄金投资的主要方式

（一）实物黄金

这是最传统的黄金投资方式之一，投资者可以直接购买金条、金币等实物黄金产品。

优点：实物黄金的优势在于真实拥有黄金，可以作为价值储存工具，具有良好的流动性。

缺点：实物黄金的成本较高，且可能会面临购买时的溢价或销售时的折价问题。投资回报期长，一次性投入较大。若黄金数量较大还需存放场所。

（二）黄金基金

黄金基金是一种投资于黄金相关资产的共同基金，如黄金 ETF。

优点：黄金基金允许投资者通过股票账户进行买卖，具有较高的交易效率和相对较低的费用。黄金 ETF 尤其受欢迎，因为它提供了类似于股票的交易体验，且交易费用低于直接投资黄金本身。

缺点：黄金基金是通过基金管理公司进行管理的，投资者需要支付一定的管理费用。与实物黄金相比，黄金基金的投资周期可能会相对较长，需要更长时间的持有。

财经知识窗 4-8

全球主要黄金ETF

SPDR Gold Shares （GLD）：全球最大的黄金ETF。

iShares Gold Trust （IAU）：较低的费用比率。

SPDR Gold MiniShares Trust （GLDM）：较小的份额价格，适合小额投资者。

Aberdeen Standard Physical Gold Shares ETF （SGOL）：存储在瑞士的黄金ETF。

华安易富黄金ETF：中国内地首只黄金ETF。

（三）纸黄金

纸黄金是一种记账式的黄金投资方式，投资者通过买卖黄金的单据来实现盈利。这种方式不需要实际持有黄金，而是通过金价的差价来进行获利。

优点：纸黄金的交易时间更为灵活，可以设置止盈点和止损点，且投资门槛较低。

缺点：全额交易，杠杆太低，且只能买涨不能买跌，银行主观意识太强。

（四）黄金期货

黄金期货是一种金融衍生品，投资者通过买卖标准化的期货合约来投机或对冲黄金价格。在黄金期货市场中，高杠杆性允许投资者以较小的资金控制大量的黄金合约，在可能带来高回报的同时，也伴随着高风险。另外，高流动性使得投资者可以轻松地进入和退出市场，确保在市场价格变化时能够快速反应。这两个特性共同作用，使黄金期货成为一个既具有吸引力又具有挑战性的投资工具。

1.黄金期货的高杠杆性

杠杆性是指投资者能够用较少的资本控制较大规模资产的能力。具体来说，高杠杆性意味着投资者可以通过支付较小的保证金来控制较大价值的投资。例如，在黄金期货交易中，投资者只需要支付合约价值的一小部分作为保证金，就可以获得全部合约的价格波动带来的收益或损失。这种杠杆效应可以放大收益，但也会放大风险，因为价格的较小变动就可能导致较大的利润或亏损。

2.黄金期货的高流动性

流动性是指一种资产能够迅速买卖而不影响其市场价格的能力。高流动性意味着市场上有足够的买家和卖家，交易可以迅速完成，并且价格不会因单笔交易而发生剧烈波动。黄金期货市场通常具有高流动性，因为它吸引了大量的投资者，市场交易频繁，这使得投资者能够在需要时迅速进出市场，减少因流动性不足导致的价格滑点和交易成本。

三、世界主要黄金市场的介绍

黄金批发交易的格局比较复杂，并且瞬息万变。全球三大最重要的黄金交易中心分别为伦敦OTC市场、美国期货市场和上海黄金交易所（SGE）。这些市场占据全球交易量的90%以上，并且由全球各地其他小规模的二级市场中心（如OTC市场和交易所交易）作为补充。

（一）英国伦敦市场

伦敦市场以场外交易（OTC）为特色，约占全球黄金交易量的70%。伦敦黄金市场设置了每日2次的全球参考基准黄金价格，即LBMA黄金价格。伦敦的独特金库基础设施和严格的保管链条，及其大量的黄金存量，使其常被视为"终端市场"。

（二）美国纽约市场

纽约的COMEX（纽约商品交易所）是全球黄金交易的关键场所之一，以期货交易而闻名。它由CME集团运营，提供几乎24小时的交易访问权，使投资者能够即时响应全球重大事件。COMEX的交易活动主要集中在"活跃月份"合约上，这些合约作为现货价格的代理，与实物市场紧密相连。

（三）中国上海市场

上海黄金交易所（SGE）成立于2002年，位于中国金融中心上海，是全球最大的纯实物现货交易所之一，也是中国黄金市场的重要组成部分。SGE的快速发展是中国黄金市场蓬勃发展的缩影。SGE的黄金交易量居世界前列，交易价格被广泛认可，成为全球黄金市场的重要参考。2016年，SGE推出了以人民币计价的上海黄金价格基准，为人民币国际化提供了重要支撑。该基准价格的推出打破了伦敦金长期主导全球黄金定价的格局，提升了人民币在国际黄金市场的影响力，也增加了中国在国际金融体系中的话语权。SGE不仅是黄金市场的风向标，也是人民币国际化的助推器。

（四）其他重要市场

1. 新加坡

新加坡金融市场以其开放和高效的交易环境而闻名，近年来一直在努力将自己建设成为亚洲的黄金交易中心。新加坡的黄金市场特别注重提供高效的交易服务和金融产品，它还是区域黄金储备和贸易的关键枢纽。

2. 瑞士苏黎世

苏黎世是全球黄金交易和存储的核心地区之一，以其黄金精炼厂和大量的黄金储存设施而著名。瑞士银行和金融机构在黄金交易和管理方面扮演着中心角色，其市场以高度的专业化和隐私保护闻名。

3. 中国香港

香港作为中国与国际黄金市场之间的桥梁，特点是高流动性和作为入口市场的角色。香港的黄金市场不仅服务于本地投资者，还吸引了大量的国际投资者和贸易商，特别是那些寻求进入中国市场的投资者和贸易商。

4. 德国法兰克福

法兰克福是欧洲最重要的金融中心之一，其黄金市场虽不如伦敦的规模，但在欧洲金融体系中占有重要位置。法兰克福黄金市场主要通过德国联邦银行进行黄金交易和储存，为欧洲中央银行和金融机构提供服务。

5. 日本东京

东京商品交易所（TOCOM）是亚洲重要的黄金交易场所之一，特点是提供黄金期货交易。它对日本及亚洲的金融市场影响较大，尤其是在为地区投资者提供黄金价格对冲和投机机会方面。

四、黄金价格的变动与选择

（一）黄金价格的历史变动

　　黄金价格的波动是多种因素综合作用的结果，包括全球政治经济情况、通货膨胀率、货币政策变动和市场需求等。通过分析1990—2024年的黄金价格数据，我们可以看到价格趋势并非一条平直的线，而是随着全球事件和经济周期的变化而波动，如图4-1所示。

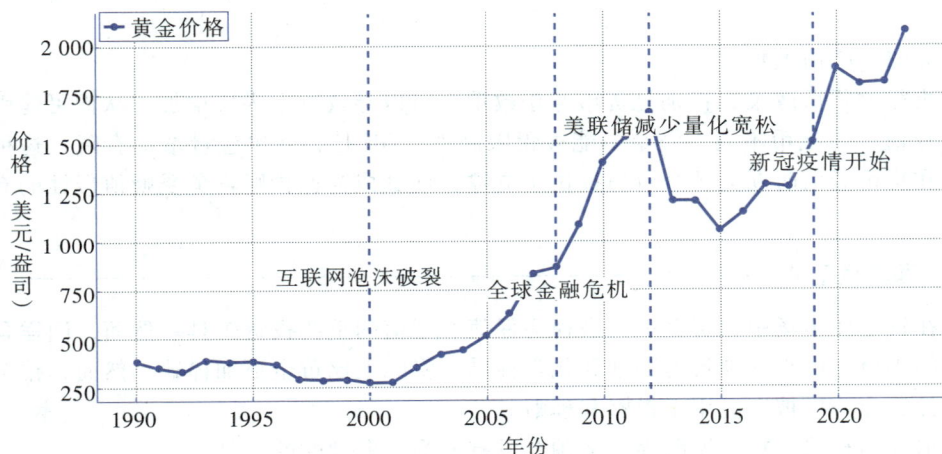

图4-1　1990—2024年黄金价格趋势及关键事件

数据来源：根据世界黄金协会官网资料整理。

　　1999—2001年欧洲央行宣布黄金协议，限制黄金市场的销售量，加之互联网泡沫破裂，使黄金资产安全属性提高，逐渐吸引投资者的关注。2008—2011年全球金融危机期间，黄金价格显著上涨，从2008年的871.96美元/盎司上涨至2011年的1 531美元/盎司，反映了在经济不确定性和货币贬值预期下，黄金的避风港作用。2013年黄金价格经历了快速下跌，部分原因是投资者对经济复苏的乐观预期和美联储减少量化宽松政策。2020—2022年新冠疫情导致全球经济停滞，黄金价格再次上涨，达到历史新高，显示了在极端不确定性下，黄金作为资产保值的重要性。

（二）黄金投资的优势

1. 投资组合多样化

　　投资组合多样化是分散投资风险的策略，通过投资于不同类型的资产来减少任何单一投资或资产类别对总投资回报的影响。因它与股票、债券等传统资产类别通常表现出低相关性，黄金在这方面扮演着重要角色。在股市下跌或经济不确定性增加的时期，黄金价格往往上涨，提供了财富的避风港。这种反向移动趋势可以帮助平衡或减少投资组合的整体损失。

2. 对冲通胀

　　通胀导致货币购买力下降，从而降低了传统现金存款和固定收益投资的实际回报率。随着物价水平上升，未对冲通胀的资产会损失其价值。历史数据显示，在高通胀期间，黄金价格往往会上升，因为其稀缺性和实物价值在购买力下降时提供了保值的作用，这使得黄金成为对冲通胀的有效工具，保护投资者免受货币贬值的影响。

3. 经济不确定性下的安全资产

在经济衰退、政治动荡或地缘政治危机等不确定性时期，投资者寻求安全资产以保护其投资免受市场波动的影响。作为历史悠久的价值储存手段，黄金在这些时期经常被视为避风港。其全球认可的价值和实物形态使其在不确定性高涨时成为投资者的首选。

4. 资产贬值保护

央行的货币政策，特别是货币宽松政策，可以导致货币供应增加，从而可能引起货币贬值。与纸币不同，黄金不能被无限制地"印刷"，其供应量增加有限。这种稀缺性在货币贬值时期为黄金价值提供了支撑，使其成为保护财富免受贬值侵蚀的有效手段。

☑ **课堂互动 4-4** ────────────────────────

在贵金属市场中，黄金一直被视为保值、增值的重要投资工具。然而，同样是贵金属的铂金，由于其独特的物理和化学性质，实际上比黄金更加稀缺。然而，铂金并没有像黄金一样被广泛用于投资和理财。

请收集相关资料，说明为什么铂金没有成为投资理财的工具。

笔记：＿＿＿＿＿＿＿＿＿＿＿＿＿＿＿＿＿＿＿＿＿＿＿＿＿＿＿＿
＿＿＿＿＿＿＿＿＿＿＿＿＿＿＿＿＿＿＿＿＿＿＿＿＿＿＿＿＿＿＿＿
＿＿＿＿＿＿＿＿＿＿＿＿＿＿＿＿＿＿＿＿＿＿＿＿＿＿＿＿＿＿＿＿

任务4　巨额财富管理用信托

信托产品投资，宛如一座连接现在与未来的桥梁，不仅是一种投资工具，更是一种财富传承的方式。作为一种高度定制化的财富管理服务，它能够渗入到投资者的财富生命周期中的每一个细节。它能够根据投资者的具体需求，提供从财产管理到家族财富传承的全方位服务。通过信托产品，投资者能够在专业的财富管理团队的帮助下，实现对资产的有效配置和风险控制，确保其财富能够按照既定的目标和愿景得到最大程度的实现和传承。无论是为子女的教育规划，还是为了实现某个特定的财务目标，信托投资都提供了一种灵活而有效的解决方案。

一、信托的定义与构成

（一）信托的定义

信托是委托人将财产使用权转给客观存在的受托人，受托人按信托文件规定为受益人或特定目的而管理或处分信托财产的一种法律关系。

（二）信托的构成要素

1. 信托财产

信托财产是指由委托人转让或设立的，用于信托目的的各种财产形式，包括动产、不动产、无形资产。动产是指可移动的财产，如现金、股票和珠宝等。不动产是指不可移动的财产，如房地产和土地等。无形财产包括专利、商标和知识产权等。

2. 委托人

委托人是指信托的创建者或提供者，将其财产权委托给受托人，以达到特定的信托目的。委托人通常会在信托文件中明确信托的目的和要求。

3. 受托人

受托人是信托的管理者，负责管理和保护信托财产，以实现信托文件规定的目的。受托人必须按照受托文件的规定行事，并对信托财产的管理和投资负有责任。

4. 受益人

受益人是信托的受益者，可分为自益信托和他益信托两类。自益信托的受益人是委托人本人；而他益信托的受益人是除委托人以外的其他人，如家庭成员或慈善组织。

5. 信托目的

信托目的是信托设立的根本原因，可分为私益目的、公益目的和非以人类为受益对象的特殊目的三类。私益目的是满足委托人或受益人的私人利益，如财富传承或税务规划。公益目的是支持慈善事业或社会福利，如设立慈善信托。非以人类为受益对象的特殊目的可能涉及自然环境保护或动植物权益的保护，而不是为了人类的受益。

财经知识窗 4-9

信托的起源

信托制度起源于古罗马时期的遗嘱信托。在中世纪的英国，信托制度得到了进一步发展。当骑士们出征时，常常将土地托付给朋友管理，以保护家人的利益。这种做法逐渐演变成了现代信托制度的雏形。

二、信托产品与服务

（一）信托产品的模式

信托产品的基本模式是资金委托、投资运作和收益分配的闭环系统。首先，委托人将资金委托给信托公司进行管理。信托公司根据信托合同，负责将资金投入到具体的信托项目中，进行投资运作。为了确保资金的安全性，托管银行会对资金进行严格的监管，防止资金挪用和违规操作。

信托项目的收益来自投资项目的增值，信托公司负责管理和运营这些投资，经过合理的投资配置，获取收益。信托公司在获取收益后，按照信托合同的约定，将投资收益分配给受益人。在这个过程中，国家金融监督管理总局对信托公司进行监管，确保其操作合法合规，并维护市场秩序，如图4-2所示。

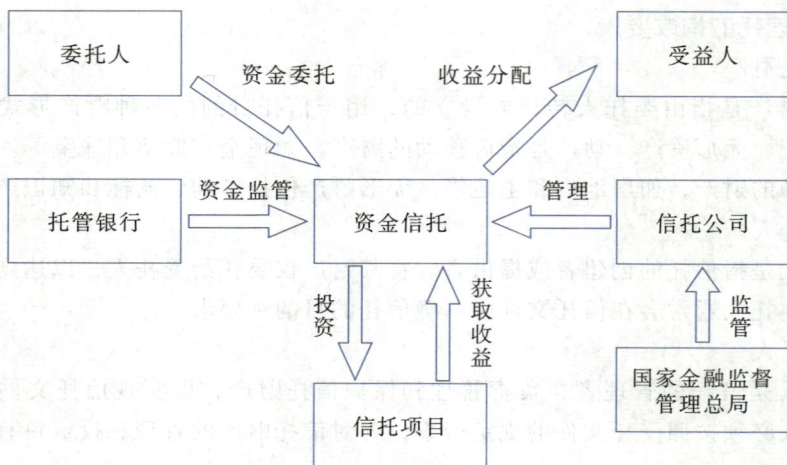

图4-2　信托产品基本模式

　　信托产品运行的基本模式始于信托公司的产品设计，信托公司依据市场需求和法律法规制订信托计划，明确投资目标、风险控制机制和收益分配方案，并通过营销策划吸引委托人参与，向其解释信托产品的特点和潜在收益。一旦委托人决定参与，委托人将资金托付给信托公司，信托公司根据信托合同的条款行使管理和运用信托资金的权利。

　　在信托产品运作过程中，信托公司需要不断评估市场情况，调整投资策略，确保信托资产的安全性、流动性和收益性。法律顾问和财务顾问在此过程中提供专业意见，保障信托产品运作的合规性与财务稳健。同时，信托公司需要与委托人保持沟通，报告信托产品的运行状态，维护其信任和满意度。

　　整个过程中，信托公司的专业能力、信誉以及与委托人的情感共鸣都是确保信托产品成功运作的关键。通过专业的运营管理和有效的风险控制，信托产品能够实现资金的保值、增值，满足委托人的财务需求。

（二）信托公司的财富管理业务

　　信托公司的财富管理业务是指为具有一定财富的居民、企业及其他组织配置资管产品，为资产管理提供资金。客户按财富量不同，可分为富裕客户、高净值客户（私人银行客户）和超高净值客户三类。国际上，相应的门槛通常为10万美元、100万美元、3 000万美元。

　　信托公司财富管理按照服务内容及对象的不同，可分为家族信托（门槛1 000万元）、保险金信托、遗嘱信托、特殊需要信托、家庭服务信托（门槛100万元）、其他个人财富管理信托（门槛600万元）、企业及其他组织财富管理信托（门槛1 000万元）七类。

☑ 阅读思考 4-2 ————————————————————————————

信托在财富传承中的应用

　　信托因其在财富传承、资产保全和公益服务中的独特作用，成为众多高净值家庭与企业的重要工具。

李氏家族是一家著名的跨国企业，其创始人李先生建立了家族信托以确保企业资产的稳定传承。李先生设立信托时，将家族企业股权的70%注入信托，剩余30%的股权由子女持有。通过这种方式，李先生确保家族财富不会因个人继承问题而受到影响。同时，信托文件中明确规定，只有在子女满足特定条件（如年龄、管理经验等）后，才能逐步获得信托分配。

资料来源：根据网络公开资料整理自编。

思考：在李氏家族信托案例中，李先生如何利用信托实现家族财富传承？这种方式有哪些优点？

笔记：____

三、信托行业概况

（一）目前有信托资质的公司

在金融监管体制完善之前，中国人民银行作为当时的主要金融监管机构，负责审批和颁发包括信托公司在内的金融机构的营业许可证。随着金融市场的不断发展和改革，信托行业逐渐被纳入专门的金融监管体系，由国家金融监督管理总局进行全面监管。信托公司金融许可证信息可在国家金融监督管理总局官网查询，如图4–3所示。

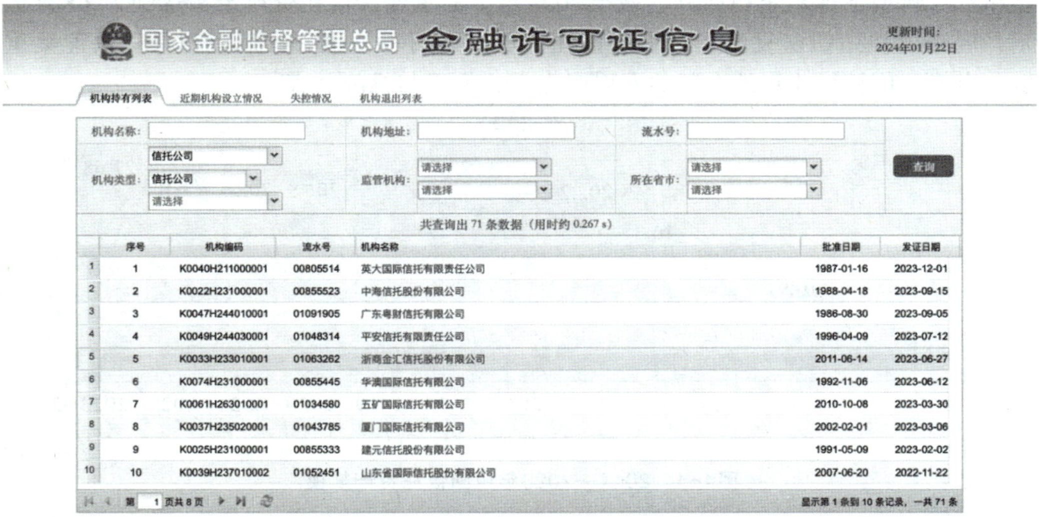

	序号	机构编码	流水号	机构名称	批准日期	发证日期
1	1	K0040H211000001	00805514	英大国际信托有限责任公司	1987-01-16	2023-12-01
2	2	K0022H231000001	00855523	中海信托股份有限公司	1988-04-18	2023-09-15
3	3	K0047H244010001	01091905	广东粤财信托有限公司	1986-08-30	2023-09-05
4	4	K0049H244030001	01048314	平安信托有限责任公司	1996-04-09	2023-07-12
5	5	K0033H233010001	01063262	浙商金汇信托股份有限公司	2011-06-14	2023-06-27
6	6	K0074H231000001	00855445	华澳国际信托有限公司	1992-11-06	2023-06-12
7	7	K0061H263010001	01034580	五矿国际信托有限公司	2010-10-08	2023-03-30
8	8	K0037H235020001	01043785	厦门国际信托有限公司	2002-02-01	2023-03-06
9	9	K0025H231000001	00855333	建元信托股份有限公司	1991-05-09	2023-02-02
10	10	K0039H237010002	01052451	山东省国际信托股份有限公司	2007-06-20	2022-11-22

图4–3　信托公司金融许可证查询

截至2024年1月，中国信托行业的版图由71家拥有资质的信托公司构成，它们均在国家金融监督管理总局的严格监管下运营。这些信托机构包括国有信托公司、股份制信托公司和具有地区特色的信托公司，它们在服务多样化和市场影响力上各有所长。根据中国信托业协会发布的名单，中国中信集团有限公司（CITIC Group）、中国信达资产管理股份有限公司、中国对外经济贸易信托有限公司（FOTIC）等，以其雄厚的资产规模和广泛的业务范围，稳居行业前列。

这些信托公司提供的服务范围广泛，涵盖了财富管理、资产管理、家族信托、慈善信托等多个领域。以中国中信集团有限公司为例，作为中国最大的信托公司之一，该公司通过发行多样化的信托产品，在房地产和基础设施投资领域取得了显著成效，不仅为项目提供了资金支持，还为投资者创造了稳定收益。此外，具有地区特色的信托公司，如深圳市投资控股有限公司，专注于推动地方经济发展，满足地方企业和项目的融资需求，通过信托产品促进地方经济的繁荣与发展。

（二）信托资产余额

信托资产余额是指在一定时期内信托公司管理的所有信托产品的总资产价值。这一指标不仅反映了信托行业的规模，还间接显示了信托产品在市场上的接受度和投资者对于信托投资的信心。

回首过去十余年，信托资产余额走势如同波澜壮阔的海面，经历了起起落落，最终在稳中求进中蓄势待发，如图4-4所示。2011—2017年，信托行业迎来黄金发展期，资产规模从4.81万亿元一路攀升至26.25万亿元，年均复合增长率高达24.4%。此时，经济高速增长，融资需求旺盛，信托公司凭借灵活的运作模式和丰富的产品创新，在金融市场中扮演了重要角色。2018年，监管政策趋严，叠加经济下行压力，信托行业遭遇严峻挑战，资产规模出现首次下降。此后，行业经历了一段阵痛期，资产规模在2019年、2020年继续回落至20.49万亿元。2021年以来，信托行业在监管引导和自身转型下逐步企稳回升，截至2023年第三季度，信托资产余额达到22.68万亿元，展现出强劲的恢复势头。纵观信托行业发展历程，每一次调整都是一次涅槃重生。当前，信托行业正站在新的发展起点上，机遇与挑战并存。

图4-4   2011—2023年中国信托资产规模

财经知识窗 4-10

信托在税收筹划中的应用非常广泛，特别是在高净值个人和家族企业的财富管理中，它能够有效地实现财富传承、资产保护和税务优化。

比如，通过设立家族信托，可以在法律允许的范围内，合理规划遗产税。以美国为例，遗产税率相对较高，家族信托能够在资产所有者去世时避免或减少遗产税的负担。具体操作中，资产所有者将资产转入信托，这样资产就不再属于个人所有，而是由信托持有，信托受益人可以根据设定的规则逐步获得这些资产。这样，资产在传承过程中就避免了因个人死亡而产生的大额遗产税。

（三）信托合格投资者标准

《信托公司集合资金信托计划管理办法》（以下简称《管理办法》）第二章第五条规定：信托公司设立信托计划，应当符合以下要求：委托人为合格投资者；参与信托计划的委托人为唯一受益人；单个信托计划的自然人人数不得超过 50 人，但单笔委托金额在 300 万元以上的自然人投资者和合格的机构投资者数量不受限制；信托期限不少于 1 年；信托资金有明确的投资方向和投资策略，且符合国家产业政策以及其他有关规定；信托受益权划分为等额份额的信托单位；信托合同应约定受托人报酬，除合理报酬外，信托公司不得以任何名义直接或间接以信托财产为自己或他人牟利；中国银行业监督管理委员会规定的其他要求。《管理办法》第二章第六条规定：前条所称合格投资者，是指符合下列条件之一，能够识别、判断和承担信托计划相应风险的人：投资一个信托计划的最低金额不少于 100 万元人民币的自然人、法人或者依法成立的其他组织；个人或家庭金融资产总计在其认购时超过 100 万元人民币，且能提供相关财产证明的自然人；个人收入在最近 3 年内每年收入超过 20 万元人民币或者夫妻双方合计收入在最近 3 年内每年收入超过 30 万元人民币，且能提供相关收入证明的自然人。

拓展阅读 4-4

《2023 年中国信托业报告》（节选）

☑ **课堂互动 4-5**

在财富管理中，信托作为一种特殊的财产管理工具，被广泛应用于财富传承和资产保护。然而，近年来，艺术品信托逐渐进入人们的视野，特别是在高净值人群中。艺术品信托可以将艺术品收藏纳入信托管理体系中，实现保值、增值和风险分散。尽管如此，艺术品信托在理财市场中依然不如传统的股票和房地产信托普及。

请收集相关资料，说明艺术品信托的特性及其在财富管理中的应用，并分析为什么艺术品信托在理财市场中没有像传统投资工具一样被广泛采用。

笔记：＿＿＿＿＿＿＿＿＿＿＿＿＿＿＿＿＿＿＿＿＿＿＿＿＿＿＿＿＿＿

＿＿＿＿＿＿＿＿＿＿＿＿＿＿＿＿＿＿＿＿＿＿＿＿＿＿＿＿＿＿＿＿＿＿＿＿

＿＿＿＿＿＿＿＿＿＿＿＿＿＿＿＿＿＿＿＿＿＿＿＿＿＿＿＿＿＿＿＿＿＿＿＿

四、信托投资风险与收益

（一）风险类型

1. 市场风险

市场风险（market risk），也称系统性风险，是指由于多种因素的影响和变化，导致投资者风险增大，从而给投资者带来损失的可能性。这种风险源于宏观经济因素的变动，如利率波动、政治不稳定、自然灾害等。例如，利率上升可能导致固定收益类信托产品的价格下跌；而股市波动则直接影响股票型信托资产的价值。市场风险是不可避免的，投资者通常通过分散投资来降低其对投资组合的影响。

2. 信用风险

信用风险（credit risk）涉及信托投资的债务工具发行人可能无法履行其偿还本金和支付利息的义务。这种风险在投资于信用评级较低或无评级的债券时尤为显著。一旦发行人违约，可能会导致投资者面临部分或全部本金的损失。信托管理机构通常会对潜在的投资进行信用风险评估，但这并不能完全消除风险。

3. 流动性风险

流动性风险（liquidity risk）是指信托资产在没有显著影响其价格的情况下无法迅速转换为现金的风险。在某些情况下，如投资于房地产或特殊项目的信托，资产可能难以在短时间内找到买家，从而影响投资者的资金流动性。此外，某些信托产品可能设置赎回限制，进一步增加了流动性风险。

4. 管理风险

管理风险（management risk）关乎信托管理团队的决策和执行能力。如果信托管理团队缺乏经验，或者投资策略执行不当，可能会导致信托资产表现不佳。即便是具有高收益潜力的投资项目，也可能因为管理不善而导致收益减少或损失。

5. 法律与合规风险

法律与合规风险（legal and compliance risk）涉及信托产品及其投资活动可能违反法律法规或监管规定的风险。它包括税务法律的变更、投资限制的调整等。信托公司的违规操作不仅会导致罚款或其他法律后果，还会损害信托公司的声誉，影响其正常运营。

财经知识窗 4-11

β 系数

β 系数是衡量一项投资相对于整体市场风险的重要指标。

β > 1：投资风险高于市场平均水平

β = 1：投资风险与市场平均水平相当

β < 1：投资风险低于市场平均水平

β = 0：投资与市场无关（如无风险国债）

信托管理者可以通过调整投资组合的 β 系数来控制整体市场风险暴露。

（二）收益特征

1. 分散化投资的优势

信托产品通常涉及多种资产类别，包括股票、债券、房地产等，能够帮助投资者分散投资风险。通过将资金投资于不同的资产和市场，信托可以在某些投资领域表现不佳时，通过其他领域的良好表现来抵消损失，从而稳定整体的投资回报。分散化投资策略有助于平滑投资组合的收益波动，为投资者提供更加稳健的收益。

2. 潜在的高收益

相较于传统的银行存款和一些低风险固定收益产品，信托产品通过投资于高增长潜力的项目或资产，为投资者提供了获取潜在高收益的机会。这些项目可能涉及新兴市场、创新技术领域或具有特定增值潜力的房地产项目，虽然伴随较高风险，但也带来了高收益的可能。

3. 定制化服务

信托产品的另一个显著特点是能够提供定制化服务，满足不同投资者的具体需求。无论是财产传承、税务规划还是特定的投资偏好，信托公司都能根据投资者的个人目标和风险偏好设计专属的投资方案。这种个性化服务使得信托投资更加灵活，能够更好地符合投资者的长期财务规划。

4. 税务优惠

在某些情况下，信托投资能够享受税务优惠，为投资者提供税收筹划的机会。例如，某些信托结构可以帮助减少遗产税的负担，或是通过特定的投资渠道实现税务效率的提升。这一点对于追求长期资产增值的投资者尤其有吸引力。

5. 专业管理

信托产品通常由专业的信托公司或资产管理团队管理，它们拥有丰富的市场经验和专业知识，能够为投资者提供基于深入研究的投资建议和策略。专业管理有助于识别和把握投资机会，同时有效控制风险，提高资产的长期增值潜力。

任务 5　其他理财产品

在财富管理的多彩世界里，收藏品投资宛如一道独特的风景线，它不仅是金融投资的另一种形式，还是文化鉴赏与个人兴趣的完美结合。从古董字画到珍稀酒品，从硬币邮票到珠宝玉石，每一件收藏品都承载着历史的痕迹和文化的价值。这种投资方式，对投资者的知识和鉴赏力提出了更高的要求，但也为他们提供了一条实现财富增值的路径。在欣赏美的同时获得收益，使得收藏品投资成为了理财领域中的一朵奇葩。

然而，收藏品市场的复杂性和变化无常也给投资带来了不确定性。投资者需要具备深厚的专业知识，懂得如何辨别真伪，了解市场供需动态，以及掌握合适的买卖时机。在这个过程中，耐心和细致的研究是成功的关键，每一次投资决策都应建立在充分的市场调研和专业分析之上。对那些热爱文化、追求独特投资体验的投资者来说，收藏品投资不仅能够满足他们对美的追求，还能在潜移默化中增长财富。

一、投资收藏的需求

收藏投资是通过对有较高价值的各类物品进行收集和保存，以实现保值、升值的目的。投资收藏品的主要需求有以下三个方面：

1. 审美的需求

投资收藏的一个重要原因是人们对艺术、美学和文化的追求。许多收藏家被各种艺术品、古董和珍稀物品所吸引，因为这些物品具有独特的审美价值。他们享受与艺术品亲近的过程，欣赏物品的美感和工艺，同时通过收藏来表达他们的艺术品位和文化兴趣。

2. 信仰与权力

信仰和权力也是某些人投资收藏品的驱动力。历史上，各种宗教和精神信仰的象征物品，一直是收藏品的重要组成部分。个人或机构可能会收集宗教文物、历史文献或权威人物的相关物品，以表达他们对特定信仰或权力的崇敬和忠诚。

3. 保值与升值

人们可能选择收集具有较高潜在升值潜力的物品，以实现资产的保值、增值。某些收藏品，如稀有的艺术品、古董、稀有金属或珍贵纪念币，随着时间的推移可能会大幅度升值，成为重要的资产。这种保值和升值的动机使投资收藏品成为多元化投资组合的一部分。

二、收藏品的类型和热点

（一）收藏品类型

收藏品主流分类：文物类、绘画类、陶瓷类、玉器类、钱币类、邮票类、文献类、票券类、徽章类、商标类、标本类，以及珠宝、名石和观赏石类。

收藏品的另一分类法就是在主流分类的基础上，将上述十二小类继续归为四大类：自然历史、艺术历史、人文历史、科普历史，具体分类如图4-5所示。

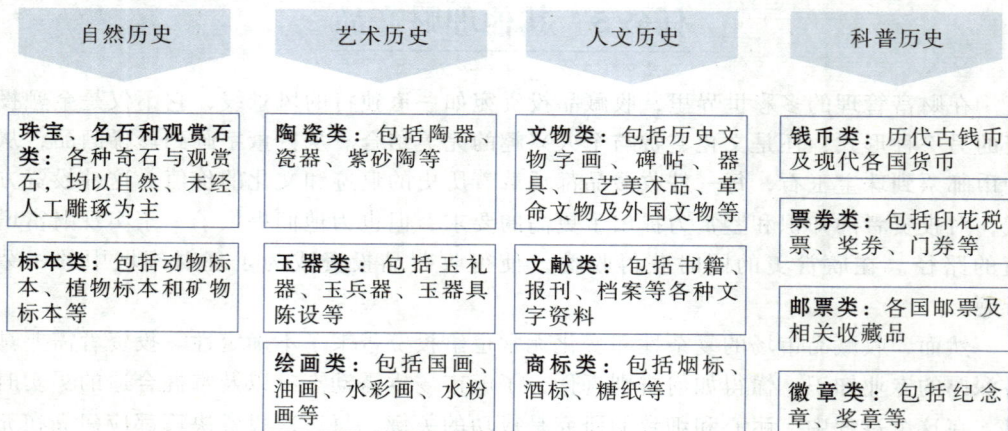

自然历史	艺术历史	人文历史	科普历史
珠宝、名石和观赏石类：各种奇石与观赏石，均以自然、未经人工雕琢为主	**陶瓷类**：包括陶器、瓷器、紫砂陶等	**文物类**：包括历史文物字画、碑帖、器具、工艺美术品、革命文物及外国文物等	**钱币类**：历代古钱币及现代各国货币
标本类：包括动物标本、植物标本和矿物标本等	**玉器类**：包括玉礼器、玉兵器、玉器具陈设等	**文献类**：包括书籍、报刊、档案等各种文字资料	**票券类**：包括印花税票、奖券、门券等
	绘画类：包括国画、油画、水彩画、水粉画等	**商标类**：包括烟标、酒标、糖纸等	**邮票类**：各国邮票及相关收藏品
			徽章类：包括纪念章、奖章等

图4-5 收藏品分类

（二）收藏品热点

1. 贵金属——黄金、白银、铂金等金属品种

贵金属，尤其是黄金，长期以来被视为一种避险工具，具有保值和潜在的增值功能。由于其货币属性和有限的供给，贵金属在金融动荡时期尤其受到投资者的青睐。黄金投资因其历史悠久和全球市场的广泛接受度，在贵金属投资中占有重要地位。它不仅被收藏家持有作为财富的一部分，也被投资者用作对抗通货膨胀和货币贬值的手段。

2. 钱币——古币、人民币、纪念币和纪念钞

钱币作为收藏品，特别是那些具有历史价值的古币，以及各国央行发行的纪念币和纪念钞，因其独特的艺术价值和历史意义而备受收藏家欢迎。中国人民银行等官方机构发行的纪念币通常具有法定的货币价值，且可以在市场上流通。图4-6为2016

中国丙申（猴）年金纪念币。

这些钱币不仅代表了一国的文化和历史，也是国家经济和技术发展的象征。因此，它们往往具有很高的收藏和投资价值。随着时间的推移，一些稀有或具有特殊历史背景的钱币，其价值可能会显著升高。

图4-6　2016中国丙申（猴）年金纪念币

3.邮票——老邮票、新邮票、纪念邮票和具有特定文化主题的邮品

邮票收藏，涵盖了从历史悠久的老邮票到现行发行的新邮票，包括各种纪念邮票和具有特定文化主题的邮品，如生肖邮票。这些小小的纸片不仅承载着邮政历史，也反映了一个国家的文化和社会变迁。老邮票因其稀缺性和历史价值通常具有很高的收藏价值，而新邮票和纪念邮票则因其独特的设计和文化意义受到收藏家的喜爱。邮票收藏不仅是一种爱好，还是一种投资方式，尤其是那些罕见的、有故事的邮票，它们的价值随着时间的推移往往会逐渐增长。图4-7为中国共产党第十九次全国代表大会纪念邮票。

图4-7　中国共产党第十九次全国代表大会纪念邮票

4.其他艺术品——名家字画、现代油画、明清瓷器、观赏石

名家字画和现代油画作为艺术表达的载体，不仅是视觉的享受，还是文化传承和个人品位的象征。收藏名家字画时，投资者不仅需要考虑艺术家的名声和作品的艺术价值，还需要注意其历史背景和市场供需。明清瓷器以其精美的工艺和丰富的历史文化价值成为了收藏市场上的宠儿。观赏石则以其独特的自然形态和文化内涵，在收藏家中有着特别的地位。这些艺术品不仅能够装饰空间，更是文化传承的载体，对有眼光的收藏家来说，既是美的享受，也是投资的选择。

☑ 阅读思考 4-3 --

收藏品保险与贷款

随着高净值人群对另类投资的兴趣日益浓厚，收藏品作为一种兼具艺术价值和升值潜力的投资选择，逐渐被视为资产配置的重要组成部分。为了实现收藏品的保值、增值，不少投资者开始通过各类理财产品管理其收藏品投资。

　　李女士是一位古董家具的收藏家，她的收藏品价值不菲，但由于流动性较差，偶尔在周转资金时会遇到难题。为此，李女士购买了收藏品保险，不仅可以确保其古董家具在搬运和保存过程中的安全，还可以通过保险公司推出的收藏品抵押贷款，将部分高价值的家具作为抵押物，获取一笔短期贷款用于其他投资。

　　资料来源：根据网络公开资料整理自编。

　　思考：李女士通过收藏品保险与抵押贷款获得了哪些收益？这种理财产品组合是否适合所有收藏品投资者？为什么？

　　笔记：＿＿＿＿＿＿＿＿＿＿＿＿＿＿＿＿＿＿＿＿＿＿＿＿＿＿＿＿＿＿＿

＿＿＿＿＿＿＿＿＿＿＿＿＿＿＿＿＿＿＿＿＿＿＿＿＿＿＿＿＿＿＿＿＿＿＿＿＿＿

＿＿＿＿＿＿＿＿＿＿＿＿＿＿＿＿＿＿＿＿＿＿＿＿＿＿＿＿＿＿＿＿＿＿＿＿＿＿

三、收藏品投资建议

　　收藏品投资，将兴趣与投资完美结合，既能陶冶情操，又能享受财富增长的乐趣。然而，这片看似风光的领域，也暗藏着风险与陷阱。想要在收藏投资中取得成功，不仅需要具备专业的知识和眼光，更需要理智的头脑和长远的规划。

（一）收藏为根，不盲从

　　收藏首先应基于个人的兴趣和鉴赏能力，而非简单跟风或盲目追求所谓的热门项目。投资者在选择收藏品时，应该深入了解其历史价值、艺术特性和文化背景，而不是仅仅因为市场上的热度。这样的收藏更能体现出其个性化价值，也更可能在未来获得价值的增长。

1. 兴趣是最好的老师

　　只有对某个领域充满兴趣，才会愿意投入时间和精力去学习和研究。收藏投资需要大量的知识积累，包括历史、文化、艺术等方面。只有当你对这些知识充满兴趣，才会乐于学习和探索，并逐渐积累起专业的知识和经验。

2. 独立判断，避免盲目跟风

　　收藏市场上存在许多虚假信息和炒作现象，投资者要学会独立思考，不要盲目跟风。要对所收藏的物品进行深入研究，并结合自己的判断做出投资决策。

（二）渠道合法，不贪便宜

　　收藏市场鱼龙混杂，真假难辨。选择正规的渠道进行交易，是规避风险的第一步。正规拍卖行、信誉商家以及专业机构都能够提供可靠的鉴定服务和交易保障，最大程度地降低赝品风险和交易纠纷。切记不要贪图便宜，选择不正规的渠道，以免落入陷阱造成损失。

1. 选择正规渠道交易

　　正规的交易渠道能够提供可靠的藏品来源证明和鉴定服务，有效降低赝品风险。投资者在选择交易渠道时，应选择信誉良好的拍卖行或商家，并查看营业执照等相关资质证明，不要忘记索要藏品来源证明和鉴定证书。

111　　　　　　　　　　　　　　　项目四　理财产品投资

2.谨慎对待低价藏品

价格低廉往往意味着藏品存在真伪问题或其他风险。投资者要对低价藏品保持警惕，仔细查验真伪，并了解其背后的风险。

3.签订正规交易合同

交易合同是保障双方权益的重要文件。投资者在交易时，要仔细阅读合同条款，并确保合同内容完整、清晰。

（三）不选贵的，只买对的

在收藏投资中，价格并不总是价值的代表。投资者应该购买那些具有潜在增值空间的收藏品，而不是单纯追求价格高昂的物件。对收藏品的价值进行准确评估，并结合自己的财务能力，选择最合适的投资品种。这要求投资者不仅要有良好的市场敏感性，还要具备一定的专业知识。

1.价格并非价值的唯一衡量标准

收藏品的价值受到多种因素的影响，包括稀缺性、艺术价值、历史价值、市场需求等。价格只是其中一个因素，并非决定性因素。投资者在选择收藏品时，要综合考虑这些因素，不能只看价格。

2.价值评估是投资的关键

在购买收藏品之前，投资者要对目标藏品进行仔细的价值评估。应积极查阅相关资料，了解藏品的历史价值、艺术价值和市场行情，主动咨询专业人士，获得专业的评估意见，同时多对比同类藏品的成交价格，参考市场价格。

（四）不为短期，做长线

收藏品的价值往往是随着时间的积累而逐渐显现的，因此收藏投资不宜以短期交易为目的。长期持有可以让投资者有更多的时间去研究市场，更好地理解收藏品的价值，并等待合适的时机出售或再投资。长线投资还可以减少因市场短期波动而带来的风险。

1.收藏投资需要耐心

收藏投资是一项长期的投资活动，需要投资者具备耐心和毅力。不要期望一夜暴富，而要着眼于长期的价值增长。

2.时间是价值的催化剂

随着时间的推移，收藏品的稀缺性会逐渐增加，其历史价值和文化价值也会得到更充分的体现。因此，长期持有收藏品能够获得更大的价值增长。

3.抵御市场短期波动

收藏市场短期内可能会出现波动，但从长期来看，收藏品市场具有较强的抗跌性。因此，长期持有收藏品能够有效降低风险，获得稳健的收益。

❯❯ 育德育才　　　　　　诚信是金融世界中的永恒基石

在20世纪90年代中期，金融界上演了一出引人入胜的戏剧，中心人物是加拿大的Bre-X矿业公司，而舞台则设在遥远神秘的印度尼西亚布西岛。这个故事的开端充满了希望与梦想：Bre-X宣布，在布西岛发现了一个含金量惊人的矿床，据称是世界上最大的金矿之一。这一消息犹如一颗炸弹，在全球金融市场引发了轰动，投资者们的心中被点燃了财富的梦想，他们纷纷投入资金，希望能分一杯羹。

随着Bre-X股价的飙升，这家小众矿业公司一跃成为金融市场的明星，其市值一度达到令人目眩的60亿美元。投资者们对于即将到来的黄金潮充满了期待，而Bre-X的管理层也成为金融界的英雄。然而，就在这片看似光鲜亮丽的金矿背后，隐藏着一个世纪大骗局。

事实上，那所谓的世界最大金矿，不过是一场精心策划的幻影。Bre-X内部的一些人为了吸引投资和推高股价，竟篡改了岩石样本的测试结果，通过向样本中添加黄金粉末来夸大矿床的黄金储量。随着这个秘密的不断深入，真相最终浮出水面，揭露了这一切不过是一场空中楼阁。

当这一切的虚假被揭露后，Bre-X的股价如同被戳破的泡沫，迅速坍塌。无数投资者，包括那些将一生积蓄投入的人，瞬间损失惨重。这场骗局不仅摧毁了投资者的财富，也对金融市场的信誉造成了深远的伤害。

Bre-X矿业丑闻成为一个警示，提醒着每一位投资者和金融专业人士：在光鲜的表象背后，可能隐藏着深不可测的陷阱。它强调了进行尽职调查的重要性，揭示了诚实与透明在金融决策中的必要性。更重要的是，它教育我们，无论市场多么繁荣，诚信和道德始终是金融行业不可或缺的基石。

资料来源：根据网络公开资料整理自编。

思考：1.在金融投资决策中，信息的透明度和真实性为什么至关重要？

2.讨论金融职业道德在防止欺诈和维护市场秩序中的作用及其重要性。

笔记：＿＿＿＿＿＿＿＿＿＿＿＿＿＿＿＿＿＿＿＿＿＿＿＿＿＿＿＿＿

＿＿＿＿＿＿＿＿＿＿＿＿＿＿＿＿＿＿＿＿＿＿＿＿＿＿＿＿＿＿＿＿＿＿＿

＿＿＿＿＿＿＿＿＿＿＿＿＿＿＿＿＿＿＿＿＿＿＿＿＿＿＿＿＿＿＿＿＿＿＿

课后训练

一、选择题

1.银行理财产品中，可以随时存取的储蓄存款是（　　　）。

A.整存整取定期储蓄　　　　　　　B.活期储蓄存款

C.教育储蓄　　　　　　　　　　　D.定期储蓄存款

2.信用卡的免息期特点包括（　　）。

A.提前还款收利息　　　　　　　　B.透支即日起息

C.享有20~56天免息期　　　　　　D.最低还款额无须偿还

3.属于黄金现货市场的是（　　）。

A.英国伦敦　　　　B.美国纽约　　　　C.美国芝加哥　　　D.新加坡

4.信托产品投资的主要目的不包括（　　　）。

A.家族财富传承　　　　　　　　　B.实现特定财务目标

C.提高个人信用评分　　　　　　　　　　D.财产管理

5.互联网理财产品与传统银行理财产品相比，其主要优势是（　　　）。

A.收益率低　　　　　B.购买门槛高　　　　C.交易效率高　　　　D.投资渠道少

6.储蓄存款的种类包括（　　　）。

A.活期储蓄存款　　　　　　　　　　B.整存整取定期储蓄

C.零存整取定期储蓄　　　　　　　　D.教育储蓄

7.信用卡理财技巧包括（　　　）。

A.正确理解信用卡免息期　　　　　　B.过度消费

C.珍爱信用记录　　　　　　　　　　D.注意年费规定

8.黄金投资的方式包括（　　　）。

A.实物黄金　　　　　B.黄金ETF　　　　C.黄金期货　　　　D.纸黄金

9.投资互联网理财产品应考虑的因素包括（　　　）。

A.年化收益率　　　　B.购买方便性　　　　C.风险评估　　　　D.理财周期

10.信托产品的构成要素包括（　　　）。

A.信托财产　　　　　B.委托人　　　　　C.受托人　　　　　D.受益人

二、技能训练

1.调查了解近1个月黄金的价格，并说说你认为未来黄金会涨还是会跌。

2.很多人认为"有钱了就应该把钱放银行"，结合这节课所学的内容，谈谈你对这种说法的看法。

三、财经实践

假设你是一位理财顾问，客户想要了解不同银行理财产品的风险和收益，以便做出投资决策。

要求：（1）选择两款银行理财产品，分析它们的预期收益率和风险等级。

（2）基于客户的风险偏好（保守、中等、积极）推荐适合的产品，并解释推荐理由。

学习目标

知识目标

1.了解风险的基本含义，以及风险与保险之间的关系；
2.理解保险的基本概念、功能及作用；
3.熟悉保险产品的种类，了解不同保险产品对大学生以及家庭的不同保障作用；
4.熟悉保险投保和理赔的流程，理解不同阶段家庭选择保险产品规划的优缺点。

技能目标

1.加强风险管理意识、保险意识，学会利用保险知识解决面对风险的能力；
2.提升学生对不同保险保障与理财产品的分析评估能力；
3.能够根据自身和家庭的实际情况，初步制订个人或家庭的保险保障规划。

素养目标

1.深刻体会保险所蕴含的"一人为众，众为一人"互助关系，珍惜集体的力量、关心他人的需求、积极承担社会责任；
2.培养珍视生命安全、重视身体健康的意识。

☑ **课前思考** --

请观看央视制作的纪录片《大国保险》，这部纪录片深入探讨了保险行业在国家和社会生活中的作用。

观看后，请你考虑以下问题，并在课堂上分享：

1. 保险在社会大事件中起了什么作用？
2. 如何看待个人购买保险的必要性？
3. 保险如何影响社会和经济的稳定？

笔记： _____

_____

财经智慧小贴士

保险是财富管理中不可或缺的一部分，它帮助我们在遇到不可预见的风险时，确保财务安全和生活稳定。保险可以帮助人们管理风险。与其他理财产品不同，保险的核心功能是转移风险，起到保障作用。

任务1　无风险不保险

人们在进行家庭财富管理时经常会受到一些风险事件的冲击，人们常说的"辛辛苦苦几十年，一病回到解放前"，就描述了重大疾病给家庭财务带来的影响。了解保险知识以及正确认识个人、家庭所面临的风险，并有效管控风险，减轻风险事件给家庭带来的损失，保证家庭的财务安全，也是财富管理的一项重要工作。

一、家庭风险与风险管理

在探讨家庭风险与保险的关系前，我们首先需要深入了解什么是风险，以及它是如何影响我们的日常生活的。家庭作为社会的基本单位，面临着各种潜在的风险和挑战。从财务困难到健康问题，再到意外事故，所有这些都可能给家庭带来不稳定和不确定性。

（一）家庭风险

1. 风险的定义

通常来说，风险（risk）这一术语是指对于某一特定事件的未来结果所持有的不确定性。具体而言，当某个事件拥有两种或更多的发展可能性时，我们便可以认定该事件具有风险。在保险行业中，风险是指可能导致损失的不确定性。这种不确定性不仅关系到事件是否会发生，还涉及事件发生可能带来的后果和影响的范围。

2. 家庭风险的定义

家庭风险指的是那些可能威胁到家庭成员的健康、安全、财务稳定性或幸福的各种潜在危险或不确定性。这些风险可以来源于自然环境、社会经济状况、家庭成员的行为，或者是由于家庭外部因素造成的。理解和识别家庭风险是进行有效风险管理的第一步，这对于保护家庭成员和确保家庭整体福祉至关重要。

对个人和家庭而言，我们面临的纯粹风险主要分为三类：人身风险、财产风险和责任风险（如图5-1所示）。人身风险主要包括生命损失的风险，可分为工作期间的生理死亡（即提前死亡）、工作期间的永久全残，以及退休后的死亡风险。财产风险涉及我们的财产遭受直接损失（如房屋、车辆等被损毁）以及因此导致的间接经济损失（如因房屋损毁而产生的额外住宿费用）。衡量财产风险的指标包括财产的实际现金价值、重置成本（即重新购买或修复的费用），以及与财产损毁相关的其他费用。责任风险是指因意外事故而可能面临的法律责任和赔偿义务。比如，如果在交通事故中我们被判定为责任方，可能需要支付巨额赔偿金。责任风险的大小取决于事故的严重性和可能的法律赔偿金，理论上这种损失可能达到个人全部财富的限度。理解这些风险的种类和衡量方式，对个人和家庭进行有效的风险管理至关重要。

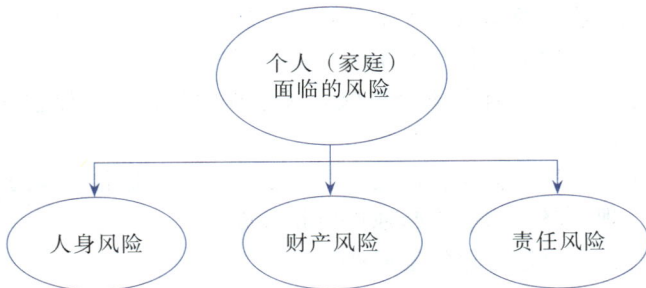

图5-1　个人（家庭）可能面临的风险

（二）风险管理

1.风险管理的定义

风险管理是一种科学的管理方法，它涉及经济单位（如个人、家庭、企业等）识别并衡量潜在的风险，并采取合理的措施来有效地控制和处理这些风险。这样做的目的是以尽量小的成本获得最大的安全保障，从而实现综合效益最大化的一种管理活动。这里的"成本"是指实施风险管理所投入的人力、物力、财力，还包括放弃一定的收益机会所形成的成本，即机会成本。安全保障则是指风险管理的效益，包括预期损失的减少、实际损失的补偿和更加合理的资源配置。这里的效益不仅包括经济效益，还包括经济单位的社会公共责任等社会效益。

对个人或家庭而言，进行风险管理主要是出于安全和经济方面的考虑。一个人或家庭的财务安全和风险管理水平，直接影响其现在和未来的收支平衡，以及资产的增值。国际注册金融理财师协会的调查数据显示，那些没有进行风险管理或财务规划的家庭，在遭受意外事件或其他情况导致的财产损失可能高达其家庭总财产的一大部分，极端情况下，甚至可能导致全部财产损失。

2.家庭风险管理的基本程序

风险管理是一个多步骤的过程，涵盖了从目标设定、风险识别、风险度量、风险评价到选择风险管理方法、评估效果的各个环节。家庭风险管理也适用于一般的风险管理流程和措施。风险管理的基本程序，如图5-2所示。

目标设定	→	风险识别	→	风险度量	→	风险评价	→	选择风险管理的方法	→	评估效果

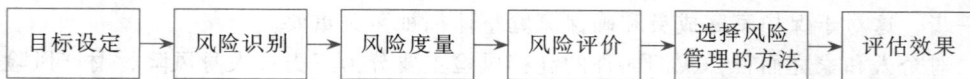

图5-2　风险管理的基本流程

目标设定：风险管理的主要目标是在保证最大化安全的同时，最小化成本。这涉及在风险发生前预防和减轻风险，以及在损失发生后尽可能减少损失的影响。

风险识别：这是关于识别潜在和实际的风险的过程。这不仅包括现实中已经出现的风险，还包括可能在将来出现的风险。

风险度量：在识别风险后，下一步是评估这些风险的大小，通常通过概率和统计方法来完成。

风险评价：基于前面的风险识别和度量，对风险进行全面的评估，包括风险发生的可能性和潜在的损失程度。

选择风险管理方法：根据风险评估的结果，选择最合适的风险管理方法，既可以是预防措施，也可以是财务安排，如购买保险。

评估效果：最后一步是评估整个风险管理过程的效果，确保它满足设定的目标，并根据需要进行调整。

风险管理不是一次性的活动，而是一个持续的过程。随着环境的变化和对风险认识的提高，风险管理策略也需要不断地更新和改进。

3. 风险管理对家庭财富管理的重要性

大部分人都会害怕承担风险，提供风险管理服务也是财富管理顾问的重要责任。风险的本质特征是不确定性，是最为常见的能够制约客户实现财富管理目标的约束条件。每个家庭的个人及财产都面临着众多的风险。例如，家庭主要收入来源者的身亡、残疾或者失业所引起的收入降低或丧失，以及家庭成员因患重大疾病而产生的巨额医疗费用等，都会对家庭生活产生重大影响。合适的家庭风险管理措施能够在以下四个方面帮助家庭更好地实现财富管理目标：

第一，合理的风险管理措施能够降低风险事件发生的概率和降低预期损失。通过风险管理的技术和手段，防范家庭可能发生的风险事件，降低家庭可能遭受的潜在损失，能够使每个家庭继续保持其生活水平，免除后顾之忧，从而提高生活质量。

第二，合理的风险管理措施能够大大降低家庭获取保障的费用。例如，专业的保险规划师能通过识别家庭所面临的主要风险，再根据各家庭成员的实际情况，有针对性地制订出合理的风险管理计划，保证家庭能够以较低的费用获取尽可能大的保障。

第三，有效的风险管理措施能够降低家庭资产配置的风险。家庭财富管理的周期非常长，财富管理的效益可能存在一定的波动，采用合适的风险管理措施能够降低收益的波动，避免财富的巨大损失和异常波动。在长周期的资产配置过程中，家庭资产可以适当承担更高的风险，获得更高的收益。

第四，完善的风险管理措施能够使家庭成员更加安心地投入到工作中。例如，现代社会中有很多发展机遇，但也对人们的职业能力提出了更高的挑战，如果一个家庭已经制定了完善的风险管理措施，那么其家庭成员就能够将更多的时间和精力投入到工作中，从而获得更大的发展空间。

☑ **阅读思考 5-1** --

刘德华因拍摄事故获 8 000 万保险理赔并投资教育基金

2017年，在泰国拍摄广告时，刘德华不幸从马背跌落，导致严重盆骨撕裂，医疗费用达500万港币。由于事先投保，他获得了8 000万港币的意外险理赔。此次事故给他留下了心理阴影，使他对多种日常活动感到恐惧。

对于家庭，刘德华展现出深切的关怀，为确保女儿未来教育无忧，特别设立了约4 000万港币的教育基金，保障女儿18岁成年后的教育需求。

资料来源：根据网络公开资料整理自编。

思考：刘德华拍戏面临的风险是否属于可保风险？可保风险包括哪些条件？

笔记：_____

_____

_____

二、认识保险

（一）保险的定义

保险是一种经济补偿制度，我国保险学界对保险较为普遍的是从经济和法律两个角度来看。

从经济角度来看：保险是分摊风险损失的一种经济保障制度。保险消费者（投保人）通过向保险生产者（保险人）缴纳一定资金（保险费）将风险转嫁给保险人，而保险人通过向投保者收取保险费建立保险基金，来补偿少数遭受保险事故的损失，是一种非常有效的财务安排。

从法律角度来看：《中华人民共和国保险法》（以下简称《保险法》）第二条规定："保险是指投保人根据合同约定，向保险人支付保险费，保险人对于合同约定的可能发生的事故因其发生所造成的财产损失承担赔偿保险金责任，或者当被保险人死亡、伤残、疾病或者达到合同约定的年龄、期限等条件时承担给付保金责任的商业保险行为。"

财经知识窗 5-1

保险密度是指按当地人口计算的人均保险费额，反映了一个地区的消费者参与保险的程度。保险深度是指保费收入占国内生产总值（GDP）的比例，它是反映一个国家的保险业在其国民经济中的地位的一个重要指标。

（二）保险的主体

1. 投保人

投保人是指与保险人订立保险合同，并按照保险合同负有支付保险费义务的人。投保人可以是自然人，也可以是法人，但必须具有民事行为能力。

2. 保险人

保险人又称"承保人"，是指与投保人订立保险合同，并承担赔偿或者给付保险金责任的保险公司。在中国保险公司有股份有限公司和国有独资公司两种形式。保险人是法人，公民个人不能作为保险人。

3. 被保险人

被保险人是指根据保险合同，其财产利益或人身受保险合同保障，在保险事故发生后，享有保险金请求权的人。投保人往往同时是被保险人。

4. 受益人

受益人是指人身保险合同中由被保险人或者投保人指定的享有保险金请求权的人，投保人、被保险人可以为受益人。如果投保人或被保险人未指定受益人，则其法定继承人即为受益人。

☑ 课堂互动 5-1 --

张先生购买了一份人寿保险，并将自己作为被保险人，他的妻子作为受益人。在这种情况下，投保人和被保险人分别是谁？如果张先生不幸去世，谁能获取赔偿金？

笔记：_____

_____

_____

（三）保险在财富管理中的作用

保险作为一种经济补偿制度，在财富管理中发挥着关键作用。它不仅是风险管理的基本工具，还是个人、家庭与企业维护经济稳定和实现资产增长的重要途径。

1. 企业层面

保险在微观经济中发挥着关键作用，尤其是作为企业和个人风险管理的财务工具，其经济效应显著。

（1）及时恢复生产。面对自然灾害和意外事故，保险的及时赔偿让受灾企业能够迅速重建，减少经营中断造成的损失，还能减轻由于生产暂停带来的间接损失。

（2）加强经济核算。保险将企业可能面临的巨额灾害损失转化为可预计的保险费支出，有助于保持企业成本的平衡和财务结果的稳定性。这种风险转移机制使得企业无须为防范潜在灾害而储备大量资金。

（3）强化风险管理。保险公司通过提供风险管理经验、进行风险评估和监督，帮助企业有效防范和减少风险。此外，保险合同的约束和费率调整可以激发企业的防灾防损意识，共同推动风险管理的提升。

2. 个人和家庭层面

保险为个人和家庭提供多重保障，有利于维护生活的稳定性。

（1）提供经济安全。保险能有效化解生命中不可预知的风险，如重疾或意外事故带来的经济压力。人身保险特别是在家庭收入者遭遇不测时，为家庭提供必要的经济支持，确保其正常运转。

（2）储蓄和投资功能。人寿保险产品如两全保险、终身保险和分红保险，不仅提供经济保障，还具有储蓄和投资的双重功能。长期投保人寿保险可视为一种投资，保险单可作为金融资产，提供贷款抵押或退保金领取的机会。储蓄型保险合并了保障和理财的功能，是一种具有多重效益的理财工具。

3. 保险在社会经济中的多重作用

保险在社会和国民经济中扮演着重要角色，其影响体现在以下四个关键方面：

（1）促进社会再生产和经济稳定。社会再生产的四个环节——生产、分配、交换和消费——本应时间连续、空间均衡。然而，各种灾害事故可能导致这一过程中断或失衡。保险通过及时有效的经济补偿，修复这种中断和失衡，确保社会再生产的连续性和稳定性，从而促进国民经济的持续稳定发展。

（2）推广科学技术应用。在现代经济生活中，新技术的应用在带来更高的劳动生产率的同时，也伴随着新的风险。保险为采用新技术的企业提供风险保障，有利于新技术、新产品的开发和推广。

（3）维护社会稳定。保险通过其经济补偿职能，在促进社会稳定方面发挥重要作用。保险赔偿帮助被保险人在财产损失或人身伤亡后迅速恢复生产经营，减轻经济上的后顾之忧，保障人们正常的经济生活，对社会稳定起到了积极作用。

（4）促进对外贸易和国际经济交往。在对外贸易和国际经济交往中，保险起到了至关重要的作用。进出口贸易通常需要办理保险，保险费是构成商品价格的关键要素之一。此外，在世界保险市场参与再保险业务，保持保险外汇收支平衡，对一个国家的国际贸易和经济地位同样重要。

任务2　保险种类知多少

在讨论保险理财产品前，我们首先了解保险的基本分类，包括社会保险、商业保险，以及财产和人身保险等，保险的众多种类体现了保险在提供安全保障和风险管理方面的广泛应用。其次，我们将探讨保险理财产品，这部分主要关注保险在个人财务规划中的角色。理财型保险产品既包括传统的保障功能，也涵盖了结合投资功能的产品，如分红保险和万能保险。这些产品不仅提供保障，还提供增值机会，能够帮助个人和家庭实现财务目标的长期规划。

一、保险的分类

国际上对保险的分类没有固定的原则和统一的标准，各国通常根据各自需要采取不同的划分方法。比较常见的保险分类是根据保险的性质、保险的标的和保险的实施方式进行分类。

（一）按照保险的性质分类

1. 社会保险

社会保险是国家通过立法建立的一种社会保障制度，在劳动者因年老、疾病、生育、伤残、失业和死亡等原因而丧失劳动能力、暂时失去劳动岗位，不能获得劳动报酬，本人和供养的家属失去生活来源时，由社会为其提供收入或补偿。社会保险具有强制性、低水平、广覆盖等特点。社会保险的主要险种包括养老保险、医疗保险、失业保险、工伤保险和生育保险等。

2. 商业保险

商业保险是指通过订立保险合同来运营，以营利为目的的保险形式，由专门的保险企业经营。商业保险关系是由当事人自愿缔结的合同关系，投保人根据合同约定，向保险公司支付保险费，保险公司根据合同约定的可能发生的事故因其发生所造成的财产损失承担赔偿保险金责任，或者当被保险人死亡、伤残、疾病或达到约定的年龄、期限时承担支付保险金责任。

3. 政策性保险

政策性保险是政府以实施或促进某些政策为目标，运用商业保险原理设置的保险。政策性保险一般由国家投资设立的保险公司经营，或由国家委托商业保险公司经营。这类保险所承担的保险项目一般经营风险较高，若经营发生亏损，将由国家政策给予补偿。政策性保险包括社会政策保险和经济政策保险两类。社会政策保险是国家为了稳定社会秩序，贯彻社会公平的原则而开办的，具有一定的政治意义。经济政策保险是国家从宏观经济利益出发，对某些关系国计民生的行业实施保护政策而开办的保险，它包括出口信用保险、农业保险、存款保险等。政策性保险一般具有非营利性、政府提供补贴与免税和立法保护等特征。

（二）按照保险标的分类

1. 财产保险

财产保险是指以财产及其有关的利益为保险标的，保险人对因保险事故的发生导致的财产损失给予补偿的一种保险。财产保险主要包括火灾保险、海上保险、货物运输保险、工程保险、航空保险、汽车保险、家庭财产保险和盗窃保险等。

2. 人身保险

人身保险是以人的寿命或身体作为保险标的，在被保险人的生命或身体发生保险事故或保险期满时，依照保险合同的规定由保险人向被保险人或受益人给付保险金的一种保险形式。传统人身保险的产品种类较多，按照保障范围可分为人寿保险、年金保险、人身意外伤害保险和健康保险等。

3. 责任保险

责任保险是以被保险人的民事损害赔偿责任为保险标的的险种。企业、团体、家庭和个人在生产活动或日常生活中，由于疏忽、过失等行为对他人造成人身伤亡或财产损失，而依法应承担的经济赔偿责任，可以通过投保责任保险转移给保险人。

4. 信用保险

信用保险是以第三者对被保险人履约责任为标的的险种，是指保险人对债权人在信用借贷或商业赊销中因债务人不如期履行债务，而使债权人遭受损失，予以经济补偿的一种保险，它的投保人是权利人，被保险人是义务人。信用保险主要包括一般商业信用保险、投资保险和出口信用保险等。

财经知识窗 5-2

责任保险的主要范围有哪些？

1. 校方责任保险是指学校作为被保险人，为了防范因其教育活动或管理不当造成的学生或第三方人身伤害、财产损失等意外事故，向保险公司投保的一种保险。

2. 公众责任保险承保被保险人对他人造成人身伤害或财产损失应负的法律赔偿责任。

3. 雇主责任保险承保雇主根据法律或雇佣合同对受雇人员的人身伤亡应负的经济赔偿责任。

4. 产品责任保险承保被保险人因制造或销售产品质量缺陷导致消费者或使用者遭受人身伤亡或其他损失所引起的赔偿责任。

5. 职业责任保险承保医生、律师、会计师、工程师等职业者因工作中的过失造成的人身伤亡或其他损失的赔偿责任。

（三）按照保险的实施方式分类

1. 强制保险

强制保险也称法定保险，是由国家（政府）通过法律或行政手段强制实施的一种保险。虽然强制保险的保险关系产生于投保人与保险人之间的合同行为，但合同的订立受国家或政府的法律法规的制约。强制保险的实施方式有两种选择：一是保险标的与保险人均由法律限定；二是保险标的由法律限定，但投保人可以自由选择保险人，如机动车交通事故责任强制保险。

2. 自愿保险

自愿保险也称合同保险，是投保人和保险人在自愿、平等的原则下，通过签订保险合同而建立的保险关系。自愿保险的保险关系是当事人之间自由决定、彼此合意后所建立的合同关系。投保人可以自由决定是否投保、向谁投保、中途退保等，也可以自由选择保险金额保障范围、保障程度和保险期限等；保险人则可以根据情况自愿决定是否承保、如何承保等。

本书着重介绍的保险理财产品主要包括保障型保险和理财型保险。

二、保险理财产品

（一）保障型保险险种

保障型保险是一种传统保险。这种保险的特点是保障高、费用低，只要投入不多的保费就能为被保险人提供一份切实有效的保障，所以受到许多人的喜爱。其实所有的保险都有保障功能，只不过侧重点不同而已。

保障型保险包括以下四种：

1. 意外伤害保险

意外伤害保险是保险公司在被保险人遭受意外伤害并由此导致伤残或者死亡时，由保险公司按照合同约定向被保险人或受益人给付保险金的保险。在机场销售的航空人身意外伤害保险就属于意外伤害保险范畴。

2. 健康保险

健康保险是为人的身体因遭受疾病或意外伤害事故所发生的医疗费用损失或导致工作能力丧失所引起的收入损失，以及因年老、疾病或意外伤害事故导致需要长期护理的损失提供经济补偿的保险。目前，保险公司所销售的各种重大疾病保险、医疗保险、收入补偿保险等都属于健康保险范畴。

（1）重大疾病保险是以重大疾病为给付条件的健康保险。只要被保险人得了保险条款中约定的某种疾病，就可获得保险公司的赔偿。

（2）医疗保险是以约定的医疗费用为给付条件的健康保险。如果被保险人在接受医疗时产生了医疗费用，则由保险公司按照合同约定的比例和限额进行补偿。各家保险公司的住院医疗保险和意外伤害医疗保险都属于医疗保险范畴。

（3）收入补偿保险是以因意外伤害、疾病导致收入中断或减少为给付条件的保险。如果被保险人因意外伤害、疾病致使工作能力降低或丧失，此时保险公司将按照约定的标准补偿其收入损失。最常见的收入保障保险有各种住院津贴保险、手术费用补助保险等。当然，有些保险公司为了更好地满足客户需求，将医疗保险和收入补偿保险合并在一起进行销售，这样既节约了客户的支出，又增加了客户的保障。

3. 商业养老保险

商业养老保险是由商业性保险公司办理，个人自愿投保的用于解决个人养老需求的保险，是对我国社会基本养老保险的一种有效补充。所以，让保险公司为自己理财，帮助累积养老金储备，是个人在养老问题上一种明智的选择。

4. 少儿保险

少儿保险是专门为少年儿童设计的、用于转移少年儿童在成长中所面临的各种风险。少儿保险为少年儿童提供在其成长过程中所需要的教育、创业、婚嫁等资金的保险。

（二）理财型保险险种

理财型保险是兼具保险和投资理财双重功能的险种。目前，我国的理财型保险主要有以下三种：

1. 分红保险

分红保险是投保人在享有一定保险保障的基础上，分享保险公司部分经营成果的一种人寿保险。分红保险的主要功能依然是保险保障，红利分配是分红保险的附属功能。如果保险公司在某一年度经营状况不好，投保人所能分享到的经营成果可能会非常有限，甚至没有。

分红保险的红利来源于"三差益"，这三差益分别是死差益、费差益、利差益。死差益是指保险公司实际的死亡人数比预定死亡人数少时所产生的盈余；费差益是指保险公司实际的营运管理费用低于预计的营运管理费用时所产生的盈余；利差益是指保险公司实际的投资收益高于预计的投资收益时所产生的盈余。

2. 投资连结保险

投资连结保险是指包含保险保障职能并至少在一个投资账户拥有一定资产价值的人身保险。投资连结保险的保单现金价值与单独投资账户资产相匹配，现金价值直接与独立账户资产投资业绩相连，一般没有最低保证。投资连结保险的投资账户必须是资产单独管理的资金账户。不同的投资账户，可以投资在不同的投资工具上，如股票、债券等。投资账户可以是外部现有的，也可以是保险公司自己设立的。投保人可以选择其投资账户，投资风险完全由投保人承担。除有特殊规定外，保险公司投资连结保险的投资账户与其管理的其他资产或其他投资账户之间不得存在债权、债务关系，也不承担连带责任。在约定条件下，保单持有人可以在不同的账户间自由转换，而无须支付额外的费用。

✓ **阅读思考 5-2**

投资型保险，能放心买吗？

国家金融监督管理总局的调查数据显示，2021年上半年人身险公司原保费收入为 19 756 亿元，略降了 1.07%，而投资连结保险业务逆势增长，新增保费 384 亿元，同比飙升了 117%，证明其市场接受度与业绩的稳健性。

华宝证券的调查数据显示，2021年上半年，纳入统计的 212 个投资连结保险账户中，有 193 个取得正收益，占比高达 91%。业内人士分析称，越来越多的投保人期望产品在具备保障功能的同时，还要具备财富增值能力。因此，投资连结保险自然受到了青睐。如同硬币的两面，投资连结保险也有短板。也就是说，无论投资连结保险是否有收益，保险公司都会收取发生资金运转时所产生的手续费。

值得注意的是，投保人即便购买了投资连结保险，也不一定能够拿到高收益，有时甚至会亏损。也就是说，投资连结保险不承诺投资回报，所有投资收益与损失均由投保人自行承担。另外，与其他理财产品相比，投资连结保险的投资期限较长，本金在一定期限内不能退出，否则会造成损失。

资料来源：根据人民网相关资料整理。

思考：1.与银行理财产品、基金相比，投资连结保险有什么优势？

2.保险公司所有的投连险产品均有基本的风险保障功能吗？

笔记：_____

_____

_____

3. 万能寿险

万能寿险简称万能险，指的是可以任意支付保险费以及任意调整死亡保险金给付金额的人寿保险。万能险除了与传统寿险一样给予生命保障外，还可以让投保人直接参与由保险公司为投保人建立的投资账户内的资金投资活动，保单价值与保险公司独立运作的投保人投资账户资金的业绩挂钩。万能寿险收益主要来源于投资账户收益，但是它设定了最低保障利率，所以风险比较小，其收益一般为每季度公布一次。

财经知识窗 5-3

中年职场人士理财型保险选择指南

张先生是一位中年职场人士，近年来一直在考虑如何为自己和家庭的未来财务安全做好规划。他特别关注于如何通过保险产品实现资产的保值、增值，并对理财型保险产生了浓厚的兴趣。在了解市场上的不同理财型保险产品后，他对分红保险、投资连结保险和万能保险特别感兴趣，但对于如何选择最适合自己和家庭需要的保险产品感到困惑。考虑到张先生对理财型保险的兴趣和他的财务目标，分析分红保险、投资连结保险和万能保险这三种理财型保险产品的特点、风险与收益，以及它们如何满足不同投保人的财务规划需求。基于此，提出建议帮助张先生做出决策。

分红保险提供保险保障和分红，适合寻求稳定收益且能容忍市场波动的投保人。投资连结保险结合保险和投资账户，适合愿意承担投资风险、追求高收益的投保人。万能寿险提供灵活保费和最低收益保障，适合希望长期资产规划且风险承受能力较低的投保人。根据张先生的需求，如果他希望得到稳定的保障和潜在的收益，则可选择万能保险；如果他愿意承担风险以换取高回报，则可选择投资连结保险；如果他希望追求稳健收益，则分红保险是合适的选择。

任务3　大学生的保障指南

在进入社会和面对未来的不确定性时，大学生需要认识到保险保障的重要性和必要性。保险是一种保护个人和家庭财务安全的手段，可以帮助人们应对意外事故、疾病或其他突发事件带来的经济压力。对大学生而言，及早了解和规划保险保障，可以在日后面临风险时得到重要的财务支持，并为未来的生活打下稳固的基础。选择适合自己的保险产品，不仅是财务管理的重要部分，也是对自己和家人责任感的体现。

一、校园里的人身安全保障

（一）学平险

学平险的全称是"学生平安保险"，是保险公司主要针对在校生特点设计开发的以在校生作为被保险人的一款综合性保险，属于人身意外伤害保险范畴。往往由学生入学时自愿投保，投保人或者被保险人只需缴纳较低的保费，就可以获得包括意外伤害身故、残疾、意外伤害门（急）诊医疗以及住院医疗在内的多项保障。

☑ **课堂互动 5-2** --

李明今年17周岁，9月份步入大学，李爷爷为了保障孙子李明的安全，购买了一份学平险。然而，当李明发生意外后，李爷爷向保险公司申请理赔时，却被拒绝。保险公司给出的理由是"投保人和被保险人之间的保险利益关系不明确，无法确认投保的合法性和必要性"。李爷爷不服便上诉至法院。

这个案例涉及保险利益原则。保险利益是指投保人对被保险人生命、身体、财产等具有合法的利益关系。《保险法》第十二条规定："保险利益是指投保人或者被保险人对保险标的具有的法律上承认的利益。"通常情况下，直系亲属之间，如父母对子女、夫妻之间等，保险利益是明确的，但在祖孙关系中，保险利益的认定可能会有所争议。保险公司在核保时会评估投保人和被保险人之间是否存在明确的保险利益关系。在此案例中，保险公司认为祖孙之间的保险利益关系不明确，拒绝了理赔申请。

你有什么办法可以解决这个问题吗？怎么帮助李爷爷维护自己的合法利益？

笔记：＿＿＿＿＿＿＿＿＿＿＿＿＿＿＿＿＿＿＿＿＿＿＿＿＿＿＿＿＿＿＿＿

＿＿＿＿＿＿＿＿＿＿＿＿＿＿＿＿＿＿＿＿＿＿＿＿＿＿＿＿＿＿＿＿＿＿＿＿＿

＿＿＿＿＿＿＿＿＿＿＿＿＿＿＿＿＿＿＿＿＿＿＿＿＿＿＿＿＿＿＿＿＿＿＿＿＿

财经知识窗 5-4

投保学平险应该注意的问题

1. 自愿投保。学平险与普通的意外伤害保险相比具有保费低、保障全的特点。由学生（已满18周岁）或家长自愿投保，任何单位和个人都无权强制消费者投保。

2. 投保条件。《保险法》第三十三条规定："投保人不得为无民事行为能力人投保以死亡为给付保险金条件的人身保险，保险人也不得承保。父母为其未成年子女投保的人身保险，不受前款规定限制。但是，因被保险人死亡给付的保险金总和不得超过国务院保险监督管理机构规定的限额。"

（二）人身意外伤害保险

人身意外伤害保险简称意外险，是指在保险期限内，被保险人遭受意外伤害并以此为直接原因或近因，在自遭受意外伤害之日起的一定时期内造成的死亡、残废、支出医疗费或暂时丧失劳动能力作为给付保险金条件的人身保险。

✓ **阅读思考 5-3**

意外伤害要满足什么条件？

某职业技术学院组织学生暑期三下乡社会实践活动（以下简称三下乡活动），学校统一给学生购买了短期意外伤害保险。学生小坤与小阳在车上讨论购买保险的事宜，正好被老师听到，并加入了讨论。

小坤：老师，我们有些同学购买了学平险，有些同学没有购买，这次三下乡活动，学校会统一给我们购买类似的保险吗？

老师：这次社会实践活动，学校会统一给所有的同学购买短期意外伤害保险。其实，你们购买的学平险也属于人身意外伤害保险的一种。

小阳：老师，什么是意外伤害呢？假如我在这次活动中因感冒发烧去医院，这个保险能赔吗？

老师：意外伤害是指投保人或者被保险人没有预料到的、突然发生的、因外来致害物对被保险人的身体造成伤害的客观事实。因为感冒发烧属于疾病，所以我们购买的短期意外伤害保险赔不了。

资料来源：根据网络公开资料整理自编。

思考：小李购买了学平险、短期意外伤害保险，他在学校组织的拔河比赛中，因其身体不适在比赛中意外受伤住院，请同学们讨论小李能否获得保险赔偿？并请说明你的理由。

笔记：＿＿＿＿＿＿＿＿＿＿＿＿＿＿＿＿＿＿＿＿＿＿＿＿＿＿＿＿＿＿＿＿

＿＿＿＿＿＿＿＿＿＿＿＿＿＿＿＿＿＿＿＿＿＿＿＿＿＿＿＿＿＿＿＿＿＿＿＿＿

＿＿＿＿＿＿＿＿＿＿＿＿＿＿＿＿＿＿＿＿＿＿＿＿＿＿＿＿＿＿＿＿＿＿＿＿＿

（三）其他的人身安全保障

1. 旅游意外伤害险

旅游意外伤害险是指在出行或者旅游的途中，在保险期限内，因意外伤害导致被保险人死亡、残疾，或保障范围内其他的保障项目，保险人（保险公司）要向被保险人或者受益人给付保险金的人身保险。

2. 境外留学人身意外伤害保险

保险期间内，被保险人在境外留学期间遭受意外伤害事故导致身故、伤残的，保险人按保险合同约定给付保险金。

☑ **课堂互动 5-3**

2024年7月，暑假期间，小芳和家人一起去四川峨眉山旅行，出发前，全家人都购买了旅游意外伤害险，医疗费报销比例为80%。在上山过程中，被"峨眉山强盗猴"抓伤，并摔倒，在当地医院进行就诊，诊断结果为腿部软组织受伤，医药费、护理费、疫苗费用共计6 000元左右。小芳想起自己购买了旅游意外伤害险，于是向保险公司进行电话报案，提交索赔申请。保险公司经过调查核实，共赔付4 800元。

资料来源：根据网络公开资料整理自编。

如果小芳没有购买这份保险，她和家人可能会面临哪些财务风险？此外，旅游意外伤害险在旅行计划中起到了哪些关键作用？

笔记：_____

_____

_____

二、校园里的责任保险

（一）校方责任保险

1. 校方责任保险的定义

校方责任保险是指在学校实施的教学活动或者学校组织的校外活动中，因学校过错而导致在校学生人身伤害事故，依法应由学校承担的经济赔偿责任，由保险公司在赔偿限额内负责赔偿的保险。

2. 校方责任保险的作用

从学生的角度来看，校方责任保险的作用有：一是提供安全保障。校方责任保险为学生在校园内发生的意外事故提供了经济保障。一旦学生因学校管理不当或其他原因受伤，可以通过保险获得及时的经济赔偿，减轻医疗费用和康复期间的经济压力。二是维护合法权益。校方责任保险确保学生的合法权益能够得到有效保护，使受害学生在遭受伤害后能够获得合理的赔偿，减少维权的复杂性和不确定性。三是增强对学校的信任。校方责任保险体现了学校对学生安全的重视和责任感，学生及其家长因此对学校的管理更加信任。四是减少心理负担。对学生来说，校方责任保险的存在可以减少他们对意外事故可能带来经济负担的担忧，使他们能够更专注于学业和校园生活，而不必担心事故发生后家庭可能面临的财务压力。五是保障学习环境。校方责任保险的存在有助于促使学校加强安全管理，减少事故的发生，创造一个更安全、更有保障的学习环境，这对学生的成长和发展具有积极意义。

财经知识窗 5-5

校方责任保险，受伤学生或家属可以直接向保险公司索赔吗？

　　《保险法》第六十五条规定："责任保险的被保险人给第三者造成损害，被保险人对第三者应负的赔偿责任确定的，根据被保险人的请求，保险人应当直接向该第三者赔偿保险金。"然而，在实践中，校方责任保险通常由学校统一报案和索赔，因此受伤学生无法像机动车事故中的受害者那样，直接向保险公司请求赔偿。只有在校方责任保险合同中明确约定，或学校的赔偿责任已确定但学校未及时向保险人请求赔偿时，受伤学生才有权直接向保险公司请求赔偿金。

（二）食品安全责任保险

1. 食品安全责任保险的定义

　　食品安全责任保险属于产品责任保险的范畴，是在被保险人因其食品生产、加工、销售等环节提供的食品造成消费者人身伤害或财产损失时，以其所需承担的法律赔偿责任为保险标的的保险。

2. 食品安全责任保险的作用

　　食品安全责任保险作为食品安全保障体系中的重要组成部分，其主要功能和作用可以概括为：一是分散风险。被保险人在面对赔偿时，可通过保险公司的赔付减轻财务压力，确保企业正常运营与持续发展。二是保障消费者权益。食品安全事故发生后，保险公司迅速启动赔付程序，及时对受害者进行经济赔偿，减少消费者损失，增强其对食品安全的信心，维护社会稳定。三是提高被保险人信誉。企业通过购买食品安全责任保险，展现对食品安全的重视，提升社会形象与信誉，增强市场竞争力。四是提高食品安全水平。保险公司在承保时会审查企业的食品安全管理体系并提出改进建议，帮助企业发现和弥补管理漏洞，提高食品安全水平，减少事故发生。

（三）公众责任保险

　　公众责任是指致害人在公众活动场所的过错行为致使他人的人身或财产遭受损害，依法应由致害人承担的对受害人的经济赔偿责任。公众责任的构成，以在法律上负有经济赔偿责任为前提，其法律依据是各国的民法及各种有关的单行法规制度。

　　公众责任保险是指保险公司为被保险人因其在经营、管理或日常活动中，因疏忽、过失或其他原因导致第三方的人身伤害或财产损失，而需要承担的法律赔偿责任提供保障的一种保险。此类保险通常适用于企业，机关团体组织或个人，旨在应对因公众活动可能引发的法律责任。

三、大学生职场保险保障

（一）社会保险

　　社会保险是由我国立法强制实施的一种社会保障制度，通过建立社会保险基金的方式，保障公民在年老、疾病、工伤、失业、生育等情况下获得基本生活保障。社会保险包括以下五个方面：

拓展阅读 5-1

大学开放资源后，意外事故责任如何分担？

（1）养老保险：为年老退休人员提供经济保障，使其在退休后能够维持基本生活水平。

（2）医疗保险：为参保人员提供医疗费用的报销，保障其在生病时能够获得必要的医疗服务。

（3）工伤保险：是保障职工在因工作原因遭受事故伤害或患职业病时，获得医疗救治和经济补偿的一种社会保险。

（4）失业保险：是指国家立法强制实行的，由单位、职工缴费和政府补贴建立基金，对在劳动年龄内，有就业能力并有工作意愿、因非个人原因而失去工作的人员，在一定时期内提供基本生活保障和再就业服务的一种社会保险制度。

（5）生育保险：作为社会保险的重要组成部分，有其自身的特殊性和重要意义，是为职工生育提供经济补助和医疗保障，确保其在生育期间能够获得必要的生活和医疗支持。

财经知识窗 5-6

企业不给刚毕业的大学生买社保，如何维权？

小李是一名刚从某大学毕业的学生，专业是财务管理。毕业后，他顺利进入了一家私营企业，开始了自己的职业生涯。小李对这份工作充满了期待和热情，但他很快发现企业并没有为他购买社会保险。

在入职谈判时，企业人事部门并没有明确提到社会保险的问题。由于是第一次就业，小李也没有特别关注这个问题。签订劳动合同时，合同中并没有详细说明企业会为他购买社会保险的具体条款。入职几个月后，小李发现自己的工资单上并没有社会保险的扣款记录，于是他去询问人事部门。人事部门表示，由于企业经营困难，目前暂时无法为新员工购买社会保险，等企业情况好转后再考虑。

小李对企业这样的做法感到不满，于是他向律师进行了咨询。律师告诉小李，根据《中华人民共和国劳动法》和《中华人民共和国社会保险法》的规定，用人单位必须为员工购买社会保险，这是法律强制性要求。具体来说，《中华人民共和国劳动法》第七十二条规定，用人单位和劳动者必须依法参加社会保险，缴纳社会保险费。《中华人民共和国社会保险法》第五十八条规定，用人单位应当自用工之日起三十日内为其职工向社会保险经办机构申请办理社会保险登记。企业未能为小李购买社会保险，违反了上述法律规定，属于违法行为。

（二）雇主责任保险

1. 雇主责任保险的定义

雇主责任保险是指用人单位为其员工在工作过程中因工伤或职业病导致的损失和法律责任投保的一种保险。雇主责任保险的主要目的是为雇主分担因员工工伤事故或职业病造成的经济赔偿责任，保障员工的合法权益。

2. 雇主责任保险的作用

从大学生的角度来看，雇主责任保险具有以下作用：一是就业安全保障。如果在工作中发生意外伤害或职业病，保险将帮助大学生获得医疗费用和其他赔偿，减轻个人和家庭的经济压力。二是增强求职信心。在知道企业为员工投保雇主责任保险之后，大学生会感到雇主重视员工权益，从而增强对企业的信任和对职业生涯的信心，有助于他们更安心地投入工作。三是了解劳动权益。通过接触雇主责任保险，大学生可以更好地了解劳动法律和自身的权益，增强自我保护意识。四是强化职场安全意识。雇主责任保险的存在促使企业加强安全管理，减少工作场所的意外发生。因此，大学生能够在更安全的工作环境中实习和工作，减少了潜在的职业风险。五是提高就业竞争力。熟悉雇主责任保险和相关劳动法规的大学生，在求职时可以更好地评估雇主的责任感和福利保障措施，从而做出更明智的职业选择。

财经知识窗 5-7

什么是职业病？《中华人民共和国职业病防治法》规定，职业病是指企业、事业单位和个体经济组织等用人单位的劳动者在职业活动中，因接触粉尘、放射性物质和其他有毒、有害因素而引起的疾病。

（三）雇主责任保险与工伤保险、团体意外险的区别

雇主责任保险、工伤保险和团体意外险是常见的三种保险产品。这三种保险侧重点不同，雇主责任保险与工伤保险、团体意外险的区别见表5-1。

表5-1　　　　雇主责任保险与工伤保险、团体意外险的区别

项目	工伤保险	雇主责任保险	团体意外险
性质	法定保险，强制购买	商业保险，自愿购买	商业保险，自愿购买
法律依据	国家法律法规（如《工伤保险条例》）	无强制性法律规定，依靠保险合同约定	无强制性法律规定，依靠保险合同约定
保障范围	因工作原因受伤、职业病、上下班途中交通事故	因工作原因导致的员工人身伤害或死亡	因意外事故造成的伤残和人身伤亡
赔付主体	社会保险经办机构	保险公司	保险公司
赔付方式	按国家规定的标准和程序进行赔付，金额相对固定	根据保险合同的条款和约定进行赔付，金额和方式灵活	根据保险合同的条款和约定进行赔付，金额和方式灵活
适用范围	所有依法参加工伤保险的用人单位和员工	所有愿意为员工购买此类保险的用人单位	所有愿意为团体成员购买此类保险的用人单位、团体组织、家庭
保障项目	医疗费用、死亡、残疾、职业病、伤残津贴、护理费等	医疗费用、死亡、职业病、疾病、误工费、法律费用等	残疾、意外医疗、住院津贴

拓展阅读 5-2

实习生受伤
谁买单？

任务4　家庭保障规划有妙招

制订有效的保险保障规划在财富管理过程中至关重要，选择一个可靠的保险公司、明确保险对象及制定合适的保费支付策略是保险保障规划的核心内容。这些决策

将决定保险能否在我们面临生活中的各种风险时，提供充分的经济支援与心理慰藉。深入了解在不同人生阶段如何做出合理的保险选择，将有助于我们全面认识保险在保障个人及家庭财务安全方面的关键角色。

一、家庭购买保险主要考虑的因素

（一）保险公司的选择

选择合适的保险公司是确保个人和家庭获得最佳保障的第一步。以下是评估保险公司时应考虑的关键因素：

1. 财务稳定性和可靠性

研究保险公司的财务健康状况，确保它有能力履行其承诺。查阅独立第三方评级机构对保险公司的评级。

2. 产品范围

考虑公司提供的保险产品种类是否符合个人和家庭的需求。了解各种保险产品的具体细节，包括保障范围、免责事项、保费和赔付流程等。

3. 客户服务质量

评估公司的客户服务响应速度和效率。通过评价和口碑了解其他客户的体验。

4. 理赔历史和过程

了解公司的理赔历史和声誉，特别是理赔过程的透明度和效率。询问或搜索有关保险公司处理索赔的案例研究或客户反馈。

5. 价格和价值

比较不同保险公司提供相似保险产品的价格，考虑性价比。评估保险合同的价值，包括保险条款是否满足个人和家庭的长期需求。

不要仅基于价格选择保险公司。考虑到保险的长期性，选择一个能够提供优质服务和支持的保险公司更为重要。定期评估保险需求和保险公司的表现，确保它们仍然符合个人和家庭需求。通过仔细考虑这些因素，可以选择一个最适合个人和家庭需求的保险公司，确保在需要时获得充足的保护和支持。

（二）人生不同阶段保险产品的选择

在着手家庭保险规划时，被保险人所处的生命周期阶段是一个关键的考虑因素。这是因为在人生的不同阶段，个人面临的风险类型和程度会有所变化，所以保险规划需要基于生命周期各阶段的风险进行详细分析。从未成年期到退休老年期，人的生命周期通常分为五个阶段：未成年期、单身期、家庭形成期、家庭成熟期和退休老年期。

1. 未成年期

未成年期是指从出生延续到个体开始独立工作为止。未成年子女通常没有自己的收入，完全依赖父母。在父母无法提供支持（如因死亡、残疾、疾病或失业）的情况下，未成年子女在教育和日常生活方面将面临困难。因此，这一阶段的主要风险包括父母收入中断的风险、未成年子女自身面临的疾病和意外伤害风险。

对未成年子女来说，由于他们天性活泼好动，探索新事物的倾向较强，因此发生意外的概率较高。同时，由于他们正处于成长期，免疫力相对较弱，也容易罹患疾病，因此为未成年子女优先购买意外伤害保险是防范这些风险的重要措施。

通过这种方式，家庭保险规划不仅为家庭提供了必要的财务保障，还确保了在面对不可预见的风险时，家庭成员的教育和日常生活需求能够得到满足。

2. 单身期

在单身期，个人年龄为20~28岁，健康状况良好，无家庭负担，收入低但稳定增长，这一时期面临的风险主要是意外死亡或伤残。保险需求分析：寿险需求不高，主要可以考虑性价比较高的定期死亡保险，以减少因意外或疾病导致的死亡经济损失。

3. 家庭形成期

在这一时期，夫妇双方年纪较轻，健康状况良好，家庭负担较轻，收入迅速增长，保险意识和需求有所增强。为提高生活质量往往需要较大的家庭建设支出，如购买一些较高档的用品等。保险需求分析：为保障家庭建设支出不会中断，可以选择定期险、意外险等。除此之外，还可以购买以孩子为被保险人的少儿成长型保险。

4. 家庭成熟期

家庭成熟期是指从40岁左右开始到退休年龄。在此期间，随着年龄的增长，事业和收入达到高峰，子女逐渐成长独立。这是一个相对稳定的时期，收入稳步增长，支出减少，财富不断积累。个人和家庭面临的风险主要是健康问题和收入中断，因此购买人寿保险、重大疾病保险和养老保险成为这一时期的重点。

5. 退休老年期

退休老年期应以安度晚年为目的。大多数中等收入家庭应合理安排晚年医疗、保健、娱乐、锻炼、旅游等开支，投资和花费有必要更为保守，可以带来固定收入的资产应优先考虑，最好不要进行新的投资，尤其不能进行风险投资。由于夫妇双方年纪较大，健康状况较差，家庭收入减少，因此以生存给付为主的养老保险和老年护理保险应占主要地位。

☑ 课堂互动 5-4

小李今年25岁，刚刚进入职场，处于单身期，工作稳定但收入尚未达到高峰。他目前没有任何重大健康问题，生活方式较为简单，主要支出是日常生活费用和少量的娱乐消费。小李的父母都已退休，健康状况尚可，但年纪较大，依靠退休金维持生活。作为家里的独生子，小李偶尔需要为父母的生活提供一些经济支持。

小李已经有了购房计划，打算在未来5年内结婚并成家。他希望通过合理的保险规划，确保自己和家人在意外或疾病等风险发生时不会面临巨大的财务压力。同时，小李也希望能够逐步积累财富，为未来的家庭生活提供保障。

小李在当前的生命周期阶段应优先考虑哪类保险？为什么？

笔记：_____

_____

_____

拓展阅读 5-3

首份家庭保险消费指南——《中国家庭风险保障体系白皮书（2023）》

（三）确定科学合理的保险金额

应合理确定保险需求的强度，也就是确定适当的保险金额。对大多数购买寿险的人来说，其核心目的在于确保经济上依赖被保险人的家庭成员在被保险人去世后，能够维持与之前相似的生活水平。因此，选择寿险的保额并不是越高越好，而应通过满足"双十定律"、评估生命价值和家庭需求来决定。

1. 双十定律

双十定律指的是"保险额度不要超过家庭收入的10倍"，以及"家庭总保费支出占家庭年收入10%为宜"。消费者可以通过"双十定律"的保险原则，对个人乃至整个家庭的保险规划进行科学、合理、有效的定制与评估。如果保费支出超过年收入10%，则会对生活质量产生影响；如果保费支出过少，则保额不会太高，就很难保证风险发生时，所得到的赔偿金能够抵偿损失。

例如，年收入为10万元的家庭，其保险总额宜为100万元左右，年保费开支宜在1万元以内，以此获得均衡的风险保障与经济负担。

2. 评估生命价值

生命价值法通过估算一个人的未来收入来确定合适的保险金额。这个过程分为三个步骤：步骤一，估计被保险人未来的年平均收入；步骤二，确定被保险人的退休年龄；步骤三，从年收入中扣除税收、保费、生活费等支出。

以王先生为例，假设他30岁，预计60岁退休，退休前的年均收入为9万元，他将三分之一的收入用于个人开销，三分之二的收入用于家庭支出。根据生命价值法，王先生的生命价值为180万元（30×（9-3））。

3. 家庭需求

在估算了生命价值之后，还需要考虑家庭的实际需求，包括在发生意外时所需的家庭生活准备金总额。具体来说，需要计算家庭成员的生活费、教育费、供养费、债务、丧葬费等，扣除现有资产后的缺口即为所需的保险金额。这样确定的保险金额将是合理且实用的，足以提供必要的家庭保障。

通过这种方法，可以确保选择的保险金额既能满足家庭在不幸事件发生时的经济需求，又避免了不必要的过度保险，使得保险规划更加精准和高效。

拓展阅读5-4

《普通型人身保险精算规定》

（四）确定保险对象

在中国，子女往往是掌上明珠，父母凡事都先替他们考虑。不少家庭在购买保险时首先考虑的是孩子，其实最应该给家庭支柱购买保险。家庭支柱是家庭收入的主要来源，给家庭支柱购买高额保险，意味着家庭经济收入不会因为其意外和疾病而中断。因此，在确定保险对象时，应遵循"先大人，后孩子"的原则。只要大人健康地工作和生活，孩子的生存状态就不会差。但如果家庭支柱发生了问题，即使给孩子保得再多可能都没有用。因为孩子的保险此时没到期，保险的现金价值低，就不能解决家庭面临的困难。如果有足够的经济实力，为家庭里的每个人都购买一份保险最好。

（五）选择合适的保险产品

购买保险产品时，个人和家庭应根据自身风险保障需求，综合考虑家庭状况、经济条件，以及产品价格和保额等因素进行理性选择。

1. 对比保障范围

选择合适的保险产品不能只考虑价格，一定要结合保险合同中具体的保障责任范围来比较。比如，A公司的一款重疾保险仅涵盖了重疾和身故保障利益，B公司的疾病保险则涵盖了重疾、老年护理、全残、身故、各类意外身故或烧伤、重大自然灾害额外保障等多种保障利益。显然不能简单地说，A公司的产品比B公司的产品便宜，就优选A公司产品，因为两者的保障范围差异较大。因此，在选择险种时，不仅是不同险种之间的对比，同类险种、名称相同的产品，也要认真对比保障责任范围是否相同。

2. 对比保险产品价格

保险产品价格，即保险费率。不同保险公司的同类保险费率也会有差异。即使是同一家公司推出的同类产品，也可能出现价格差异。因此，对比保险产品价格是挑选保险产品时必要的一步。如意外险，在保险责任和免责范围相同的情况下，同样投保15万元保额，35岁的女性去购买，A公司给出的价格是100元，B公司给出的价格是150元，C公司给出的价格是200元，存在差异自然要货比三家。

3. 对比免除条款责任范围

免除条款责任范围又称"除外责任"，是指保单列明的不负赔偿责任的范围。因此，在对比不同公司相同保险品种时，除对比价格和保障责任范围之外，还应对比免除条款责任范围。

4. 对比各种条件设置

在保险产品的价格、保障责任范围、免除责任范围都相同的情况下，也可能出现性价比的差异。因为保险条款存在各种条件设置，如"观察期""免赔天数"等条件设置的不同，在健康医疗保险的比较中，特别要注意这些。

5. 对比收入水平

如果购买分红险、万能险、投资连结保险等具有投资理财功能的险种，则要对比各自的收益水平情况。对于分红险、万能险、投资连结保险，缴纳的保险费仅仅是其真正价格的一部分，还有一部分的"价格"可以从今后的收益来得到体现。也就是说，如果今后收益回报高，那么相当于抵消了一部分的价格成本。

6. 不同类型险种的优先顺序选择

如果有充足的资金把所有的保障买齐全，那是最好的，但如果资金有限，就需要根据轻重缓急和经济实力按照一定顺序来购买保险。面对种类繁多的保险，首先应该购买意外、重疾这类的基础保障，然后考虑寿险、养老险和子女教育险，最后是投资类保险，千万不要买错了先后顺序。

阅读思考 5-4 ---

如何在多样化的保障中做出理性决策

王女士今年35岁，刚刚开始接触保险产品。她想为自己和家人购买一份全面的保险保障，但面对市场上种类繁多的保险产品，感到非常困惑。她了解到，不同公司的保险产品在保障范围、价格、免除责任条款以及条件设置等方面都有所不同，有些保险产品甚至还包含了投资功能，这让她在选择时更加犹豫不决。

王女士的预算有限，她希望能在有限的资金范围内为自己和家人获得最合适的保障。为了做出理性的决策，王女士决定从保障范围、价格、免除责任条款以及其他条件等方面，对比不同保险公司的产品，并优先选择符合自己需求的险种。

资料来源：根据相关资料整理自编。

思考：如果王女士的预算有限，面对种类繁多的保险产品，她应如何优先选择不同类型的险种？请列出优先顺序并说明理由。

笔记：_____

_____

_____

（六）合理确定保险期限

保险期限也称保险期间，是指保险合同的有效期限，即保险合同双方履行权利和义务的起讫时间。由于保险期限既是计算保险费的依据，又是保险人和被保险人双方履行权利和义务的责任期限，因此保险人应根据被保险人的风险存在时间、实际需求状况及缴费能力加以合理确定。保险期限并非越长越好，因为在很多情况下保障期限过长并没有实际的必要和效果。例如，对固定保险金额的保险来说，保障到80岁比保障到70岁，虽然可以多保障10年，但是考虑到通货膨胀因素的影响，相同保额的实际保障能力是急剧萎缩的。

财经知识窗 5-8

一般家庭选择的保险产品主要有：

1. 意外伤害保险：保障意外导致的身故、残疾，适合家庭所有成员，保费低廉。

2. 重大疾病保险：覆盖多种重大疾病，适合家庭经济支柱和老人。

3. 人寿保险：提供身故保障，适合家庭经济支柱，确保家人经济支持。

4. 医疗保险：报销住院及手术费用，适合全家，尤其是小孩和老人。

5. 机动车辆保险：保障家庭出行安全。

6. 子女教育保险：为子女未来教育储备资金，适合有子女的家庭。

7. 家庭财产保险：保障房屋及财产安全，适合拥有自住房的家庭。

二、投保、理赔的流程和注意事项

投保涉及选择保险、申请、审核和支付，其中诚信和明智选择至关重要。而理赔则要求及时报案、提交资料和等待审核，强调准确性和及时性。接下来，让我们深入探索如何在生活的各个阶段做出最佳的保险选择。

（一）投保的流程和注意事项

1. 投保的流程

目前，一般1年期以内的标准化保险产品，可在保险公司网站直接购买，而1年期以上的人寿保险产品，需要通过具有执业资格的保险公司、保险经纪人、保险代理人来购买。无论是在网上还是在保险中介购买保险产品，投保的流程如图5-3所示。

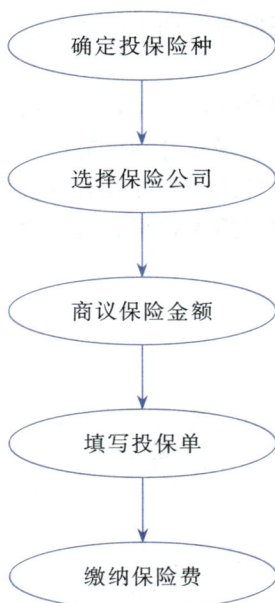

图5-3 投保的流程

（1）确定投保险种：寿险市场提供多样化的险种，包括健康保险、人寿保险、少儿保险、团体保险、意外保险和投资型保险等。根据您的具体需求，选择最合适的险种是关键。这不仅涉及选择针对个人还是团体的保险，还包括考虑责任范围和是否需要附加险的选项。

（2）选择保险公司：国内的寿险公司众多，包括知名的中国人寿、中国太平洋保险、中国平安、新华保险、泰康保险，以及其他合资和外资公司。选择一家综合实力强、信誉良好、价格合理且提供优质售后服务的保险公司是至关重要的。

（3）商议保险金额：保险金额通常设有最高限制，不同的保险公司对此有不同的规定。根据您的财务状况和实际需求，确定一个合理的保险金额，这将成为您未来获得满意赔偿的基础。

（4）填写投保单：明确指出被保险人和受益人的相关信息，包括姓名、年龄、性别、健康状况等。准确填写投保人的联系信息，包括地址、电话和银行账号等，确保所有业务联系的顺畅。

（5）缴纳保险费：缴纳保险费可以选择一次性支付或分期缴纳。确保按时缴费是维持保险有效的前提。

2. 投保的注意事项

（1）诚实的健康告知。当投保某些保险产品时，如实进行健康告知至关重要。被保险人必须真实反映自己的健康状况。任何隐瞒或误报都可能导致未来理赔请求被拒绝。

（2）细致阅读保险合同。理赔将严格按照保险合同执行，深入理解保险合同的条款，尤其是免责条款，是确保顺利理赔的关键。免责条款的内容越少，通常意味着对被保险人越有利。

（3）明确受益人。虽然许多保险合同中的受益人是法定的，但指定受益人可以避免理赔过程中的不必要麻烦。

在处理完以上事项后，保险合同即可签订，随后被保险人将收到合同，保险在过渡期后正式生效。值得注意的是，保险合同可能没有等待期，该期间内发生的某些保险事件可能不予赔偿。通常，意外伤害保险没有等待期，而疾病医疗保险则设有特定的等待期。完成这些步骤后，被保险人将正式进入保障期，并在保障期内继续缴纳保费以享受保障。

（二）理赔的流程和注意事项

1. 理赔的流程

理赔的流程如图5-4所示。

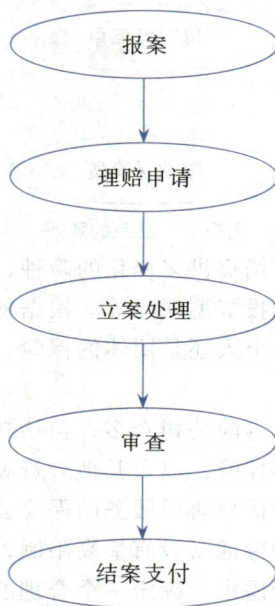

报案

↓

理赔申请

↓

立案处理

↓

审查

↓

结案支付

图5-4　理赔的流程

（1）报案。报案是指及时将保险事故通知保险公司，是投保人、被保险人或受益人履行的一项基本义务，是索赔流程的第一步。一旦发生保险事故，首先要做的是尽快向保险公司报案，提供初步的事故信息。报案的途径有多种方式，如可以通过电话、微信小程序、保险机构专属APP等方式进行报案。报案时，这三类信息一定要有：一是出险事故信息，包括出险时间、出险地点（意外）、出险情况（门诊/住院+医院名称+病情）、出险人目前的情况等；二是出险人信息，包括出险人的姓名、身份证号或保单号，以便查找确定出险人的投保信息；三是报案人信息，包括报案人的姓名、联系电话、报案人和出险人的关系等。

（2）理赔申请。索赔是在保险合同有效期内，发生保险事故后，被保险人或受益人根据合同向保险公司请求赔偿损失或给付保险金的正式行为。保险事故发生后，被保险人或受益人需要在规定的时效内向保险公司提出索赔，确保所提供的索赔资料完整无缺。这些资料通常包括事故报告、医疗记录、维修账单、警方报告等，具体取决于事故类型。

（3）立案处理。保险公司受理人员在接收并审核所有材料后，出具一份《理赔资料受理凭证》。若资料不全，应及时通知索赔者补齐。仅当索赔申请满足保险合同责任范围内的条件时，才能进行立案处理。

（4）审查。核赔人员对索赔案件进行初步审查，包括验证保险合同的有效性、事故的性质以及提供的证明材料的完整性和真实性。此阶段也会评估是否需要进行理赔调查。对需要进一步核实的案件，指派调查人员进行详细调查，确保所获信息的准确性和客观性。

（5）结案支付。在处理保险理赔案件的最终阶段，结案工作的执行如下所述：结案人员根据理赔审批结果，准备"给付通知书"或"拒付/豁免保险通知书"，明确理赔决定。对于拒付案件，通知书中需要详细说明拒付的原因，以及任何保险合同终止的相关信息。如有退还的保费，通知书将注明退费金额及领款人信息，并提示领款细节。正常赔付案件，及时支付赔偿金。

2. 理赔的注意事项

（1）及时报案：保险公司通常设有报案时间限制，超过时限可能影响理赔。

（2）完整准确的材料提交：提交的理赔材料需要全面且准确，缺失或错误的信息可能导致理赔延迟或拒赔。

（3）保留证据：从事故发生起，保留所有可能的相关证据，包括事故现场照片、目击者信息等，这些证据对于理赔审核非常重要。

（4）理解保险合同：详细了解保险合同中的条款，特别是关于理赔的规定，包括但不限于免赔额、赔偿限额、特定免责条款等。

（5）避免延误：在整个理赔过程中，与保险公司保持良好沟通，避免延误。

通过遵守这些流程和注意事项，被保险人可以在遭遇不幸时，更加顺畅地完成理赔过程，及时获得应有的经济补偿。这不仅减轻了财务负担，也为恢复正常生活提供了支持。

☑ **课堂互动 5-5** --

假设张先生购买了一份综合家庭保险，该保险覆盖住宅火灾、盗窃以及家庭成员的意外伤害。一天，张先生在外地出差期间，他的住宅不幸发生火灾，导致部分财产损失和家具损毁。幸运的是，没有人员伤亡。张先生通过保险公司的 APP 报案，并提交了火灾事故的相关证明和资料。

1. 根据投保流程，张先生在购买保险时应该注意哪些关键点以确保他的保险需求得到满足？

2. 描述张先生在报案后应遵循的理赔流程步骤，包括他需要提交哪些关键文件和资料。

笔记：_____

_____

_____

▶ 育德育才　　　　　　保险业如何服务中国式现代化

在党的二十大报告中，习近平总书记擘画了以中国式现代化全面推进中华民族伟大复兴的宏伟蓝图，概括提出并深刻阐释了中国式现代化理论。作为经济"减震器"和社会"稳定器"的保险业，如何全方位服务中国式现代化？

2023年11月19日，由中国社会保障学会主办、中国社会保障学会商业保险研究分会承办的第二届全国商业保险发展研讨会以"与中国式现代化同行，保险再出发"为主题，由政府及监管机构有关负责人、高校与研究机构的专家学者以及保险企业代表共商、共建、共享保险治理新格局，夯实保险服务中国式现代化建设之路。保险在服务中国式现代化中发挥着重要作用，尤其是商业保险，不仅是我国社会保障事业高质量发展的重点领域，更是推动现代化建设的一支重要力量，商业保险的研究与发展事关国计民生，事关全局。社会建设委员会委员郑功成在发言中表示，在中国式现代化建设全面提速、走向共同富裕步伐明显加快的时代背景下，保险业的发展也需要赋予加速度，应不断增强保险业的吸引力、公信力与保障能力，充分发挥其有效管控风险、补偿损失、持续保障和不断提升人民群众生活品质的功能，进而为国家现代化与全体人民共同富裕做出应有的新贡献。"保险业作为国家金融体系的重要组成部分，应发挥更大的作用，以更好地服务经济建设、民生幸福、国家安全等各个方面。"中国保险学会原会长罗忠敏指出，如何让商业保险更好地适应中国式现代化的需要，如何更好地满足人民对健康、养老、财产、生活等多方面保障的需求，如何推动保险业创新发展，如何更好地服务国家战略是我们需要思考的问题。

面向未来，郑功成指出，一是商业保险发展还相对滞后，但市场广阔、机遇无限；二是要以创新精神开创保险业发展新局面，要做到理念要先进、产品要创新、目标要明确、经营手段要现代化；三是促使保险业高质量发展，关键是找准五个定位，即在国家现代化建设全局和共同富裕大局中的定位、在国家金融体系中的定位、在多层次社会保障体系中的定位、在灾害损失补偿体系中的定位、在助力人民幸福生活中的定位，同时增强公信力，以高质量的保险专业服务努力将潜在需求者变成现实消费者，最终成长为国民经济持续健康发展的支柱性产业和维系社会安全、人民安居乐业的有力机制。

资料来源：杨萌.推动保险业高质量发展 助力中国式现代化建设［EB/OL］.［2024-06-28］.http://www.xinhuanet.com/money/20240628/d7e8092cde74424fa23489f811742299/c.html.

思考：保险业如何全方位服务中国式现代化，作为大学生我们有哪些使命和担当？

笔记：_____

_____

_____

课后训练

一、选择题

1.风险的定义是（　　）。

A.事件的确定性　　　　　　　　　　　B.对未来结果的确定预期

C.对某特定事件未来结果的不确定性　　D.事件的预期收益

2.家庭面临的纯粹风险不包括（　　）。

A.财产风险　　　　B.责任风险　　　　C.投资风险　　　　D.人身风险

3.风险管理的主要目标是（　　）。

A.最大化收益　　　　　　　　　　　　B.最小化成本，同时保证安全的最大化

C.风险投资　　　　　　　　　　　　　D.增加财产价值

4.当一个人刚刚步入职场，开始独立生活时，他应该优先考虑购买的保险是（　　）。

A.养老保险　　　　B.教育保险　　　　C.意外伤害保险　　　D.终身寿险

5.当计算一个人的生命价值以确定适当的保险金额时，（　　）步骤不是生命价值法的组成部分。

A.估计被保险人未来的年平均收入

B.确定被保险人的退休年龄

C.从年收入中扣除税收、保费、生活费等支出

D.比较不同保险公司提供的相同保险产品的费率

6.保险在财富管理中发挥着重要作用，包括（　　）。

A.保险可以帮助企业及时恢复生产

B.保险可以作为一种储蓄和投资工具，提供长期的财务保障

C.保险可以促进社会的稳定

D.保险可以帮助个人和家庭化解不可预知的生命风险

7.投保时应注意的事项包括（　　）。

A.诚实进行健康告知　　　　　　　　　B.细致阅读保险合同

C.明确受益人　　　　　　　　　　　　D.选择保险期间最短的产品

8.保障型保险旨在为被保人提供一份切实有效的保障，其费用相对较低，（　　）属于保障型保险的类型。

A.意外伤害保险　　B.养老保险　　　　C.重大疾病保险　　　D.投资型保险

9.在选择保险公司时，（　　）因素是最重要的。

A.财务稳定性和可靠性　　　　　　　　B.产品范围

C.客户服务质量　　　　　　　　　　　D.理赔历史和过程

E.价格和价值

10.在不同的人生阶段，保险需求会发生变化。在特定阶段需要重点考虑的保险类型有（　　）。

A.定期死亡保险适合单身期

B.家庭形成期应考虑定期险和意外险

C.家庭成长期需要人寿保险和重大疾病保险

D.退休老年期应优先考虑养老保险和老年护理保险

二、技能训练

1.作为即将步入社会的大学生，保险可以为你提供哪些保障？

2.设计一份针对大学生的问卷，调查大学生对保险的认知、现有的保险保障情况以及对保险产品的需求和偏好。收集至少30份有效问卷数据，并进行分析。

三、财经实践

案例情景：张先生是一家中型企业的销售经理，今年刚刚40岁，他的妻子张太太是一名小学教师，他们有一个8岁的儿子小明。张先生一家居住在一座繁忙的城市里，他们的生活较为舒适。最近，张先生意识到家庭保障的重要性，决定为一家三口购买保险。在与保险业务人员的初步沟通中，张先生提供了以下信息：张先生目前健康状况良好，但有家族高血压病史，其工作性质让他面临较高的职业风险。张太太的工作压力较小，她整体健康情况较好，但有轻微的过敏症状。小明正处于成长阶段，需要考虑未来的教育和健康保障。

要求：请为张先生家庭挑选合适的保险产品（以小组为单位完成任务）。

项目六

防范理财风险

学习目标

知识目标

1. 了解身边常见的理财陷阱及防范方法；
2. 掌握金融风险防范的基本方法；
3. 理解清廉金融的重要性及其在个人和社会中的作用。

技能目标

1. 具备独立思考能力，对各种金融信息和建议进行自主分析和判断；
2. 能够识别金融诈骗，如庞氏骗局和互联网金融陷阱等。

素养目标

1. 增强风险意识，树立正确理性的投资观念，避免被不合理的高收益诱惑；
2. 培养社会责任意识，认识到个人行为对社会金融环境的影响。

课前思考

1.你知道有哪些高收益投资项目？你是如何看待的？

2.在网上搜索《中华人民共和国反洗钱法》，了解其主要内容，并思考这部法规如何影响我们的日常生活。

笔记：_____

_____

_____

财经智慧小贴士

1.保持警惕：对任何"稳赚不赔"的投资机会持怀疑态度。

2.独立思考：不要盲目信任"专家"意见，学会自主分析和判断。

3.验证信息：在做出投资决策前，务必核实信息来源的可靠性。

4.理性对待亲友推荐：即使是亲朋好友的推荐，也要客观评估其中的风险。

5.持续学习：不断提升自己的金融知识，这是防范理财陷阱的最好武器。

任务1　身边的理财陷阱

随着经济的快速发展和金融市场的日益复杂，个人理财逐渐成为现代人生活中不可或缺的一部分。理财不仅是积累财富的手段，还是保障个人和家庭财务安全的关键。然而，在追求财富增值的过程中，越来越多的投资者面临着各种各样的理财陷阱。这些陷阱往往以高收益、低风险为诱饵，通过非法集资、庞氏骗局、虚假理财产品等方式，诱导投资者误入其中，最终导致财产损失。

了解和识别这些理财陷阱，对投资者而言至关重要。这不仅有助于保护个人财产，还能增强投资者的风险意识，避免因盲目跟风或贪图高利而陷入骗局。任务1将深入探讨常见的理财陷阱类型，分析这些陷阱的运作模式，并提供实用的防范策略，帮助投资者在复杂的金融市场中保持清醒和警觉。

一、常见的理财陷阱

（一）非法集资

非法集资是指未经国家有关部门批准，非法向社会公众或特定对象募集资金的行为。非法集资通常以虚假项目、高回报、低风险为诱饵，吸引公众投资，实质上是利用不正当手段吸收资金，具有高度的欺骗性和隐蔽性。非法集资行为不仅违反了国家金融管理法规，还严重扰乱了金融市场秩序，对社会经济发展造成了极大的危害。

非法集资具有以下典型特征：

无合法资质：非法集资的组织者通常不具备开展金融业务的合法资质，无法提供国家批准的金融牌照或相关证书。

高回报承诺：为了吸引投资者，非法集资项目通常承诺高额回报，这些回报往往远高于市场正常水平，以此诱导投资者上当。

资金用途不明：非法集资项目的资金去向通常不透明，组织者不会公开真实的资金用途，投资者难以追踪自己的资金流向。

虚假宣传：非法集资项目通常通过虚假宣传，夸大项目的盈利能力和发展前景，误导投资者做出错误的投资决策。

（二）庞氏骗局

庞氏骗局是一种典型的金融欺诈模式，其基本运作原理是利用新投资者的资金支付早期投资者的回报，制造出项目盈利的假象，从而吸引更多的资金投入。庞氏骗局的核心在于不断吸引新资金进入，以维持支付早期投资者的回报。当新资金不足以支持支付需求时，整个资金链便会断裂，导致骗局崩盘，大多数投资者将面临巨额损失。

1. 典型特征

高收益承诺：庞氏骗局的组织者通常承诺投资者远高于市场平均水平的回报，以吸引大量资金投入。

缺乏实际投资项目：庞氏骗局往往没有实际的投资项目支撑，其所谓的投资收益完全依赖于不断吸引新投资者的资金流入。

脆弱的资金链：庞氏骗局的资金链极其脆弱，一旦新投资者减少或资金链断裂，整个骗局便会迅速崩溃。

2. 如何识别庞氏骗局

识别庞氏骗局的关键在于认清其"拆东墙补西墙"的本质。投资者在面对高回报的投资项目时，应保持高度警惕，特别是那些没有明确投资方向和实际项目支持的投资计划。

历史上，庞氏骗局的受害者众多，且涉及金额巨大。最著名的案例莫过于2008年揭露的麦道夫骗局，该骗局长达数十年，涉及数十亿美元，最终导致全球成千上万的投资者损失惨重。这一案例提醒我们，面对高回报承诺时，投资者应保持理性，深入了解项目的真实情况，避免陷入骗局。

拓展阅读6-1

庞氏骗局的
由来

财经知识窗 6-1

金字塔式传销的本质是一种"庞氏骗局"，即利用新投资者的钱向老投资者支付利息和短期回报，通过制造赚钱假象骗取更多的投资，金字塔式传销的投资者结构呈金字塔形状，塔尖的少数知情者通过榨取塔底和塔中的大量参与者而牟利，这种模式要求不断增加新会员及其投资，而不是通过销售和配销真实的商品给实际使用或消费这些商品的人。参与者需要支付一定的入会费或购买产品，然后通过发展下线来获得回报。这种回报主要来自新加入者的入会费或购买产品的费用。随着新加入者的增加，金字塔逐渐扩大，但最终由于新加入者的数量有限，整个系统会崩溃，导致后来加入的投资者血本无归。

（三）虚假理财产品

虚假理财产品是指通过伪造或夸大宣传的方式，误导投资者购买不存在或无法兑现的投资产品。这类产品通常打着"保本高收益"的旗号，吸引不具备专业金融知识的投资者，最终导致投资者的财产损失。

1. 常见形式

伪造合同与宣传材料：不法分子通过伪造正规金融机构的合同文件和宣传材料，使理财产品看似合法合规，但实际上这些文件可能是完全虚构的。

冒充知名金融机构：诈骗者常冒充知名金融机构工作人员，推广所谓的"独家理财产品"，以骗取投资者的信任。

虚假承诺与过度营销：虚假理财产品的销售通常伴随着不切实际的收益承诺和过度的销售压力，旨在快速获取投资者的资金。

2. 识别关键特征

合法资质：投资者应核实理财产品发行方的合法资质，确认其是否具备相关的金融业务牌照。

合理收益率：投资者应审慎对待高于市场平均水平的收益率承诺，合理的投资回报通常与风险成正比，过高的收益往往意味着存在隐藏的高风险甚至欺诈行为。

信息透明度：理财产品的合约和宣传材料应清晰透明，投资者应能轻松获取和理解产品的运作机制、资金用途和风险提示。如果产品信息不透明或含糊不清，则需提高警惕。

（四）网络金融诈骗

随着互联网技术的快速发展，网络金融诈骗手段也变得越来越多样化和隐蔽。诈骗者利用网络平台的匿名性和虚拟性，进行各种金融诈骗活动。

1. 常见手段

钓鱼网站：诈骗者通过伪造与正规金融机构极为相似的网站，诱导用户输入银行账户、密码等敏感信息，从而盗取资金。

虚假投资平台：诈骗者设立虚假的投资网站或应用程序，吸引投资者注册并存入资金，之后诈骗者关闭平台，携款潜逃。

社交媒体上的投资骗局：诈骗者利用社交媒体平台，冒充投资专家或金融顾问，推广虚假的投资机会，诱骗投资者上当。

2. 防范方法

核实网站或平台的合法性：在进行任何金融交易前，投资者应通过官方渠道核实网站或平台的合法性，避免在可疑或不明来路的网站上输入敏感信息。

避免点击不明链接：不要轻易点击通过电子邮件、短信或社交媒体发送的陌生链接，这些链接可能会将用户引导至钓鱼网站或恶意软件下载页面。

使用安全的网络连接：在进行在线金融交易时，确保使用安全的网络连接，避免在公共 Wi-Fi 环境下进行重要的财务操作。

警惕过于诱人的投资机会：如果某项投资机会看起来好得令人难以置信，那么它很可能是一个骗局。投资者应保持理性，避免被高回报的承诺冲昏头脑。

二、理财陷阱的心理因素

理财陷阱不仅仅依靠复杂的金融手段来欺骗投资者，往往还利用了人们的心理弱点和认知偏差。这些心理因素在投资决策中起着至关重要的作用，骗子正是通过操纵这些心理弱点，诱导投资者做出错误的决策。了解这些心理因素，有助于投资者在面对诱惑时保持清醒，从而避免落入陷阱。

（一）高收益诱惑

高收益与高风险的关系：投资回报和风险之间存在正相关的关系，即高回报通常伴随着高风险。然而，许多理财陷阱正是利用了投资者对高收益的渴望，承诺远高于市场平均水平的回报，吸引投资者参与。投资者在追求高收益时，往往忽视了潜在的高风险，甚至完全忽略了项目的真实性和可行性。

1. 骗子的常见手法

夸大收益：通过伪造或篡改项目的历史业绩，或虚构未来收益的可能性，使投资者误以为项目具备极高的盈利能力。

保证无风险：许多骗局承诺"保本高收益"，即在承诺高额回报的同时，声称投资没有任何风险。这种不切实际的承诺往往会打消投资者的疑虑，使他们忽视对项目潜在风险的评估。

制造紧迫感：通过设置投资期限或名额限制，骗子制造出一种投资机会稍纵即逝的紧迫感，迫使投资者在短时间内做出决策，而无暇仔细考察和思考。

2. 投资者如何保持理性

面对高收益的诱惑，投资者必须意识到"天上不会掉馅饼"的道理。高收益往往意味着高风险，甚至是骗局。理性投资者应做到以下几点：

全面了解项目：在投资前，充分了解项目的背景、资金用途、运作模式及收益来源，不要盲目相信高回报承诺。

评估风险：在评估收益的同时，要全面考量项目的风险因素，合理判断项目的可行性。

咨询专业意见：在无法判断投资项目的风险时，咨询专业的金融顾问或机构，获取客观的投资建议。

✓ **课堂互动 6-1** ————————————————————————

假设你遇到了以下情况，哪种情况应该引起你的警惕？

A. 一位"专家"声称他有一个稳赚不赔的投资方法，但需要你先付一笔"咨询费"

B. 一位分析师在电视上分享了他对市场的看法，并承认预测可能会出错

C. 一位理财顾问建议你根据自己的风险承受能力和长期目标来制订投资计划

D. 一位"股神"在社交媒体上发布每日股票推荐，并声称准确率高达99%

笔记：＿＿＿＿＿＿＿＿＿＿＿＿＿＿＿＿＿＿＿＿＿＿＿＿＿＿＿＿＿＿＿＿＿

＿＿＿＿＿＿＿＿＿＿＿＿＿＿＿＿＿＿＿＿＿＿＿＿＿＿＿＿＿＿＿＿＿＿＿＿＿

＿＿＿＿＿＿＿＿＿＿＿＿＿＿＿＿＿＿＿＿＿＿＿＿＿＿＿＿＿＿＿＿＿＿＿＿＿

（二）投资者的盲目跟风

群体效应的分析：在投资决策中，许多人会因为看到身边的朋友、家人或同事参与某个投资项目而选择跟随，认为"大家都投了，我也不会错"。这种"羊群效应"

在金融市场中非常普遍，投资者往往会忽视自身判断，随波逐流。这种盲目跟风的心理，正是许多理财陷阱得以扩大的重要原因。

1. 骗子利用群体效应的策略

营造虚假的投资热潮：通过媒体宣传、口碑营销等手段，制造出某一投资项目或产品的火热场面，让投资者产生"错过即损失"的心理压力，从而匆忙做出投资决定。

假扮成功投资者：在社交媒体、论坛或微信群中，安排"托"假扮成成功的投资者，不断分享投资成功的喜悦与收益，吸引更多人参与投资。

2. 如何避免盲目跟风

避免盲目跟风，需要投资者在做出投资决策时独立思考，充分分析和理解项目的风险和收益，不能因为他人的行为而动摇自己的判断。具体建议包括：

独立思考与决策：在任何投资决策中，保持独立思考，充分分析投资机会的实际情况，避免被群体行为左右。

理性分析市场信息：在获取投资信息时，要学会辨别信息的真实性和可靠性，避免被夸大的宣传和虚假信息误导。

警惕过度宣传的投资项目：对于那些通过大量广告、名人代言、媒体炒作等手段大肆宣传的投资项目，要保持警惕，认真评估其真实价值和潜在风险。

（三）从众心理与社交压力

1. 从众心理的影响

从众心理是一种普遍存在的人类心理现象，指的是个人在群体中往往倾向于顺从他人的行为和决策，认为"这么多人都在做，这件事应该是对的"。在投资决策中，从众心理会导致投资者忽视个体判断，依赖他人的行为来决定自己的行动，这使得许多理财陷阱能够快速扩散和扩大。

2. 社交压力的驱动

除了从众心理外，社交压力也是促使人们陷入理财陷阱的重要因素。在社交场合中，投资者可能会因为不想显得"落后于他人"而参与某些投资项目，或者因为周围的同事、朋友都在讨论某个投资机会，而觉得自己必须加入其中。这种社交压力使得投资者容易忽视潜在风险，盲目投入。

3. 如何抵御从众心理与社交压力

增强金融知识：通过学习金融知识，提升自身的投资判断力和风险识别能力，使自己能够在面对复杂的投资决策时保持独立思考。

设定投资目标：明确自己的投资目标和风险承受能力，避免因社交压力而偏离既定的投资策略。

谨慎选择投资圈子：参与金融投资时，应选择那些有理性投资观念、注重风险控制的圈子，避免陷入盲目跟风的环境中。

财经知识窗 6-2

行为金融学揭示了人类在金融决策中的种种非理性行为，这些行为往往会影响投资者的风险判断与财富管理。传统金融理论假设人类是理性的，但在现实中，过度自信、损失厌恶、从众效应等行为偏差常常导致错误的投资决策。例如，投资者可能因过度自信而高估自己的投资能力，忽视潜在风险，或因从众效应而在市场高峰时盲目跟风买入高估值资产。

✓ **阅读思考 6-1** --

云联惠传销案

2015年，一个名为"云联惠"的组织在广州成立。该组织打着"互联网+""共享经济"的旗号，声称只要加入他们的"致富计划"，就能轻松赚大钱。他们采用了一种巧妙的方式来发展会员：鼓励现有会员拉拢亲朋好友加入。

小张就是通过表姐的热情推荐加入了云联惠。表姐向他描绘了一幅美好的前景："只要投资5 000元，每天看看广告，再发展几个下线，很快就能月入过万！"小张被这诱人的前景吸引，毫不犹豫地投资了。

起初，小张确实看到了一些收益。这让他更加相信表姐的话，甚至开始向自己的朋友推荐这个"致富良机"。然而，好景不长。2017年7月，云联惠突然崩塌，小张不仅损失了自己的投资，还因为自己的推荐导致几个朋友也遭受了损失。

调查显示，云联惠实际上是一个典型的传销组织。它通过"拉人头"的方式快速扩张，利用亲友关系来增强可信度和凝聚力。最终，该案件涉及会员900多万人，涉案金额高达360多亿元。

资料来源：根据网络公开资料整理自编。

思考：1.如何在维护人际关系的同时保护自己的财产？

2.你是否遇到过亲友推荐投资的情况？当时你是如何应对的？

笔记：_____

_____

_____

三、如何识别和规避理财陷阱

面对层出不穷的理财陷阱，投资者不仅需要提高对各类骗局的认知，更需要掌握有效的识别与规避方法，以便在纷繁复杂的投资环境中保护自己的财富安全。识别和规避理财陷阱，不仅依赖于个人的金融知识和经验，还需要借助法律、政策的保障以及专业金融机构的支持。以下将从法律与政策的保障、个人理财风险意识的培养以及借助专业金融机构三个方面，详细探讨如何识别和规避理财陷阱。

（一）利用法律与政策的保障

国家为了保护投资者权益，制定了诸多法律法规来规范金融市场，打击非法集资、金融诈骗等行为。例如，《中华人民共和国证券法》《中华人民共和国银行业监督管理法》《防范和处置非法集资条例》等法律法规，对金融机构的运作、金融产品的发行以及市场交易行为进行了明确规定。同时，国家不断加强金融监管力度，严厉打击各类金融犯罪行为，以保障市场的健康运行。

近年来，随着非法集资、庞氏骗局等案件的增多，国家加大了对金融犯罪的打击力度。一方面，政府通过加强立法、完善金融监管体系，来确保金融市场的透明度和公正性；另一方面，司法机关加大了对金融犯罪的查处力度，严惩金融诈骗行为，保护投资者的合法权益。多地公安机关开展了打击非法集资犯罪专项行动，成功侦破了多起重大金融诈骗案件，追回了大量被非法占用的资金。

作为投资者，应具备基本的法律意识，了解与投资相关的法律法规。在面对高收益的投资机会时，应主动核实项目是否合法，是否获得了相关部门的批准。对于那些没有合法资质或运作方式不透明的项目，应果断拒绝参与。此外，如果发现自己可能遭遇了金融诈骗，应及时向相关部门举报，并通过法律手段维护自己的权益。

(二) 培养个人理财风险意识

风险意识是防范理财陷阱的第一道防线。投资者在进行投资决策前，需要清楚了解所面临的风险，并做好心理准备。

1. 提高个人理财风险意识的方法

学习金融知识：通过学习基本的金融知识，了解不同投资产品的风险特征和收益预期。金融知识的积累不仅能帮助投资者识别陷阱，还能帮助投资者更好地进行资产配置和风险管理。

关注市场动态：及时关注市场变化和宏观经济政策，了解市场的潜在风险因素。例如，在经济下行期，某些高风险的投资产品可能会因市场动荡而出现问题，投资者需保持警觉。

谨慎对待高收益承诺：高收益通常伴随着高风险。面对不合常理的高收益承诺，投资者应保持理性，避免被短期利益所迷惑。

2. 如何识别理财陷阱

核实项目的合法性：投资者应首先核实投资项目的合法性，确保项目发起方具有相关金融业务资质。投资者可以通过查阅工商登记信息、咨询相关监管部门等方式来确认项目的合法性。

考察资金流向：透明的资金流向是合法投资项目的重要特征之一。投资者应了解所投资金的具体用途，并确保资金流向与项目宣传内容一致。如果资金用途模糊不清或与宣传不符，投资者应提高警惕。

审查项目背景：合法的投资项目通常会公开详细的项目背景、资金用途以及可能的风险提示。投资者应仔细审查这些信息，确保其真实性和合理性。

咨询专业意见：在遇到不确定的投资项目时，投资者可以寻求专业金融顾问或机构的帮助，获得客观的意见和建议。

财经知识窗 6-3

为自己制定一个"冷静期"规则，如在做出任何投资决定之前，强制自己等待48小时。利用这段时间冷静思考，收集更多信息。

采用"50-30-20"法则管理个人财务。将收入的50%用于必需开支，30%用于个人消费，最多20%用于投资理财。在这20%中，再次细分不同风险等级的投资比例。

（三）借助专业金融机构

正规金融机构经过国家相关部门的批准和监管，其金融产品和服务通常具有较高的安全性和可靠性。投资者在进行理财时，应优先选择正规金融机构提供的产品和服务，以降低投资风险。在选择合适的理财机构上，我们应该注意以下几点：

资质和信誉：投资者应选择具有合法资质和良好信誉的金融机构。投资者可以通过查阅机构的注册信息、过往业绩以及客户评价，来评估其可信度。

产品的透明度：正规的理财机构通常会提供详细的产品说明，包括风险提示、收益预期以及资金用途等信息。投资者应选择信息透明、运作规范的理财产品。

专业的客户服务：优质的理财机构通常会提供专业的客户服务，包括风险评估、投资建议等。投资者应选择那些能提供全面、专业服务的机构，以确保在投资过程中获得充分的支持。

拓展阅读 6-2

防范金融投资
诈骗典型案例
（节选）

任务 2　财富管理风险防范

风险在日常生活中无处不在，尤其在财富管理和投资领域。例如，选择购买哪种保险、决定是否申请贷款，甚至是选择消费或储蓄，都会涉及一定的风险。认识到这些日常生活中的风险，有助于我们更好地做出理性的财务决策，并采取措施来管理这些风险。

一、生活中常见的风险

风险管理并非限于投资理财，它在我们的日常生活中也扮演着重要角色。以下是几个与大学生日常生活密切相关的风险例子，通过这些例子，我们可以更好地理解风险管理的概念。

1. 购物决策中的风险

当我们购买商品或服务时，总是面临不同选择带来的不确定性，这种不确定性就构成了风险。例如，在选择购买某种品牌的电子产品时，我们可能会考虑价格、质量和售后服务的差异。如果选择价格较低但质量不可靠的产品，可能会面临产品故障或更高的维修成本。为了减少这种风险，我们通常会参考产品评价、品牌信誉等信息，做出更理性的购买决策。

2. 保险选择中的风险

保险是一种典型的风险管理工具，但在选择保险产品时，也会面临风险。例如，在购买健康保险时，投保人需要在不同的保险计划中做出选择。这些计划在保费、保障范围和赔付条件上可能存在很大差异。如果选择了保障范围不足的保险计划，当发生意外时，可能无法获得足够的经济补偿。因此，在选择保险时，了解自身需求并仔细比较不同保险产品的条款至关重要。

3. 投资理财中的风险

即使是最简单的理财方式，如银行存款，也存在一定的风险。例如，存款利率的变化可能导致实际收益的波动。对于风险承受能力较低的学生，选择定期存款或货币基金可能是较为安全的理财方式；而对于风险承受能力较高的学生，则可能会考虑通过投资股票或基金来追求更高的回报。在做出任何投资决策前，了解相关的风险并根据自身的财务状况做出合理选择是非常重要的。

☑ 阅读思考 6-2

非法荐股诱骗股民高位接盘诈骗

小李是个刚入市的股民，总觉得自己赚钱的速度跟不上物价上涨。一天，他在刷微博时看到一篇文章，标题很吸引人——《三天翻倍，股神赵荣庆的秘诀》。抱着试试看的心态，小李添加了文章下方的微信号。没想到，这一添加竟开启了一段惊心动魄的"炒股"之旅。

微信通过的当天，小李就被拉进了一个热闹非凡的股票群。群里每天都有各种股票分析、直播预告，还有个叫"夏虹"的人不停地在群里宣传"赵荣庆老师"有多厉害。小李起初还有些怀疑，直到他看到群里其他股友晒出的收益截图，这收益也太夸张了吧！群里的气氛异常热烈，大家都在感谢赵老师的指点。小李心想："难道我真遇到高人了？"抱着试试看的心态，小李买了"赵荣庆老师"推荐的一只股票。没想到真的小赚了一笔！这下小李对"赵荣庆老师"更加信服了。

接下来的日子里，小李每天都守在手机前，等待"赵荣庆老师"的荐股信息。为了获得"VIP服务"，他还主动发送了自己的交易记录。"赵荣庆老师"和助理"夏虹"对他赞不绝口，说他很有"慧根"。终于有一天，"赵荣庆老师"在群里发布了一条重磅消息：明天有一只股票要"三连涨停"！小李激动得睡不着觉，凌晨四点就起床了。开盘前，"赵荣庆老师"给出了精确的买入价格。小李毫不犹豫地按照指示挂单，心里想着："这下要发财了！"然而，等他的订单成交后，股价不升反降。小李有些慌了，赶紧去群里问情况。但群里突然安静了下来，"赵荣庆老师"和"夏虹"都不见了踪影。再一看，自己竟然被踢出群了！小李这才意识到自己可能被骗了。懊悔、愤怒、无助的感觉一齐涌上心头。他颓然地坐在电脑前，看着账户里的余额，欲哭无泪。

后来小李才知道，原来"赵荣庆"根本就不存在，"锐华教育"也是个幌子。他和其他400多位股民，都成了武某凯、张某运等人精心设计的骗局的受害者。武某凯团伙以该手段诈骗400余万元。

资料来源：根据网络公开资料整理自编。

思考：如果你是小李的朋友，他向你炫耀这个"神奇"的股票群，你会给他什么建议？

笔记：_____

_____

_____

二、如何识别和管理个人财务风险

（一）常见的财务风险类型

在日常理财和投资活动中，我们会遇到各种不同类型的风险。了解这些风险类型有助于我们更好地识别和管理财务风险，从而保护个人财务安全。以下是三种常见的财务风险类型及其在个人理财中的表现：

1. 市场风险

市场风险是指由于市场价格的波动导致投资价值变化的风险。它主要影响的是股票、债券、基金等与市场相关的投资产品。例如，股票市场受多种因素影响，如经济政策变化、企业业绩波动、国际市场动荡等，这些都会导致股票价格的波动。对投资者来说，如果市场行情下跌，投资的股票或基金可能会贬值，带来财务损失。市场风险通常是无法完全避免的，但可以通过分散投资来降低其影响。

2. 信用风险

信用风险是指债务人未能按时偿还债务或利息的风险。这种风险不仅存在于银行向企业或个人提供贷款的情况下，还存在于个人使用信用卡时。如果你在使用信用卡消费后无法按时还款，可能会面临高额利息和罚金，甚至会影响个人信用记录，进而影响未来的贷款申请。为了规避信用风险，个人应合理使用信用卡，确保自己在借贷时具备还款能力，并按时履行还款义务。

3. 流动性风险

流动性风险是指在需要资金时，无法及时将资产变现或出售的风险。对个人理财来说，流动性风险通常出现在投资于不动产或长期定期存款等流动性较低的资产时。例如，当你急需用钱但手中的资产无法迅速变现（如房地产、长期国债），可能会导致财务压力或错失机会。为了管理流动性风险，建议保留一定比例的流动性资产，如现金、活期存款或货币市场基金，以应对突发的资金需求。

☑ **课堂互动 6-2** --

在金融市场上，高回报往往伴随着高风险。作为大学生，在面对诱人的投资机会时，如何进行风险评估和管理是实现长期财务稳定的关键。这不仅关乎你的当前财务状况，还会影响你未来的财富积累。

在面对高回报的投资机会时，你会如何评估其潜在风险？你认为在大学期间应该如何平衡追求收益与控制风险之间的关系？

笔记：_____

_____

_____

（二）风险承受能力

在进行财富管理时，每个人的风险承受能力是不同的，这取决于个人的财务状况、生活阶段、投资目标和心理素质等因素。了解并评估自己的风险承受能力，是制定合理投资策略的重要步骤。

一旦了解了自己的风险承受能力，你可以开始制定适合自己的投资策略。这个策略应该包括明确的投资目标（如储蓄购房、子女教育、退休计划等），并根据目标的时间长度和风险承受能力选择合适的投资产品。对于风险承受能力较强的年轻人，可以考虑将一部分资金投入股票或基金中，而对于接近退休的中老年人，则应更多地考虑低风险、稳定收益的产品，如债券或定期存款。

（三）基础的风险管理方法

风险管理是财富管理的重要组成部分，通过合理的风险管理方法，可以在享受投资收益的同时，减少潜在的损失。

1. 分散投资的重要性

分散投资是一种简单而有效的风险管理方法，即将资金分散投资于不同的资产类别（如股票、债券、房地产等）和不同的市场区域（如国内市场和国际市场）。分散投资的原理是不同资产类别的风险通常不完全相关，因此在某一类资产表现不佳时，其他资产可能表现较好，从而平衡整体投资组合的风险。例如，将资金部分投资于股票市场，部分投资于债券或货币市场基金，可以有效降低单一市场波动带来的风险。

2. 设定储蓄目标与应急基金

应急基金是风险管理的重要工具之一，通常建议将3~6个月的生活开支作为应急基金存放在流动性高的账户（如活期存款或货币市场基金）中。应急基金可以帮助你应对突发的财务需求，如医疗费用、突发性失业等。除了应急基金外，还应设定明确的储蓄目标，如每月存下一定比例的收入，以逐步积累财富。这些储蓄可以用于长期投资、购房或其他大额支出。

3. 购买保险作为风险管理工具

保险是另一种有效的风险管理工具，通过购买合适的保险产品，你可以将部分财务风险转移给保险公司。例如，购买健康险可以减轻因突发疾病带来的经济负担，购买车险可以减少交通事故造成的损失。选择保险时，应根据个人和家庭的需求，购买覆盖全面且价格合理的保险产品，以确保在风险发生时获得足够的保障。

✓ **课堂互动 6-3**

在校园中，越来越多的大学生开始涉足投资，有些人甚至参与到高风险的投机行为中。然而，这种行为可能会带来意想不到的风险和财务压力。理解这些风险并进行有效干预，对促进校园内的财务健康至关重要。

在校园内，有些同学会参与高风险的投资活动，如股票投机或高利贷。你认为这种行为可能带来哪些风险？你会如何帮助他们意识到其中的风险？

笔记：_____

_____

_____

财经知识窗 6-4

宏观经济指标如通货膨胀率、利率和失业率等，对个人投资风险有着深远的影响。这些指标不仅反映了整体经济的健康状况，还为投资者提供了重要的风险预警信号。比如，当通货膨胀率上升时，货币的购买力下降，这可能会对固定收益投资产生负面影响；而利率的变化则直接影响债券和贷款市场的表现。了解这些经济指标的运行规律和周期性变化，能够帮助投资者在不同的经济环境中做出更为理智的决策。例如，在经济扩张期增加股票投资，而在经济衰退期则转向更为稳健的债券投资。

三、大学生如何防范财富管理风险

理财不仅是专业金融人士的事情，对大学生来说，掌握一些简单的理财技巧，同样可以有效管理财务，积累财富。在理财的过程中，安全性始终是首要考虑的因素。以下介绍几种适合大学生的安全理财方法，帮助你在不承担过多风险的情况下，开始理财之旅。

（一）警惕高收益投资陷阱

在理财过程中，你可能会遇到各种"高收益"投资的诱惑。然而，高收益往往伴随着高风险，甚至可能隐藏着陷阱。作为理财新手，大学生应特别谨慎，避免被高收益的表象所迷惑。

高收益与低风险并存的承诺往往是一个危险的信号。金融市场的基本规律是高收益伴随着高风险。如果某项投资声称可以提供高回报但风险极低，通常是不现实的。这类投资可能是通过夸大回报、掩饰风险来吸引不明真相的投资者，甚至可能是骗局。因此，面对这样的投资机会，最好的做法是保持警惕，避免上当受骗。

在没有深入了解投资产品的情况下，不要盲目跟风。许多学生可能会受到朋友或社交圈子的影响，参与一些不熟悉的投资。即便是身边的人都在参与，也不意味着这种投资是安全的。对于任何投资产品，都应先了解其基本原理、风险因素以及市场表现，必要时咨询专业人士的意见，确保自己做出明智的决定。

避免选择不正规的投资平台或产品。一些非法集资或传销性质的投资往往通过虚假宣传、夸大收益来吸引投资者。这类平台通常打着"快速致富"的旗号，但实际上资金流向不明，缺乏透明度和安全保障。一旦投入资金，很可能会血本无归。因此，选择投资平台时，一定要确保其资质正规，且具有良好信誉。

（二）选择低风险的理财产品

对初涉理财的大学生来说，选择低风险的理财产品是安全起步的最佳选择。低风险产品通常波动较小，收益稳定，是积累理财经验的良好途径。

货币市场基金是低风险理财产品的代表之一。这类基金主要投资于短期国债、银行存单等流动性强、安全性高的资产，因此风险较低，收益相对稳定。虽然货币市场基金的回报率可能不如股票型基金或混合型基金，但它的流动性高，且本金基本不受损失，适合作为短期储蓄或应急资金的管理工具。

定期存款则是另一种经典的低风险理财方式。银行定期存款是一种将资金存入银行并约定期限的储蓄方式。存款期限越长，利率通常越高。虽然定期存款的收益可能低于其他投资产品，但它的安全性极高，几乎没有风险。因此，对于希望确保资金安全的学生来说，定期存款是一个可靠的选择。

国债或储蓄债券也是低风险的理财产品之一。国债是国家为筹集资金而发行的债务凭证，其信用由国家担保，因而非常安全。虽然国债的流动性较低，但其稳定的收益和安全性使其成为长期储蓄的一种优选方式。学生可以通过银行或证券公司购买这些债券，作为长期投资的一部分。

☑ **阅读思考 6-3**

互联网金融营销宣传藏"猫腻" 四大陷阱需提防

随着春节的临近，投资者对理财产品的需求显著升温。各类金融机构纷纷推出新产品，但互联网金融营销中不乏隐藏的"猫腻"，银保监会（现为国家金融监督管理总局）发布风险提示，提醒广大消费者提防四大营销陷阱。

第一，部分机构在互联网页面中暗藏各种"套路"，给消费者自主选择设置障碍。例如，在购物、社交、游戏等互联网场景中借贷产品广告泛滥，各平台直接提供贷款服务或为贷款业务引流以完成流量变现，在产品推广、展示或支付等环节诱导消费者优先使用消费信贷。

第二，在贷款营销中，类似"套路贷"的营销宣传行为时有发生。例如，息费不透明、故意模糊借贷成本、不明示年化综合资金成本和还本付息安排，这种"套路贷"行为时有发生。

第三，保险营销的误导行为。保险机构在开展互联网保险业务时，也存在类似"套路保"行为。例如，以优惠之名对消费者进行诱导，实际上是将保费分摊至后期，消费者并未真正享受到保费优惠。此外，还有多项销售误导行为，如炒作"限售、限时、限量"，不如实准确地介绍产品责任、功能和保险期间，以银行存款、理财产品等其他金融产品名义宣传销售保险产品。

第四，一些互联网保险营销广告界面设置不规范、不清晰，在页面中诱导消费者勾选"领取保障""自动续费"等选项。甚至有的平台以默认勾选、强制勾选等方式进行捆绑搭售，强制要求消费者购买非必要的产品或服务。

资料来源：彭妍. 互联网金融营销宣传藏"猫腻" 四大陷阱需提防 [EB/OL].[2022-01-26]. http://www.zqrb.cn/jrjg/hlwjr/2022-01-26/A1643132208827.html.

思考：如何判断一个金融产品的营销是否存在虚假宣传或隐藏费用？

笔记：_____

_____

_____

财经知识窗 6-5

经济全球化背景下，金融市场的联动性使得一个国家的经济问题可能迅速传导至全球市场，引发广泛的金融波动。例如，2008年的全球金融危机最初爆发于美国次贷市场，但由于各国金融市场的高度关联性，迅速扩散至全球，导致各地股市暴跌、银行倒闭和经济衰退。这种风险传导效应提醒投资者在进行国际投资时，必须考虑全球宏观经济环境和各国市场的系统性风险，及时关注全球经济动态，从而实现更为稳健的财富管理。

任务3 清廉金融从我做起

在金融市场高度发达的今天，金融行业不仅是经济的驱动力量，更是社会稳定与发展的重要支柱。作为金融消费者和未来的金融从业者，大学生肩负着维护金融市场诚信与透明的重要责任。当前，金融市场面临的挑战不仅来自复杂的市场环境，还来自诚信和合规方面的隐患。因此，大学生不仅需要在个人消费中保持理性和守法，还需要在未来的职业生涯中，时刻践行清廉金融的理念，推动金融市场的健康发展。

一、清廉金融的基本内涵

清廉金融是金融行业中一种至关重要的理念，它不仅关乎金融机构的合规性和透明度，更是保障市场秩序、维护社会公正的基石。对大学生来说，理解并践行清廉金融，不仅有助于培养良好的个人理财习惯，还能为将来步入社会、参与经济活动打下坚实的道德基础。

（一）什么是清廉金融

清廉金融，顾名思义，是指在金融活动中遵循诚实、透明、公正和负责任的原则。这意味着金融机构和从业人员在提供金融服务时，应当秉持高标准的职业道德，不得以牺牲客户利益为代价获取非法收益。清廉金融不仅要求遵守法律法规，还要求在金融实践中维护市场的公平性和正义性，确保每一个参与者都能够在一个透明和可信任的环境中开展活动。

（二）清廉金融的重要性

1.清廉金融是维护金融市场秩序的根本

金融市场的健康运作，依赖于市场参与者的信任。如果金融机构和从业人员在金融活动中采取不正当的手段，如虚假宣传、内幕交易等，将会严重损害市场的公平性，削弱公众对金融市场的信任，进而影响整个金融体系的稳定性。

2.清廉金融有助于保护消费者的利益

在金融交易中，消费者通常处于信息不对称的弱势地位，容易受到不法金融机构或个人的欺诈。因此，清廉金融通过提高金融服务的透明度和合规性，可以有效减少欺诈行为，保障消费者的知情权和选择权。例如，在购买理财产品时，清廉的金融机构会详细披露产品的风险、收益和费用情况，帮助消费者做出理智的投资决策。

3.清廉金融也是社会公平的重要体现

在一个清廉的金融体系中，每个人都能够平等地享有金融服务，金融资源不会被少数特权阶层垄断。清廉金融通过防范金融腐败，确保金融资源的合理分配，从而促进社会的公平和正义。

财经知识窗 6-6

在清廉金融领域，信息不对称是一个核心问题，它可能导致欺诈、内幕交易、市场操纵等诸多金融不正当行为。信息不对称在金融市场中意味着交易各方在进行交易时对于重要信息的获取和处理存在显著差异。这种差异可以为不道德的行为提供机会，影响市场的效率和公平。信息不对称在清廉金融领域的表现主要有以下三个方面：

1.内幕交易。内幕交易是信息不对称的一种极端形式，公司内部人士利用未对外公开的敏感信息进行交易，获取不正当利益。这种行为破坏了市场的公平性和透明度，损害了其他投资者的利益。

2.金融报告欺诈。公司可能通过夸大或隐瞒财务数据来误导投资者和债权人，使得外部投资者无法准确评估公司的财务状况和风险，导致投资决策的扭曲。

3.信贷市场的逆向选择。在信贷市场中，借款人比贷款人更了解自己的偿还能力和意愿。较高风险的借款人可能更倾向于申请贷款，因为他们知道自身的风险而贷款人不知道，这可能导致市场上优质信贷资源的减少。

☑ 课堂互动 6-4

清廉金融强调在所有财务活动中保持透明和诚信。这不仅适用于大型金融机构，还适用于我们日常的个人财务管理。

在使用信用卡或贷款时，我们如何实践清廉金融的原则？

笔记：_____

_____

_____

（三）大学生树立清廉金融理念的必要性

1.为未来的职业生涯和生活奠定良好的基础

大学生作为未来的社会中坚力量，尽早培养清廉金融的观念尤为重要。随着社会的不断发展，大学生在学业之外，越来越多地参与到金融活动中，如使用信用卡、申请助学贷款、购买保险等。因此，理解和践行清廉金融，不仅有助于在校期间的财务管理，还能为未来的职业生涯和生活奠定良好的基础。

2.有助于大学生树立理财风险防范意识

大学生通常缺乏丰富的金融经验，容易在面对复杂的金融产品时迷失方向。清廉金融的原则可以帮助大学生在选择金融产品时保持警惕，避免被诱导进入高风险或不透明的金融交易。在选择贷款时，清廉金融提醒大学生不仅要关注利率，还要仔细阅读合同条款，确保了解所有相关费用和还款条件，避免日后因忽视细节而陷入财务困境。

3.有助于大学生建立良好的信用记录

良好的信用记录不仅影响大学生毕业后的贷款申请、租房和就业机会，还能帮助大学生在未来享受更多的金融服务优惠。因此，大学生应从小事做起，如按时还款、合理使用信用卡等，逐步积累良好的信用记录。

4.有助于大学生树立正确的职业道德和社会责任感

未来，不少大学生将进入金融行业或与金融行业打交道，清廉金融将成为他们职业生涯中重要的行为准则。通过在校期间的学习和实践，大学生可以更好地理解清廉金融的重要性，并在未来的职业生涯中践行清廉金融，为社会经济的健康发展贡献力量。

☑ **课堂互动 6-5** --

校园贷问题在许多大学生中屡见不鲜，往往因为高利率和不透明的条款导致严重的债务危机。清廉金融要求我们在金融决策中保持理性和警惕，避免被表面利益所迷惑。

在校园贷问题频发的情况下，你认为大学生如何抵制诱惑，避免陷入高利贷的陷阱？清廉金融的原则在这个过程中能发挥什么作用？

笔记：_____

_____

_____

二、做诚信守法的金融消费者

（一）理解并行使金融消费者的权利

1. 了解金融产品与市场的复杂性

在现代金融市场中，消费者面对的金融产品种类繁多，从基础的储蓄账户、信用卡到复杂的投资产品，如股票、基金、保险和金融衍生品。这些金融产品各自具有不同的风险和收益特性，而消费者在选择这些产品时，必须对其特性有清晰的认识。金融消费者的第一步就是要充分了解自己所使用或投资的金融产品，以避免因信息不对称而做出错误决策。

金融市场的复杂性使得许多消费者在缺乏充分理解的情况下就参与其中，这可能导致严重的财务后果。例如，在选择投资产品时，许多消费者可能只关注预期收益，而忽视了潜在的风险。了解产品的透明度、合规性和市场波动性，是避免因盲目投资而造成损失的关键。

消费者还必须清楚自己的基本权利，包括知情权、选择权和求偿权等。知情权意味着消费者有权要求金融机构提供完整、透明的信息，包括产品的条款、风险、费用结构等。选择权赋予消费者在不同产品之间自由选择的权利，而不应受到强制或误导。求偿权则保障消费者在权益受到侵害时，可以通过法律或其他渠道寻求赔偿。

2. 金融消费者的责任

除了权利之外，金融消费者在市场中也承担着重要的责任，特别是在理解和签署金融合约时。消费者有责任确保自己理解合约条款，特别是涉及费用、违约责任和风险提示的部分。很多金融纠纷的产生，往往是因为消费者未能详细阅读或理解合约条款，从而导致权益受损。因此，在签署任何金融合同前，消费者都应仔细阅读相关条款，并在有疑问时咨询专业人士。

（二）理性消费与合理借贷

1. 保持理性消费，避免过度负债

在日常消费中，尤其是在使用信用卡和消费贷款时，大学生需要保持高度的理

性。随着电子商务和移动支付的普及，消费变得前所未有的便捷，这也使得冲动消费和过度消费的风险大大增加。理性消费要求大学生在做出消费决策时，应仔细评估自身的财务状况，设定合理的消费限额，避免因一时冲动而购买不必要的商品或服务。

避免过度负债是理性消费的重要组成部分。过度依赖信用卡或贷款进行消费，容易导致累积过多债务，从而陷入财务困境。为了防范这种情况，大学生应合理使用信用卡，尽量在账单日之前全额还款，以免产生高额利息。同时，大学生应避免申请超出自身还款能力的贷款，尤其是高利率、高费用的消费贷款。通过制定和遵守个人预算，大学生可以更好地控制支出，保持财务的健康和平衡。

2. 合理使用信用卡和贷款

信用卡和贷款是重要的金融工具，但如果使用不当，也可能成为财务负担。负责任地使用信用卡意味着消费者不仅要了解信用卡的利率、年费和还款条件，还需要养成按时还款的习惯，避免拖欠导致的信用受损。一个良好的信用记录对未来的贷款申请和利率优惠至关重要。

在贷款方面，大学生应仔细评估贷款的必要性，特别是在面对高利率贷款产品时更应谨慎。选择贷款时，应优先考虑利率较低、还款期限较长的产品，并确保自己有足够的还款能力。此外，大学生还应了解贷款合同中的所有条款，特别是提前还款的条件和费用，以避免因合同不清晰而产生纠纷。

3. 建立稳健的财务习惯

建立稳健的财务习惯是长期保持财务健康的关键。大学生应养成定期储蓄的习惯，将收入的一部分存入储蓄账户或低风险的投资产品中，以备不时之需。应急基金是财务规划中的重要组成部分，它可以帮助应对突发的财务需求，如医疗费用或意外支出。

除了储蓄外，制定并执行个人预算也是保持财务稳定的重要手段。通过详细记录收入和支出，大学生可以更清晰地了解自己的财务状况，并做出相应的调整。预算管理不仅有助于大学生避免超支，还能帮助大学生识别和减少不必要的支出，增加储蓄或投资的比例。

☑ 课堂互动 6-6

清廉金融不仅要求我们在消费上保持理性，还要求我们在投资活动中遵循透明和合规的原则。面对市场上的各种投资机会，如何保持理性的投资行为并贯彻清廉金融的原则，是每个投资者必须面对的问题。

在参与投资活动时，清廉金融要求我们关注投资的合规性和透明度。你如何在个人投资决策中贯彻这些原则？面对高收益的诱惑，你如何保持理性判断？

笔记：＿＿＿＿＿＿＿＿＿＿＿＿＿＿＿＿＿＿＿＿＿＿＿＿＿＿＿＿＿＿＿＿＿

＿＿＿＿＿＿＿＿＿＿＿＿＿＿＿＿＿＿＿＿＿＿＿＿＿＿＿＿＿＿＿＿＿＿＿＿＿＿

＿＿＿＿＿＿＿＿＿＿＿＿＿＿＿＿＿＿＿＿＿＿＿＿＿＿＿＿＿＿＿＿＿＿＿＿＿＿

（三）防范金融欺诈与不当行为

1. 识别金融欺诈的常见手段

在现代金融市场中，欺诈行为层出不穷，且手段日益复杂。常见的金融欺诈手段包括庞氏骗局、非法集资、虚假投资项目和高利贷等。庞氏骗局通常以高回报、低风险为诱饵，吸引大量投资者投入资金，但其本质是用后来的投资者的钱来支付前期投资者的收益，直到资金链断裂。非法集资是通过未经许可的渠道募集资金，投资者往往难以收回本金。虚假投资项目是通过伪造的产品或服务骗取投资。高利贷则以不合理的高利率和苛刻的还款条件，使借款人陷入债务泥潭。

识别这些欺诈手段的关键在于保持警惕，尤其是在面对"稳赚不赔"或"短期内高额回报"的诱惑时，投资者应审慎对待，详细核实投资项目的背景、资金流向以及参与方的资质。通过咨询专业人士、查阅公开的监管信息，投资者可以减少被骗的风险。

2. 维护个人金融信息的安全

在防范金融欺诈的过程中，保护个人金融信息的安全至关重要。随着互联网金融的发展，个人信息泄露的风险也会增加。骗子可能通过网络钓鱼、恶意软件等手段获取个人敏感信息，如银行账户、信用卡号码、身份证号码等，并用于非法目的，如盗刷银行卡、冒名贷款等。

为防止个人金融信息泄露，大学生应采取一系列防护措施。例如，避免在不安全的网站输入敏感信息、定期更新密码、使用双重身份验证等。此外，在社交媒体上，大学生应注意隐私设置，避免公开分享过多个人信息，防止不法分子利用这些信息进行欺诈活动。

3. 咨询专业意见与举报不当行为

在遇到不确定的投资机会或怀疑存在欺诈行为时，大学生应主动寻求专业意见，以确保自己的决策是基于充分的信息和分析。金融顾问、律师或其他专业人士可以提供中立的建议，帮助投资者评估投资的合法性和安全性。

如果发现存在金融欺诈或不当行为，大学生应及时向相关监管部门举报。国家金融监管机构通常设有举报渠道，可以保护举报人的隐私并采取相应措施处理举报内容。通过积极举报，大学生不仅可以维护自己的权益，还可以帮助监管机构打击金融犯罪，维护市场的公平和诚信。

拓展阅读6-3

恩隆丑闻：
诚信与透明的
教训

三、做清廉合规的金融从业者

（一）遵守职业道德与合规标准

1. 掌握金融行业的职业道德规范

在金融行业中，职业道德是每一位从业者必须遵守的基本准则。它要求从业者在所有业务活动中保持诚信、透明、公正，并以客户的利益为首要考虑。职业道德的核心是建立并维护客户和公众对金融市场的信任。对大学生来说，了解并内化这些道德准则，不仅能帮助他们在未来职业生涯中立足，还能在整个金融行业中树立良好的职业形象。

金融从业者的职业道德规范包括防止利益冲突、确保信息的准确性与透明度、尊重客户隐私和遵守合同约定等。例如，在为客户推荐金融产品时，金融从业者应基于客户的风险承受能力和财务目标，而非自身的佣金或其他利益。在涉及客户资金管理时，金融从业者必须确保资金的安全性，防止任何形式的挪用或不当使用。

2. 理解并执行合规要求

金融行业的合规要求是指金融机构和从业者必须遵守的法律法规和行业标准，以确保所有金融活动的合法性和正当性。这些要求涵盖了反洗钱、客户尽职调查、市场操纵防范和金融产品的透明披露等方面。大学生在进入金融行业前，必须了解并掌握这些基本合规要求，以避免在工作中触犯法律，维护自身职业生涯的安全和金融机构的声誉。

在实际工作中，金融从业者应主动参与金融机构的合规培训，确保对最新的法律法规和行业规范有全面的理解。此外，金融从业者在开展业务时，应严格按照合规要求进行客户身份核查、资金来源验证等工作，确保每一笔交易的合法性和透明度。通过严格的合规管理，金融从业者不仅可以有效防范法律风险，还可以增强客户对金融机构的信任。

3. 处理道德困境与合规挑战

金融从业者在职业生涯中可能会面临各种道德困境和合规挑战。例如，如何处理利益冲突、如何在市场压力下保持诚信、如何在信息不对称的情况下做出公正的决策等。应对这些挑战需要金融从业者具备强烈的道德责任感和清晰的职业操守。

在面对道德困境时，金融从业者应始终坚持客户利益至上的原则，避免因个人或金融机构利益而做出损害客户的行为。在合规方面，面对复杂的法律环境和不断变化的监管要求，金融从业者应保持持续的学习和警觉，确保业务活动始终符合相关规定。通过建立并遵守严格的道德和合规标准，金融从业者不仅可以保护自身的职业声誉，还可以为整个行业树立清廉金融的典范。

（二）在工作中践行清廉金融理念

1. 防范利益冲突与内幕交易

在金融行业中，利益冲突是一个常见且具有潜在危害性的道德问题。利益冲突发生在从业者的个人利益与其应履行的职业责任冲突时。例如，在处理客户资金或提供投资建议时，可能会有意无意地将个人利益置于客户利益之上。为防止这种情况的发生，金融从业者必须时刻保持警觉，确保其行为符合职业道德和合规要求。

此外，内幕交易也是金融行业中严厉禁止的行为。内幕交易指的是利用未公开的、重大影响市场的信息进行股票或其他金融产品的交易，从而获得不当收益。这种行为不仅违反法律规定，也严重损害市场的公平性。金融从业者应严格遵守相关法律法规，避免使用未公开信息进行交易，并在遇到可能构成内幕交易的情况时，及时向合规部门报告。

2. 透明处理客户资金与投资建议

在处理客户资金时，金融从业者应遵循透明和诚信的原则。这意味着金融从业者必须如实向客户披露投资产品的风险、费用结构和预期回报，确保客户在充分了解相关信息的基础上做出投资决策。同时，金融从业者应严格遵循客户的投资指令，不得擅自进行交易或挪用客户资金。

在提供投资建议时，金融从业者应基于客户的风险承受能力、财务目标和投资偏好，而不是基于个人佣金或其他利益。通过详细的客户尽职调查，确保提供的建议是适合客户的，符合客户的长期利益。保持高度的透明度不仅能增强客户的信任，还能有效降低因信息不对称导致的误解和纠纷。

3. 培养持续学习与合规意识

金融市场的环境和法律法规不断变化，金融从业者必须保持持续学习的态度，确保自己的知识和技能与时俱进。尤其在面对新的金融产品、技术和市场变化时，金融从业者应积极参与相关培训，了解最新的合规要求和行业标准。

培养合规意识也是金融从业者的重要责任。这不仅要求金融从业者遵守当前的法律法规，还要求他们在遇到新的或未明确规定的情况下，能够做出符合职业道德和行业标准的判断。通过建立严格的内部控制机制和定期的合规审查，金融机构可以确保其从业者始终在一个合规的环境中工作。

（三）推动可持续金融与社会责任投资

1. 将可持续发展融入金融决策

可持续金融强调在金融决策过程中，综合考虑环境、社会和治理（ESG）因素。金融从业者在推行清廉金融的同时，应积极推动可持续金融的发展，将社会责任与企业盈利相结合。具体来说，这包括在投资决策中选择那些符合环保要求、社会责任感强的企业或项目，拒绝投资污染严重、劳动条件恶劣或存在其他负面社会影响的企业或项目。

在实践中，金融从业者可以通过与客户或投资者沟通，帮助他们理解并接受可持续投资理念。例如，当客户寻求投资建议时，金融从业者应评估不同投资机会的长期社会影响，并推荐那些既有可能带来财务回报，又有助于社会进步的投资项目。这样不仅可以帮助客户实现长期利益，还可以促进更广泛的社会和环境效益。

2. 倡导并实践社会责任投资

社会责任投资（SRI）是一种投资策略，旨在通过选择那些在社会、环境和治理方面表现优异的公司，实现道德和财务回报的平衡。金融从业者在推动SRI时，应强调投资的双重目标：一方面是实现可观的财务回报，另一方面是推动社会正义和环境保护。

从业者可以通过设计和推广符合SRI标准的金融产品，如绿色债券、社会影响力基金等，吸引那些关注社会责任的投资者。此外，金融机构还可以开展SRI相关的教育和宣传活动，提高公众对SRI的认识和接受度，推动这一领域的发展壮大。

3. 引领金融机构的清廉文化建设

金融从业者不仅是清廉金融理念的践行者，还是推动者。在日常工作中，金融从业者应积极倡导并参与金融机构的清廉文化建设，包括建立并执行严格的道德和合规标准，确保所有员工都能理解并遵守这些标准。金融机构可以通过定期的合规培训、道德教育和内部审查，强化员工的清廉意识，防范不当行为的发生。

此外，金融从业者还应在金融市场中树立清廉合规的榜样，通过实际行动展示清廉金融的价值。例如，在行业会议或公共演讲中分享可持续金融和社会责任投资的成功案例，鼓励更多同行加入到清廉金融的实践中来。

财经知识窗 6-7

企业社会责任（CSR）是企业在追求利润的同时，自觉履行对社会、环境和利益相关者的责任，这与清廉金融的理念密切相关。企业通过透明运营、环保措施和社会公益活动，展示其在经济活动中的责任感和道德标准。CSR 不仅改善了企业的公共形象，还对企业的长期财务表现产生积极影响，吸引了更多重视道德和可持续发展的投资者。以某知名企业为例，该公司因其卓越的 CSR 实践而赢得了广泛的市场认可，不仅提升了品牌价值，还在金融市场中获得了更多的投资者的信任和支持。因此，企业履行责任与盈利并非对立，在推动企业社会责任的同时，也能实现长期的财务成功。

❯❯ 育德育才　　　　　　贵州省金融扶贫的成功实践

贵州省作为中国最贫困的地区之一，地形复杂、交通不便，经济发展长期滞后。为了帮助当地人民脱贫，贵州省政府与金融机构密切合作，实施了一系列精准的金融扶贫措施。首先，贵州省推出了"扶贫小额贷款"政策，为贫困户提供无抵押、无担保的小额贷款，帮助他们开展生产经营活动，如种植茶叶、养殖家畜等。这些贷款有效地缓解了贫困家庭的资金短缺问题，使他们能够依靠自身的努力实现增收致富。

与此同时，贵州还建立了"扶贫产业基金"，通过政府引导资金与社会资本的结合，支持当地特色产业的发展，如茶叶、刺梨和旅游业等。特色产业的发展不仅为贫困户提供了就业机会，还带动了全省经济的增长。这些措施确保了金融资源能够有效助力贫困地区的经济发展。

此外，贵州省还引入了大数据技术，建立了贫困户信息管理系统，确保扶贫措施的精准性。该系统能够实时监控贫困户的收入变化，精准投放扶贫资源，最大化地发挥效益。通过大数据分析，政府能够及时调整政策，确保扶贫工作有序推进。这一系列金融扶贫措施使贵州省在短时间内实现了大规模的脱贫目标，成为全国金融扶贫的成功典范，展示了金融扶贫在减贫工作中的巨大潜力和重要性。

资料来源：杨茜. 贵州金融多举并施 巩固脱贫成果促进乡村振兴［EB/OL］.［2021-12-22］. https：//www.gz.chinanews.com.cn/zxgz/zxjz/2021-12-22/doc-ihatzwis4183761.shtml.

思考：结合贵州省金融扶贫的案例，分析金融扶贫在推动贫困地区经济发展中起到了哪些关键作用。你认为在实施金融扶贫过程中，应该如何平衡政府引导与市场机制之间的关系？

笔记：_____

_____

_____

课后训练

一、选择题

1.以下情况属于传销陷阱的是（　　　）。

A.公司有正式营业执照

B.朋友推荐的高收益项目，需要不断发展下线

C.投资项目通过正规银行操作

D.投资项目有详细的合同和法律保障

2.以下选项中，不属于日常消费类陷阱的是（　　　）。

A.虚假促销和打折　　　　　　　　　B.会员卡和预付卡风险

C.网购陷阱　　　　　　　　　　　　D.定期存款的利息

3.以下选项中，属于网络借贷平台的常见风险的是（　　　）。

A.借贷门槛高　　　　　　　　　　　B.利率低于市场平均水平

C.借贷信息透明　　　　　　　　　　D.平台跑路风险

4.非法集资的常见特征是（　　　）。

A.保证低回报　　　　　　　　　　　B.资金用途透明

C.承诺异常高回报　　　　　　　　　D.缺乏激进的市场营销

5.庞氏骗局的典型运作方式是（　　　）。

A.它依赖于合法商业活动的真实投资利润

B.它需要不断有新的资金流入，以支付早期投资者的回报

C.它完全由有形资产作为抵押支持

D.它提供低回报与高安全性

6.常被金融诈骗者利用，涉及跟随他人的投资行为而不进行彻底分析的心理因素是（　　　）。

A.过度自信　　　　　B.风险承受能力　　　C.从众心理　　　　　D.规避损失

7.下列选项中，不属于清廉金融的核心要素的是（　　　）。

A.诚实守信　　　　　B.遵守法律　　　　　C.隐藏信息　　　　　D.公平公正

8.有助于践行清廉金融的行为是（　　　）

A.如实申报家庭收入　　　　　　　　B.参与非法集资

C.诚信记账和纳税　　　　　　　　　D.提供虚假财务信息

二、技能训练

制作一个"传销特征速查表"。

三、财经实践

选择一个财富管理公司，通过国家企业信用信息公示系统（http：//www.gsxt.gov.cn）查询该公司的基本信息、经营状况。

项目七 探索财富科技

学习目标

知识目标

1.掌握财富科技的重要发展阶段；
2.了解大数据、人工智能和区块链等新技术在财富管理中的具体应用；
3.掌握数字人民币的核心特点；
4.了解数字人民币的应用及国际影响。

技能目标

1.能够高效地收集、筛选和整合信息；
2.能够分析和评估不同财富管理技术的优劣。

素养目标

1.培养创新精神，鼓励对新技术的探索和应用；
2.提升数字金融素养，培养对新兴金融科技的兴趣和学习热情；
3.培养终身学习的意识，保持对财富管理领域新技术和新趋势的持续关注。

☑ **课前思考** --

1.查阅财富科技的相关资料，说说科技在财富管理中起了怎样的作用。

2.数字人民币是什么时候发行的？为什么要发行？

笔记：_____

_____

_____

财经智慧小贴士

现代科技让理财变得更加容易。你可以通过手机上的理财APP轻松管理你的钱。这些APP可以帮你记录开支、设置储蓄目标，甚至提供一些简单的投资建议。不需要太多专业知识，你就能让自己的财务状况更有条理。记住，善用科技工具，你也可以轻松开始理财之旅，让你的财富稳步增长。

任务1　财富科技发展历程

在过去的几十年里，财富管理行业经历了前所未有的技术变革与创新，催生了财富科技（WealthTech）这一新兴领域。作为金融科技（FinTech）的一部分，财富科技专注于利用现代信息技术来提升财富管理和投资服务的效率与质量，改变了传统财富管理的方式。随着科技的发展，财富科技已成为金融行业中不可或缺的一部分，对个人投资者和机构投资者都产生了深远的影响。

一、起步阶段：20世纪90年代至21世纪初

财富科技的发展历程可以追溯到20世纪90年代至21世纪初。在这一阶段传统财富管理行业开始向现代化转变，技术创新逐步引入金融市场，催生了许多改变行业格局的产品和服务。起步阶段的财富科技以互联网为基础，通过在线交易平台和自动化投资工具的引入，重塑了投资者与市场之间的关系，开启了财富管理的新纪元。

（一）在线交易平台的兴起

20世纪90年代，互联网技术的迅速发展推动了金融市场转型。在此背景下，电子交易平台（如TD Ameritrade）逐渐崭露头角。这些平台通过互联网为投资者提供股票买卖、证券交易服务，极大地提高了金融交易的便捷性和效率。在传统的线下交易模式中，投资者需要亲自前往证券公司或通过电话委托经纪人进行交易，这种方式不仅耗时耗力，还限制了投资者获取信息的及时性。而在线交易平台则打破了这些限制，使得投资者可以随时随地进行交易，获取最新的市场动态和投资建议。

随着在线交易平台的兴起，金融市场的信息透明度得到了显著提升。投资者可以通过平台实时查看交易历史、费用结构和市场动态，从而做出更为明智的投资决策。这种透明度在一定程度上减少了信息不对称，提升了市场的公平性和效率。此外，在线交易平台的出现，也使得交易成本得到了有效控制。传统金融服务通常收取较高的佣金，而在线平台因其较低的运营成本，可以以更低的费用提供服务，从而吸引了大

量的中小投资者参与市场。

在线交易平台的普及不仅改变了投资者的行为模式，还推动了市场结构的转变。随着越来越多的投资者转向在线交易，传统金融机构也不得不调整其业务模式，推出在线服务以应对竞争。这种竞争促进了整个金融行业的创新，推动了技术应用的广泛普及。

（二）早期自动化投资工具

除了在线交易平台，早期的自动化投资工具也是这一阶段财富科技的重要组成部分。这些工具主要帮助投资者进行资产配置、投资组合管理和风险控制，是财富管理领域的初步创新。

自动化投资工具的优势在于其高效性和低成本性。与人力顾问相比，这些工具可以处理大量的数据和信息，迅速生成投资建议，且不会因为人为因素而产生偏差。此外，自动化工具的低成本性也使得更多普通投资者能够享受专业化的投资服务，从而提高了财富管理的普及性。

在这一阶段，一些基本的自动化投资工具如投资组合优化软件、风险评估工具开始被广泛应用。这两种工具各有其专长，投资组合优化软件通过分析历史数据和市场趋势，帮助投资者构建符合其风险偏好的投资组合，并提供定期调整建议以适应市场变化。风险评估工具则通过分析投资者的财务状况和投资目标，评估其风险承受能力，并为其提供相应的投资策略建议。这不仅为投资者提供了便捷的操作体验，还提高了投资决策的科学性和精确性。

自动化投资工具的普及不仅改变了个人投资者的行为模式，还影响了整个财富管理行业的格局。传统理财顾问面临新的挑战，他们需要提升自身的专业水平，结合科技手段为客户提供更优质的服务。同时，金融机构也开始加大对科技的投入，研发更加智能化和个性化的投资工具，以满足市场的多样化需求。

财经知识窗 7-1

算法交易是什么？简单来说，就是让电脑按照预先设定的规则自动进行交易。想象一下，你有一个超级聪明的机器人朋友，你告诉它："如果苹果公司的股票跌到100美元以下，就买入100股。"然后你就可以去睡个美容觉了，机器人会24小时盯着市场，一旦条件满足就立即执行交易。

虽然算法交易听起来很酷，但它并不是万能的。市场环境瞬息万变，过度依赖固定的算法可能会在特殊情况下造成损失。因此，即使使用算法交易，也需要定期复盘和调整策略。

高频交易是算法交易的一种，它的交易速度快到什么程度？想象一下，在你眨眼的瞬间（0.3~0.4秒），高频交易系统可能已经完成了数百次交易，甚至数千次交易。这种速度优势让它能够捕捉市场中稍纵即逝的机会。

二、初步发展阶段：21世纪10年代初

随着时间的推移，到了21世纪10年代初，技术的不断进步和市场需求的变化推

动着财富科技进入初步发展阶段。在这一阶段，智能投顾（Robo-Advisors）的兴起和大数据分析的广泛应用成为财富科技的主要特征，标志着财富管理行业进入了一个更加智能化和个性化的时代。

（一）智能投顾的兴起

2008年金融危机后，全球金融市场动荡不安，投资者对传统理财顾问的信任度显著下降。面对这种市场情绪，智能投顾平台应运而生，迅速崭露头角。智能投顾通过算法和大数据分析为用户提供个性化的投资建议，降低了理财门槛，让更多人能够享受专业化的财富管理服务。

智能投顾平台的代表性公司包括 Betterment 和 Wealthfront，这些公司利用技术手段，为用户提供低成本、高效率的投资服务。智能投顾通过收集用户的财务状况、风险偏好和投资目标等信息，利用算法自动生成投资组合，并根据市场变化进行自动调整。这样一来，用户无须具备专业的理财知识，也能获得量身定制的投资方案。

智能投顾的兴起不仅降低了理财服务的门槛，还提高了投资管理的效率和精确性。与传统理财顾问相比，智能投顾可以处理更多的数据，进行更加复杂的分析，从而提供更加精准的投资建议。此外，智能投顾还具有透明度高、费用低的优势，使得更多的普通投资者能够参与到财富管理中来。

智能投顾的成功不仅在于其技术创新，还在于其对市场需求的准确把握。在金融危机后，投资者对安全性和透明度的需求大大增加，而智能投顾恰好能够满足这些需求。通过提供低成本、个性化和高透明度的服务，智能投顾在短时间内赢得了大量用户的信任和青睐。

（二）大数据分析的应用

随着互联网技术的不断发展，大数据分析在财富科技中的应用也越来越广泛。大数据技术通过对海量数据的收集、存储和分析，帮助金融机构和投资者更好地理解市场动态和客户需求，从而优化投资策略和风险管理。

通过分析历史交易数据、市场行情、经济指标等信息，大数据技术可以为投资者提供更加准确的市场预测和投资建议。在这一阶段，金融机构可以成熟地利用大数据分析技术，监控市场趋势和风险因素，并及时调整投资组合，降低投资风险。

此外，大数据分析还可以帮助金融机构更好地了解客户需求，提供个性化的金融产品和服务。通过分析客户的交易记录、消费行为和财务状况，金融机构可以为客户量身定制理财方案，提供更加精准的投资建议。这不仅提高了客户满意度，还增强了金融机构的市场竞争力。

大数据分析技术的应用还推动了金融市场的创新和发展。例如，一些金融科技公司利用大数据技术开发出新的金融产品和服务，如自动化投资平台、智能投顾、量化投资策略等。这些创新不仅丰富了市场选择，还为投资者提供了更多的投资机会和工具。

☑️ **课堂互动 7-1** --

在当今信息爆炸的时代，投资决策正越来越依赖于大数据分析。通过对海量数据的处理与分析，投资者可以获得市场趋势、公司表现以及对宏观经济的深刻洞察。然而，数据分析的结果并非总是绝对的，市场中依然充满了不确定性和变数。

在使用大数据分析进行投资决策时，我们应该如何平衡数据分析结果和个人主观判断？

笔记：_____

_____

_____

财经知识窗 7-2

你知道吗？有些对冲基金会分析卫星图像来预测农作物产量，从而在农产品期货市场上获利。例如，通过分析停车场的车辆数量来预测零售公司的销售情况。这就是大数据分析的魔力！

三、快速发展阶段：21世纪10年代中期至今

进入21世纪10年代中期，财富科技迎来了快速发展的黄金时期。随着互联网技术的成熟和移动设备的普及，金融科技行业的创新步伐加快，财富科技在此期间实现了跨越式发展。人工智能、机器学习、区块链和移动应用等新兴技术的广泛应用，使财富管理服务变得更加智能化和个性化，推动了全球财富管理行业的深刻变革。以下是这一阶段的主要发展特征。

（一）人工智能与机器学习的广泛应用

在财富科技的快速发展阶段，人工智能（AI）和机器学习（ML）技术被广泛应用于财富管理的各个方面。这些技术通过分析海量数据，为投资者提供更为精确的市场预测、个性化产品推荐和自动化投资管理。

（二）区块链技术的探索与应用

区块链技术作为一种去中心化、不可篡改的分布式账本技术，自21世纪10年代中期以来在财富科技领域得到了广泛关注和应用。区块链的应用不仅提升了交易的透明度和安全性，还推动了资产数字化和去中心化金融（DeFi）的发展。

拓展阅读 7-1

全速数字化：构建财富管理新护城河（节选）

（三）移动应用和平台化服务的普及

移动互联网的迅猛发展使得移动应用和平台化服务成为财富科技的重要组成部分。在这一阶段，移动端理财应用程序，如 Robinhood 和 Acorns 迅速崛起，使得财富管理服务更加便捷和普及。

拓展阅读 7-2

摩根士丹利的"Next Best Action"（NBA）智能平台

（四）定制化和个性化服务的深化

随着财富科技的发展，市场对定制化和个性化服务的需求也在不断增长。财富科技平台通过分析用户数据，提供更加符合个体需求的金融产品和服务。

任务 2 　新技术在财富管理中的应用

在过去的十年中，金融科技的迅猛发展彻底改变了传统财富管理行业的运作方

式。在这个科技日新月异的时代，新技术的应用不仅提升了金融服务的效率和质量，还推动了财富管理行业的全面转型。从大数据的精准分析到人工智能的智能化决策，再到区块链的安全交易，新技术正在重新定义我们管理和增值财富的方式。

大数据、人工智能和区块链技术各自在财富管理中扮演着不同但同样重要的角色，在这里我们将深入探讨这些新技术在财富管理中的应用，分析这些技术如何为金融服务带来革命性变革，推动财富管理的现代化进程。

一、大数据与财富管理

在这个信息爆炸的时代，数据就像是新的"黄金"。大数据分析技术正在彻底改变财富管理行业，为投资者和理财顾问提供了前所未有的洞察力和决策支持。大数据分析技术在财富管理中的应用起源于20世纪末，随着计算技术和互联网的发展逐渐成熟，它与算法交易及机器顾问有紧密的联系，都是依赖数据驱动和自动化的技术应用，但在具体的操作层面和技术实现上又有所区别。通过整合大数据分析技术，财富管理公司能够提供更为精准的、个性化的服务，提升投资决策的有效性和客户满意度。

（一）大数据的概念与特征

大数据是指无法通过传统数据处理工具处理的大规模数据集。大数据的特征通常被总结为"5V"：Volume（体量）、Velocity（速度）、Variety（多样性）、Veracity（真实性）和Value（价值）。在财富管理中，这些特征为数据分析带来了巨大的挑战，但也提供了丰富的信息资源，可以为决策过程提供有力支持。

Volume（体量）：随着互联网、移动设备和社交媒体的普及，数据生成量呈指数级增长。财富管理机构需要处理的数据包括市场数据、客户交易记录、社交媒体数据等，数据的体量要求使用更先进的技术和工具进行存储和分析。

Velocity（速度）：金融市场的变化速度极快，投资者需要实时获取市场信息和投资建议。大数据技术通过高速数据处理能力，能够在最短时间内为投资者提供最新的市场动态和趋势分析。

Variety（多样性）：财富管理中涉及多种类型的数据，包括结构化数据（如财务报表、交易记录）和非结构化数据（如新闻、社交媒体内容）。大数据技术可以整合这些多样化的数据源，提供全面的市场分析和洞察。

Veracity（真实性）：数据的准确性和真实性对于财富管理至关重要。大数据技术通过高级算法和数据清洗技术，能够过滤噪声数据，提高数据质量，确保分析结果的可靠性。

Value（价值）：大数据的最终目标是为用户创造价值。在财富管理中，大数据通过提供更精准的市场分析、风险评估和个性化服务，帮助投资者实现更好的投资回报和财务目标。

✓ 课堂互动 7-2 --

随着技术的进步，银行和投资机构正逐步运用先进的分析工具和模型，更加准确地预测公司的财务状况。这种能力的提升不仅能够帮助这些机构做出更明智的投资决策，还可能对整个经济系统产生深远的影响。然而，这样的预测能力也带来了新的问题和挑战。

如果银行和投资机构能更好地预测公司的财务状况，对整个经济系统会产生什么影响？

笔记：＿＿＿＿＿＿＿＿＿＿＿＿＿＿＿＿＿＿＿＿＿＿＿＿＿＿＿＿＿＿＿＿

＿＿＿＿＿＿＿＿＿＿＿＿＿＿＿＿＿＿＿＿＿＿＿＿＿＿＿＿＿＿＿＿＿＿＿

＿＿＿＿＿＿＿＿＿＿＿＿＿＿＿＿＿＿＿＿＿＿＿＿＿＿＿＿＿＿＿＿＿＿＿

（二）大数据在财富管理中的应用场景

1. 市场分析与投资决策

大数据在市场分析和投资决策中发挥着重要作用。通过分析历史市场数据、经济指标和新闻情报，财富管理机构可以获得更精准的市场预测和投资建议。

利用大数据技术，投资者可以分析全球经济事件对市场的影响，从而调整投资组合，优化资产配置。这种基于数据驱动的分析可以帮助投资者识别市场机会和风险，并做出更加理性的投资决策。

2. 客户行为分析与个性化服务

大数据技术使财富管理机构能够深入了解客户需求和行为模式，从而提供个性化的服务方案。通过分析客户的交易记录、社交行为和消费习惯，财富管理机构可以识别客户的投资偏好和风险承受能力。

3. 风险管理与合规监控

大数据在风险管理和合规监控中也发挥了关键作用。通过实时分析市场动态和客户行为，财富管理机构能够识别潜在的风险和异常交易，从而采取措施进行风险控制。此外，大数据技术还可以用于合规监控，确保金融机构的操作符合相关法律法规，降低合规风险。

4. 投资策略优化

大数据技术通过分析投资组合的历史表现和当前市场条件，为财富管理机构提供了优化投资策略的能力。通过对市场趋势和风险因素的深入分析，投资者可以及时调整投资组合，提高收益水平。

（三）大数据技术的挑战

尽管大数据在财富管理中的应用具有显著的优势，但其推广和应用面临诸多挑战。

1. 数据隐私与安全威胁

由于大数据涉及大量的个人信息和商业敏感数据，一旦发生数据泄露或被黑客攻击，可能会导致用户隐私泄露和公司声誉受损。复杂的网络环境和多样化的数据来源增加了安全防护的难度，使得确保数据在存储、传输和处理过程中的安全性成为重大挑战。

2. 数据处理与分析难度加大

随着数据量的爆炸式增长，传统的数据处理和分析方法面临巨大挑战。大数据的多样性、快速性和复杂性要求更强大的计算能力和更高效的算法。然而，现有的技术基础设施在处理如此庞大的数据时可能会出现瓶颈，导致数据处理速度减慢，分析结果的实时性和准确性受到影响。

3. 数据质量与管理难题

大数据的价值取决于数据的质量，但由于数据来源的多样性和不一致性，数据质量问题日益凸显。不完整、不准确或冗余的数据会导致错误的分析结果和不可靠的决策。数据清洗和管理过程复杂且成本高昂，如何确保数据的准确性和一致性成为大数据应用的核心难题。

4. 法规与合规性挑战

全球各国对数据隐私和使用的法律法规各不相同，这对跨国公司提出了巨大的合规挑战。比如，欧盟的《通用数据保护条例》（GDPR）对数据保护提出了严格要求，许多企业在处理大数据时，必须确保其操作符合当地法规，否则可能面临巨额罚款和法律诉讼。

5. 数据偏见与道德问题

大数据分析依赖于历史数据，而这些数据可能包含偏见，导致决策结果不公正。算法在处理数据时，可能无意中放大社会中的种族、性别或经济地位差异，造成歧视性决策。此外，如何在数据使用中确保道德规范和公平性，是一个亟待解决的问题，尤其是在人工智能和自动化决策越来越普及的背景下。

6. 数据整合与互操作性困难

大数据的来源多样且分散，不同系统之间的数据标准和格式差异巨大，导致数据整合和互操作性困难。将来自不同平台的数据进行有效整合，需要解决格式兼容性和标准化的问题，这不仅增加了技术的复杂性，还提高了实施成本。推动数据标准化和采用统一的互操作性协议，是应对这一挑战的关键。

☑ **阅读思考 7-1** --

大数据在摩根大通财富管理中的应用

摩根大通是全球金融服务行业的领军企业，它在财富管理领域的成功在很大程度上得益于对大数据技术的深度应用。摩根大通通过精细化的市场数据分析、客户行为分析和风险管理，显著提升了投资决策的质量和客户服务的效率。

摩根大通利用大数据技术对全球金融市场进行实时监控和深度分析，这包括股票、债券、外汇等多种金融资产的价格波动、交易量和市场趋势。摩根大通不仅聚焦于宏观经济数据，还关注微观市场动态，以确保能够把握每一个可能影响客户投资组合的因素。通过建立复杂的预测模型，摩根大通能够基于历史和实时数据提供精确的市场预测，从而为客户提供科学的投资策略。

通过分析客户的交易记录、资产分布和历史表现，摩根大通深入了解每位客户的风险承受能力和投资偏好。这种个性化的数据分析使得财富管理顾问能够为每位客户定制投资组合，提供个性化服务，从而大幅度提升客户的满意度和忠诚度。此外，摩根大通还利用大数据技术来预测客户可能的需求变化，主动调整服务策略，确保服务始终符合客户的期望。

在风险管理方面，摩根大通运用大数据技术实时监控和评估投资风险。摩根大通通过建立数据模型来预测市场的潜在风险，及时向客户和管理层报告可能的风险点。此外，摩根大通还利用大数据技术进行压力测试和情景分析，确保在极端市场条件下客户的投资组合能够保持稳定。

尽管大数据技术带来了显著的业务优势，但也在数据隐私和安全性方面面临着挑战。摩根大通采取了多项措施来保护客户数据的安全，包括高级加密技术、严格的数据访问控制和持续的安全审计。摩根大通还定期对员工进行数据安全培训，确保每位员工都能理解和遵守数据保护政策。

资料来源：根据网络公开资料整理自编。

思考：客户数据的隐私和安全如何在大数据应用中得到保障？

笔记：_____

_____

_____

二、人工智能与财富管理

在数字化时代，人工智能已成为财富管理行业变革的核心推动力。随着计算能力的增强、算法的优化和数据量的增加，人工智能在财富管理中的应用日益广泛和深入。它不仅提升了投资分析的效率和精度，还为客户提供了个性化的服务和解决方案，优化了风险管理流程，进而改变了整个财富管理的生态系统。在这里我们将探讨人工智能在财富管理中的关键应用场景、面临的挑战，以及未来的发展趋势。

（一）人工智能的技术基础与特点

1.人工智能的技术基础

人工智能是指通过计算机系统模拟人类智能的过程，包括学习、推理、感知、语言理解和问题解决。人工智能的核心技术包括机器学习、自然语言处理、计算机视觉和深度学习等。在财富管理中，这些技术被用来处理复杂的数据集、识别模式、提供预测和自动化服务。

机器学习（machine learning）：通过分析大量历史数据，机器学习可以识别模式并预测未来趋势。机器学习在投资组合优化、市场预测和风险评估中具有重要作用。

自然语言处理（NLP）：NLP技术用于分析和理解人类语言，帮助财富管理机构处理新闻、社交媒体和经济报告等非结构化数据，以获得有价值的市场洞察。

深度学习（deep learning）：深度学习通过模拟人脑的神经网络来处理复杂的模式识别任务。这项技术在市场预测、客户服务和欺诈检测等方面被广泛应用。

2.人工智能在财富管理中的应用特点

人工智能的应用在财富管理中具有以下特点：

智能化：通过复杂算法和数据分析，人工智能可以提供更智能的投资建议和市场预测。

自动化：人工智能可以实现投资组合的自动化调整，减少人工干预，提高效率。

个性化：通过分析客户行为和偏好，人工智能可以提供个性化的财富管理服务。

实时性：人工智能可以实时处理数据并做出快速反应，帮助投资者抓住瞬息万变的市场机会。

☑ 课堂互动 7-3

随着人工智能（AI）技术的不断进步，各行各业正经历着前所未有的变革，财富管理领域也不例外。越来越多的金融机构开始采用 AI 技术来替代传统的人工管理，以提升效率、降低成本，并做出更精准的投资决策。然而，AI 技术并非完美无缺，它在带来诸多优势的同时，也存在一定的局限性和风险。

相比传统的人工管理，AI 技术有哪些优势和劣势？

笔记：_____

_____

_____

（二）人工智能在财富管理中的应用场景

1. 投资组合管理与优化

人工智能（AI）在投资组合管理中起着至关重要的作用。通过机器学习和深度学习算法，AI 可以分析海量的市场数据和历史交易记录，为投资者提供优化的资产配置方案。

AI 技术能够识别投资组合中的潜在风险和收益，并根据市场变化进行动态调整，以实现最优的收益风险比。例如，智能投顾就是利用 AI 技术，为用户提供自动化和个性化的投资建议。

2. 市场预测与分析

AI 在市场预测中的应用极为广泛。通过分析历史市场数据、经济指标和社交媒体情感，AI 可以预测市场趋势和价格波动，帮助投资者制定更有效的投资策略。通过大数据和算法分析，AI 还可以识别市场中的潜在机会和风险。

3. 客户服务与个性化体验

AI 的自然语言处理能力使其在客户服务中具有显著优势。通过 AI 聊天机器人和虚拟助理，财富管理机构能够提供全天候的客户支持和服务。

AI 技术可以分析客户的行为数据，提供个性化的理财建议和产品推荐，从而提高客户满意度和忠诚度。如今许多银行和金融机构利用 AI 技术分析客户的财务状况，提供量身定制的投资方案。

4. 风险管理与欺诈检测

AI 技术在风险管理中扮演着关键角色。通过实时分析市场动态和客户交易行为，AI 技术能够识别潜在的风险和欺诈行为。

AI 算法可以监控交易模式，识别异常行为，并及时发出警报。这不仅提高了风险管理的效率，还增强了金融机构的安全性和合规性。

（三）人工智能技术的挑战

1. 数据隐私与伦理问题

AI技术在处理和分析大量数据时，经常涉及敏感的个人信息，这引发了严重的数据隐私和伦理问题。由于AI依赖于海量数据进行学习和决策，这些数据往往包含个人身份信息和其他敏感数据。如果数据管理不当，可能会导致隐私泄露、数据滥用，甚至被用于不当目的。此外，AI在决策中可能放大现有的社会偏见，导致歧视性结果。这些问题要求在AI开发和应用过程中，必须严格遵守隐私保护法规，并建立强有力的伦理框架来指导AI的行为。

2. 算法透明性与可解释性不足

AI系统，尤其是深度学习模型，往往被视为"黑箱"，因为其内部决策过程复杂且难以理解。这种缺乏透明性和可解释性的特性，使得用户和开发者难以理解AI系统是如何得出某个决策的，进而难以评估其可靠性和公正性。在关键领域，如医疗诊断、金融决策和司法判决中，AI的不可解释性可能导致用户不信任其结果，甚至引发法律和伦理争议。因此，如何提高AI系统的透明性和可解释性，成为一个重要的挑战。

3. 数据偏见与公平性挑战

AI系统的性能依赖于其训练数据的质量和多样性。然而，如果训练数据存在偏见或不完整性，AI系统可能会学习并放大这些偏见，从而在决策中产生不公平的结果。例如，AI可能会在招聘、信贷评估或刑事司法中无意中放大性别、种族或经济地位的差异。这种数据偏见问题不仅影响AI系统的公正性，还可能导致社会信任的下降。为解决这一问题，需要在数据收集和处理阶段采取措施，确保数据的多样性和代表性。

4. 技术与基础设施挑战

AI系统通常需要强大的计算能力和复杂的基础设施的支持，特别是在处理大规模数据和运行复杂模型时，这对许多企业和组织构成了挑战，特别是那些没有充足资源的小型企业。AI系统的开发和部署还需要大量的专业知识，这增加了技术门槛。此外，AI技术的快速发展使得现有的基础设施和计算资源可能很快过时，要求企业不断投资升级其技术基础设施。

三、区块链与财富管理

区块链技术作为一种去中心化、不可篡改的分布式账本技术，正在为财富管理行业带来革命性的变革。从提高交易效率到创造新的投资机会，区块链技术已经在提高资产交易透明度、身份验证和合规方面展现出显著优势。尽管这些技术在财富管理中的应用仍处于早期阶段，但其发展前景令人期待。区块链正在重塑我们管理和转移价值的方式。让我们一起探索区块链如何影响财富管理，以及它带来的机遇和挑战。

（一）区块链的技术基础与特点

区块链是一种分布式账本技术，通过密码学和共识算法，确保数据的不可篡改和透明性。区块链的核心特征包括去中心化、透明性、不可篡改性和智能合约。

1. 去中心化

区块链通过分布式网络记录和验证交易，消除了中心化机构的控制，降低了单点故障和系统风险。

2. 透明性

区块链上的交易记录对所有参与者公开透明，所有节点可以验证交易的真实性，增强了系统的透明度和可信度。

3. 不可篡改性

一旦交易记录被添加到区块链中，就无法被篡改或删除，确保了数据的完整性和安全性。

4. 智能合约

智能合约是嵌入在区块链上的自执行代码，可以自动执行预设的合约条款，减少了人为干预和操作成本。

区块链技术主要依赖于密码学、分布式网络和共识算法。通过这些技术的结合，区块链能够实现去中心化的交易记录和验证，为财富管理提供强有力的支持。

（二）区块链在财富管理中的应用场景

1. 资产数字化

区块链技术推动了资产的数字化进程，使得实物资产（如房地产、艺术品）和金融资产（如股票、债券）能够以数字化形式进行交易和管理。通过资产数字化，投资者可以更便捷地参与全球市场交易，获取更多的投资机会。

资产数字化不仅提高了交易的便捷性和透明度，还降低了交易成本。例如，通过区块链技术，投资者可以在全球范围内进行快速、安全的资产转移，而无须依赖传统的金融中介。

2. 保障交易透明与安全

区块链通过其透明和安全的特性，为金融交易提供了更高的透明度和安全性。在传统金融交易中，信息不对称和数据泄露风险一直是投资者担忧的问题。而区块链的不可篡改性和去中心化特性，使得所有交易记录都能够被追溯和验证，降低了信息不对称和欺诈风险。

此外，区块链技术还可以通过智能合约自动执行交易，减少人为干预和操作风险，进一步提高交易的安全性和效率。

3. 去中心化金融

去中心化金融（DeFi）是基于区块链技术的金融应用，通过去中心化的方式提供金融服务，如借贷、支付、交易等。DeFi的兴起为投资者提供了更多的金融选择，降低了传统金融服务的门槛，并且在全球范围内推动了金融普惠。

DeFi平台通常具有高透明度和低成本的优势，使得更多的投资者能够享受到高效、便捷的金融服务。例如，通过DeFi平台，投资者可以进行点对点的借贷和交易，而无须依赖传统的金融中介。

4. 合规与监管

区块链技术在合规和监管中也发挥着重要作用。通过区块链，监管机构可以实时监控金融交易，确保金融机构遵循相关法规，降低合规风险。

此外，区块链技术还可以通过智能合约自动执行合规条款，减少人为干预和操作风险，进一步提高合规管理的效率和准确性。

☑️ **阅读思考 7-2** --

区块链技术在财富管理中的应用——以富达投资为例

富达投资是全球最大的资产管理公司之一，管理着数万亿美元的资产。为了提高基金管理的透明度和效率，富达投资积极采用区块链技术，特别是在管理其数字资产和交易流程方面，显著优化了基金管理的运营流程。

富达投资通过区块链技术实现了基金管理过程中的数据透明化。区块链的分布式账本特性使得所有参与者可以实时查看交易和持仓数据。这种透明度不仅减少了信息不对称，也降低了错误和延迟的发生率。例如，富达投资的基金经理可以通过区块链即时获得基金持仓的最新数据，优化投资决策的时效性和准确性。

此外，富达投资利用区块链技术简化了基金的清算和结算过程。传统的基金管理涉及多方参与者，如托管银行、清算所等，这些环节通常耗时且容易出错。而区块链技术的引入使得这些流程可以自动化完成，不仅提高了效率，还减少了对人工干预的依赖。

富达投资在区块链领域的另一个重要应用是数字资产管理业务。富达投资于2018年成立了富达数字资产公司，专注于为机构投资者提供数字资产的托管和交易服务。该公司利用区块链技术确保数字资产的安全性和透明性，为客户提供可靠的数字资产管理解决方案。

区块链的不可篡改性和透明性，确保了客户的数字资产在存储和交易过程中的安全性。这对那些希望投资比特币等加密货币的机构投资者而言，富达投资的区块链解决方案提供了极高的安全性，并简化了交易和持有加密资产的复杂流程。

资料来源：根据网络公开资料整理自编。

思考：区块链技术为投资者带来了哪些便利？

笔记：_____

_____

_____

（三）区块链技术的挑战

尽管区块链在财富管理中的应用具有显著的优势，但其推广和应用也面临诸多挑战。

1. 扩展性与性能问题

区块链技术的扩展性和性能问题是其面临的主要挑战之一。由于区块链系统中的每一笔交易都需要由网络中的所有节点验证并记录在链上，随着交易量的增加，系统的处理速度和效率显著下降。比特币和以太坊等区块链网络在高交易量时常常遇到拥堵，导致交易确认时间延长和交易费用增加。这种扩展性限制使得区块链在被大规模应用时难以与传统的集中式系统竞争。因此，如何在不牺牲去中心化和安全性的前提下提高区块链的扩展性，成为当前研究的重点方向。

2. 能耗与环境影响

区块链技术，特别是基于工作量证明（PoW）机制的区块链，如比特币，面临高能耗的问题。PoW 机制要求矿工通过大量的计算工作来竞争记账权，这一过程消耗了大量的电力资源。据估计，比特币的能耗相当于一些小国的年用电量，这引发了对其环境影响的广泛担忧。随着全球对可持续发展的关注增加，如何减少区块链技术的能耗，或者通过采用更环保的共识机制（如权益证明（PoS））来替代 PoW，成为必须解决的重要问题。

3. 安全与隐私挑战

虽然区块链技术以其高度的安全性著称，但它并非完全免疫于安全威胁。智能合约漏洞、51% 攻击和对抗性攻击等安全问题仍然存在。智能合约是自动执行合约条款的程序，一旦代码中存在漏洞，攻击者可以利用这些漏洞盗取资金或破坏系统。51% 攻击则指的是如果某个实体或团体控制了区块链网络中超过 50% 的计算能力，它们就可以篡改交易记录。与此同时，区块链上的交易是公开的，这在保障透明度的同时，也带来了隐私泄露的风险，尤其是当交易数据与个人身份相关联时。如何在确保安全的同时保护用户隐私，成为区块链技术的重要挑战之一。

4. 法规与合规问题

区块链技术的去中心化特性使得其在全球范围内的监管和合规性问题变得复杂。不同国家和地区对区块链及其相关应用（如加密货币）的法律规定和监管要求存在差异，这为企业的跨境业务带来了挑战。例如，有些国家对加密货币持开放态度，而另一些国家则禁止或严格限制其使用。此外，区块链的匿名性和难以追踪的特点也为反洗钱（AML）和反恐融资（CTF）带来了新的难题，如何在不损害区块链技术优势的情况下制定有效的监管框架，是当前亟待解决的问题。

5. 技术复杂性与互操作性

区块链技术的复杂性使得其开发、维护和应用面临很高的技术门槛。企业在实施区块链解决方案时，往往需要大量的技术投入和专门人才，这对资源有限的中小企业而言是一个巨大的障碍。此外，区块链系统之间的互操作性问题也制约了其广泛应用。不同区块链平台采用不同的技术标准和协议，这使得跨链操作（如资产转移和数据共享）变得困难。推动区块链技术标准化和开发跨链解决方案，已成为提升区块链应用范围的关键。

拓展阅读 7-3

恒生电子：
赋能金融机构
数智化升级

6. 用户接受度与教育

区块链技术相对复杂，一般用户对其原理和应用了解有限。这种技术障碍阻碍了区块链的普及应用。用户对区块链的安全性、隐私保护和应用场景的理解不足，导致区块链在很多领域的采用速度不如预期。要想推动区块链技术的广泛应用，不仅需要技术上的突破，还需要加强用户教育，提升公众对区块链的认知和信任。

展望未来，我们可以预见，大数据、人工智能和区块链技术将继续深刻地改变财富管理的方式。它们可能会重新定义财富的概念，创造新的经济模式，甚至改变我们对价值的理解。然而，在这个充满机遇的新时代，我们也不能忘记财富管理的根本目标：为个人和社会创造可持续的经济价值。技术固然重要，但它终究是服务于人的工具，我们需要确保这些先进技术的应用始终以增进人类福祉为导向。作为这个时代的见证者和参与者，我们有责任积极拥抱这些变革，同时保持理性和谨慎。让我们共同努力，利用这些强大的工具，构建一个更加公平、高效、普惠的金融未来。在这个人工智能和区块链交织的新时代，机遇与挑战并存，但只要我们保持开放的心态，不断学习和适应，就一定能在这场财富管理的变革中把握先机，实现个人和社会的共同繁荣。

任务3   数字人民币

数字人民币（Digital RMB），也称电子人民币或e-CNY，是由中国人民银行（央行）发行的法定数字货币，是中国官方主导的中央银行数字货币（CBDC）项目。作为法定货币的数字形式，数字人民币与实体人民币（如纸币和硬币）在法律地位和功能上完全等同，但其存在形式和流通方式与传统货币有所不同。

数字人民币开发与发行的主要目的是适应数字经济的需求，提升支付系统的效率，增强货币政策的执行力，以及应对加密货币等新兴支付手段带来的挑战。数字人民币旨在推动支付系统的现代化，改善金融包容性，同时希望在全球范围内建立更具竞争力的货币体系。

阅读思考 7-3

数字人民币

随着全球数字经济的迅猛发展，数字货币的概念逐渐进入公众视野。数字人民币（Digital RMB）作为中国人民银行推出的法定数字货币，正在引领全球数字货币的潮流。不同于传统的纸质货币，数字人民币结合了现代科技和传统货币的优势，旨在提高支付的效率、安全性和便利性。其推出不仅标志着货币形态的一次重大变革，也对全球金融体系和财富管理带来了深远的影响。

数字人民币的设计和实施不仅考虑了现有金融体系的整合，还着眼于未来科技的进步。它通过利用区块链技术和分布式账本技术，确保了交易的透明性和安全性，同时实现了去中心化的部分特点。这一新型货币形式，不仅能够提升支付系统的效率，还能够增强金融包容性，为未能充分利用银行服务的人群提供便捷的金融服务。

此外，数字人民币的推出还具有重要的经济和政治意义。作为世界第二大经济体，中国通过数字人民币的应用，展示了其在金融科技领域的领先地位。它不仅有助于国内经济的数字化转型，还在全球范围内提升了人民币的国际影响力。

资料来源：根据网络公开资料整理自编。

思考：你还记得上一次使用现金是什么时候吗？在这个移动支付盛行的时代，我们的钱包正在悄然发生变化。如果你的钱包里只有数字人民币，没有纸币，你的日常生活会有什么变化？

笔记：_____

_____

_____

一、数字人民币的特征

（一）数字人民币的地位

作为全球首个由主要经济体推出的中央银行数字货币（CBDC），数字人民币不仅是中国货币体系的重要组成部分，还是国家金融科技战略中的核心项目之一。数字人民币的推出标志着中国在全球数字货币领域的领先地位，也显示了中国在全球经济治理中寻求更大影响力的战略意图。数字人民币的地位主要体现在以下四个方面：

1. 国家战略的核心组成部分

数字人民币是中国金融创新的重要举措，是构建现代货币体系和数字经济的重要基础。它的发行和推广是中国人民银行数字货币战略的重要一步，也是国家在全球数字货币竞争中抢占先机的关键。

2. 法定货币的数字形式

数字人民币作为法定货币，具有与纸币和硬币等同的法律地位。这意味着在中国境内，任何机构或个人都必须接受数字人民币作为支付手段。这赋予了数字人民币与其他电子支付方式（如支付宝、微信支付）不同的强制流通性和法律保障。

3. 央行数字货币的先锋

数字人民币作为央行数字货币，与比特币、以太坊等去中心化的加密货币有着本质的区别。数字人民币由中国人民银行直接发行和控制，确保了货币政策的有效性和金融稳定性。相比之下，其他加密货币更多作为投资和投机工具，而数字人民币则专注于实际支付和流通。

4. 推动金融普惠与现代化支付体系

数字人民币的推出旨在增强金融普惠性，特别是在传统金融服务覆盖不足的地区和人群中推广普及。同时，数字人民币具备先进的支付技术，有助于提升中国支付体系的现代化水平，支持经济发展。

（二）典型特征

数字人民币的特征使其在全球范围内的中央银行数字货币（CBDC）中脱颖而出，这些特征不仅反映了其技术创新，还体现了其在国家战略中的特殊角色。

1. 中心化管理与央行发行

尽管数字人民币利用了分布式账本技术，但它的发行和管理依然是高度中心化的，由中国人民银行直接控制。这一特性确保了货币供应的稳定性和央行对货币政策的控制力。

2. 支持可控匿名与高安全性

数字人民币设计了可控匿名的机制，允许用户在不暴露个人信息的情况下进行日常小额交易，同时在大额交易或可疑活动时，监管机构可以进行必要的追踪。这种设计平衡了用户隐私与国家安全、金融监管的需求。

3. 可编程性与智能合约的潜在应用

数字人民币具备可编程性，这意味着未来可以通过智能合约技术实现自动化的交易和支付流程。例如，基于智能合约，数字人民币可以自动执行某些条件下的支付操作，极大地简化了商业交易的流程。

4.即时结算与高效支付

得益于先进的技术架构，数字人民币可以实现即时结算，这极大地提高了支付效率。特别是在跨境支付和大额交易中，数字人民币的快速结算能力具有明显的优势。

5.双离线支付功能

数字人民币支持双离线支付，这意味着即使在无网络连接的情况下，两台设备也可以完成交易。这一功能特别适用于偏远地区或特殊环境下的支付需求，增强了数字人民币的普及性和应用场景。

财经知识窗 7-3

虽然数字人民币提供了匿名功能，但在使用时还是要注意保护个人信息。不要随意在不明来源的网站或应用上输入你的数字钱包信息。

虽然数字人民币受到政府支持，但在使用时我们还是要保持警惕，防范可能出现的新型诈骗。比如，不要轻信陌生人发来的"数字人民币红包"链接，以免上当受骗。

虽然数字人民币可能让跨境支付更便捷，但在国际使用中还是要注意汇率风险。因为汇率的变化可能会影响你实际支付的金额。

二、数字人民币的技术基础

数字人民币的成功推广和应用依赖于其坚实的技术基础。作为一种创新性的央行数字货币，数字人民币融合了多项先进的技术，以确保其在安全性、效率性和可扩展性方面的优势。这些技术不仅支持了数字人民币的基本功能，还为其未来的发展和应用扩展提供了强大的支撑。

（一）区块链与分布式账本技术

尽管数字人民币并未完全依赖区块链技术，但其部分功能确实借鉴了区块链的核心理念。数字人民币的交易记录采用分布式账本技术（DLT）进行管理，这种技术使得交易数据的存储更加安全和透明。分布式账本技术通过多节点共同记录和验证交易数据，避免了单一中心化数据库的弊端，如单点故障和数据篡改。通过结合区块链的去中心化和分布式账本的安全性，数字人民币能够在保障高效性和可控性的同时，提供更强的抗攻击能力和交易数据的不可篡改性。

（二）两级运营体系

数字人民币的技术架构是其运行的核心，它包括了央行发行的基础设施、商业银行的分发系统和面向用户的应用层。整个架构的设计遵循"中间存储、两级分发"的模式，这意味着中国人民银行作为数字人民币的唯一发行方，将货币分发至商业银行和其他授权机构，再由这些机构将数字人民币提供给最终用户。这种两级分发模式不仅确保了央行对数字货币供应的控制，还能够充分发挥商业银行和支付机构在分发和流通中的作用，避免了对现有金融体系的过度冲击。

（三）双离线支付技术

数字人民币的一项创新性技术是双离线支付技术。这种技术允许用户在无网络连接的情况下完成交易，这在移动支付和电子货币方面是一个重要的突破。双离线支付的实现依赖于近场通信技术（NFC）和硬件安全模块（HSM）的支持。在双离线支付场景中，两个设备之间通过 NFC 进行通信，并利用 HSM 确保交易数据的安全性和可靠性。这种设计使得数字人民币在网络条件差或无网络的情况下，仍然能够进行小额支付，大大扩展了其应用场景，特别是在偏远地区或应急情况下。

（四）安全性与隐私保护机制

数字人民币在设计上非常注重安全性和隐私保护。为确保数字人民币的安全性，系统内采用了多层次的加密和认证机制，防止交易数据被非法篡改或窃取。所有交易都经过严格的加密处理，并在多个节点上记录，确保了数据的完整性和不可篡改性。

在隐私保护方面，数字人民币引入了"可控匿名"的设计，这意味着在小额交易中，用户可以享有一定程度的匿名性，但在大额或可疑交易中，监管机构仍可以追踪交易记录。这种设计不仅保护了用户的隐私，还为打击洗钱、恐怖融资等非法活动提供了技术支持。

三、试点项目与推广策略

数字人民币的开发与推广是一个循序渐进的过程，始于小规模的试点项目，逐步扩展至全国范围。这一策略不仅帮助中国人民银行在实际操作中验证技术方案和功能设计，还为未来的全面推广奠定了坚实的基础。

（一）数字人民币的试点城市与应用场景

数字人民币的试点项目于 2019 年开始，最初选定了四个城市：深圳、苏州、雄安新区和成都。随着试点的推进，范围逐步扩大到其他城市，如上海、海南、长沙、西安、青岛、大连等。此外，北京冬奥会期间，数字人民币的试点范围进一步扩大，涵盖了更多的应用场景，包括交通、购物、住宿、餐饮等。

这些试点城市和场景的选择并非偶然，而是基于其经济活动的多样性和代表性。例如，深圳作为中国改革开放的前沿城市，拥有庞大的科技和金融产业基础，是检验数字人民币在高频交易和复杂支付场景中表现的理想试验田。苏州作为传统的制造业基地，数字人民币的试点项目则侧重于工薪支付和企业间的商业支付场景。

通过在不同城市和应用场景中的试点，数字人民币的实际功能得到了全面的测试，包括小额零售支付、政府补贴发放、工资支付、公共交通、餐饮和零售消费等。这些试点不仅验证了数字人民币在不同场景中的适用性，还帮助我们识别了技术实现中的潜在问题，为后续的改进提供了依据。

（二）试点项目的实施效果与市场反馈

数字人民币试点项目的实施效果总体积极，得到了广泛的市场反馈。在各试点城市，公众对数字人民币的接受度逐步提高，商户和消费者都开始熟悉和适应这一新的支付方式。

在深圳、苏州等地，数字人民币被用于政府补贴的发放。通过这一试点，用户体验到了数字人民币的便捷性和安全性，同时政府也能够有效追踪补贴的使用情况，防止资金的滥用和浪费。

此外，在北京冬奥会期间，数字人民币被广泛应用于各类消费场景，为国内外用户提供了无缝的支付体验。这一成功的试点不仅展示了数字人民币的技术成熟度，还表明了数字人民币在国际场合中的可操作性和普及潜力。

拓展阅读7-4

深圳试点数字
人民币的推广
与应用

市场反馈表明，尽管数字人民币在技术上具有诸多优势，但在推广上仍面临一些挑战，如使用习惯的改变以及与现有支付方式的兼容性等。通过试点项目，监管机构得以针对这些挑战进行有针对性的优化和调整，确保数字人民币在全面推广时更加顺畅。

四、数字人民币在财富管理中的应用

数字人民币不仅是日常支付的革新工具，也在财富管理领域展现出了巨大的潜力。作为一种法定数字货币，数字人民币能够以更高的效率、更低的成本和更强的安全性来优化财富管理流程。通过与智能合约、区块链等技术的结合，数字人民币为财富管理提供了更多创新的应用场景，从支付与交易到投资与资产配置，再到自动化管理和金融普惠，数字人民币正在改变财富管理的生态系统。

（一）支付与交易

数字人民币在支付与交易中的应用是最直接、最广泛的。由于数字人民币具有法定货币的地位，因此它可以在财富管理中的各类支付场景中无缝应用，包括但不限于：

1. 财富管理服务费用支付

数字人民币可以用于支付各类财富管理服务费用，如管理费、咨询费等。这不仅简化了支付流程，还提供了更安全和可追溯的交易记录，方便财富管理机构进行财务管理。

2. 投资与理财产品的购买与赎回

数字人民币使得购买和赎回各类投资与理财产品（如基金、债券、保险等）变得更加便捷。数字人民币的快速结算能力确保了投资者能够及时入市或退出市场，最大限度地减少资金滞留时间，提高投资效率。

3. 跨境交易

数字人民币在跨境支付中的应用潜力巨大，特别是在跨境电商场景中，数字人民币可以显著降低跨境交易的时间成本和汇兑成本，提升跨境交易的效率和安全性。

（二）投资与资产配置

数字人民币作为一种新型的投资工具，为财富管理中的资产配置带来了新的选择和可能性。其特点使其在投资组合中具有以下优势：

1. 避险资产的属性

由于数字人民币是由中国人民银行发行的法定货币，具有国家信用背书，这使得它成为一种相对稳定的投资工具，可以在全球金融市场中作为避险资产的一部分，用于对冲风险和稳定投资组合的收益。

2. 成为数字资产的桥梁

数字人民币可以作为传统金融资产和新兴数字资产之间的桥梁。在一个投资组合中，投资者可以利用数字人民币在不同类型的资产之间进行灵活配置，从而优化整体的风险收益比。

3. 提高资产配置的便捷性

数字人民币的可编程性和智能合约功能，使得财富管理机构能够更容易地实现自动化的资产配置。例如，财富管理机构可以通过智能合约预设条件，当达到特定市场条件时，自动将投资者的数字人民币转换为其他资产类别（如股票、债券等），从而提高资产配置的效率和灵活性。

（三）智能合约与自动化管理

数字人民币与智能合约技术的结合，极大地拓展了数字人民币在财富管理中的应用空间。智能合约是一种能够自动执行合约条款的计算机程序，它可以根据预设的规则在数字人民币网络上自动完成特定的交易和操作，不需要人工干预。智能合约的主要应用场景包括：

1. 自动化支付与分红

财富管理中经常涉及定期支付和分红，如基金定期分红、保险理赔支付等。通过智能合约，这些操作可以自动化完成，减少人为操作的错误和延迟，提高支付的准确性和及时性。

2. 自动化投资管理

在投资管理中，智能合约可以根据市场数据的变化自动调整投资组合。例如，当某只股票的价格跌至预设的水平时，智能合约可以自动执行买入指令，或者当市场出现重大风险信号时，自动转换投资组合中的数字人民币为避险资产。

3. 透明和合规的财务管理

智能合约能够确保每一笔交易都按照预设的规则执行，并且所有操作记录都被安全地记录在区块链上。这不仅提高了财富管理的透明度，还简化了合规审查流程，确保所有交易都符合相关法律法规。

（四）金融普惠与财富管理

数字人民币在促进金融普惠方面有着独特的优势。它不仅为传统金融服务覆盖不到的地区和人群提供了接入现代金融服务的机会，也为低收入人群和中小企业提供了更加便捷和低成本的财富管理工具，主要体现在以下三个方面：

1. 扩大财富管理的受众群体

数字人民币降低了财富管理服务的门槛，使得更多的个人和企业可以享受到专业的财富管理服务。例如，在农村或偏远地区，数字人民币可以帮助当地居民和小微企业更便捷地进行资金管理和投资活动。

2. 支持小额财富管理和微型投资

数字人民币的便捷性和低成本特性，使其非常适合小额财富管理和微型投资产品的开发。对于那些无法承担传统理财产品高门槛的投资者，数字人民币可以为其提供更多的理财选择，如小额基金、小额保险等。

3. 社会保障与补贴的数字化管理

数字人民币还可以用于社会保障资金的发放和管理，如养老金、社会福利和政府补贴的发放。通过数字人民币，这些资金可以更加高效、安全地分配到需要的人群手中，减少中间环节和分配成本，提升资金的使用效率。

✓ **课堂互动 7-4** --

数字人民币作为一项重要的金融创新，不仅旨在推动经济发展，也有潜力在社会中发挥普惠金融的作用，特别是为弱势群体提供更加便捷和安全的金融服务。然而，如何让数字人民币真正服务于弱势群体，依然面临着许多现实的挑战。

你认为数字人民币如何才能更好地服务于弱势群体？有哪些潜在的挑战需要克服？

笔记：_____

_____

_____

五、数字人民币的国际比较与影响

（一）其他国家的数字货币

除了中国，许多国家都在研究或试点自己的中央银行数字货币（CBDC）。比如，欧洲的数字欧元项目、日本的数字日元研究等。在这场全球数字货币竞赛中，中国无疑走在了前列。

1. 美国的数字美元

美国正在探索数字美元（Digital Dollar）的可能性，但尚未正式推出。美国联邦储备委员会正在进行研究和试点，评估数字美元的潜在影响和应用场景。相比数字人民币，数字美元的进展相对较慢，仍处于研究和试点阶段，而数字人民币已经在多个城市进行了大规模试点，并且在技术和政策层面上得到了广泛支持。数字人民币强调可控匿名和双离线支付，注重交易的隐私保护和便捷性。数字美元的设计则更多关注金融稳定和反洗钱等监管需求。

2. 欧盟的数字欧元

欧洲中央银行（ECB）正在研究和开发数字欧元（Digital Euro），目前处于公众咨询和技术评估阶段。数字欧元的目标是提供安全、便捷的支付方式，促进欧元区的金融创新。与数字人民币相比，数字欧元进展相对较慢，但欧洲中央银行的研究和开发力度也在逐步加大。数字人民币在技术和应用推广方面领先一步。数字欧元注重与现有金融体系的兼容性和稳定性，旨在提升欧元区内的支付效率和金融包容性。数字人民币则在提升支付效率、增强金融包容性和国际化等方面表现更为突出。

3. 瑞典的电子克朗

瑞典央行（Riksbank）正在开发电子克朗（e-Krona），以应对现金使用量的下降和数字支付的兴起。电子克朗的目标是确保公共资金的安全和可用性。电子克朗的开发进展较快，已经进行了多轮测试和公众咨询。与数字人民币相比，电子克朗的试点范围和应用场景较为有限。电子克朗注重稳定性和用户体验，旨在提供安全可靠的数字支付手段。数字人民币在提供广泛的支付场景、提升金融包容性和智能化方面具有更大的优势。

财经知识窗 7-4

CBDC 是"Central Bank Digital Currency"的缩写，指的是由中央银行发行的数字货币。与比特币等加密货币不同，CBDC 是由国家信用背书的法定数字货币。

（二）数字人民币对全球金融体系的潜在影响

1. 对美元主导地位的挑战

长期以来，美元在全球贸易和金融体系中占据主导地位，数字人民币的推出为这一格局带来了挑战。随着数字人民币在国际贸易中的应用扩展，特别是在共建"一带一路"国家和地区，人民币的国际使用范围和影响力将得到增强，从而削弱美元的全球主导地位。

2. 跨境支付与清算的变革

数字人民币具有快速结算、低成本和高安全性的优势，这使其在跨境支付和清算中具有巨大的应用潜力。通过与其他国家 CBDC 的互操作性，数字人民币有望显著提高跨境交易的效率，减少对美元清算体系的依赖，从而推动全球支付体系的多元化发展。

3. 金融普惠的国际推广

数字人民币的设计理念之一是增强金融普惠，这一特性在国际推广中也具有重要意义。特别是在发展中国家和新兴市场，数字人民币可以通过更便捷的支付和财富管理服务，帮助这些国家提升金融包容性和经济发展水平。

4. 对现有国际金融机构的影响

随着数字人民币的国际化进程推进，现有的国际金融机构，如 SWIFT 和 IMF，可能需要调整其运作模式以适应新的货币形式和支付技术。数字人民币的跨境应用可能推动这些机构重新评估其结算和监管框架，甚至促使其开发新的技术解决方案以保持竞争力。

（三）数字人民币在全球化中的前景

数字人民币在国际贸易和跨境支付中的应用，是其国际影响力扩展的一个重要方面。通过以下三种方式，数字人民币在全球经济中扮演着越来越重要的角色。

1. 促进人民币国际化

随着更多国家和地区接受并使用数字人民币进行国际结算，人民币在全球金融市场中的影响力将逐步增强。这一发展将为中国在全球经济中的地位提供有力支持，减少对美元等其他国际货币的依赖，帮助建立一个更加多元化和稳定的国际货币体系。

2. 促进跨境贸易与支付

通过数字人民币，跨境交易能够实现更高效的资金转移和结算，这不仅简化了流程，还降低了成本。传统的跨境支付通常依赖于多个中介机构，涉及较高的手续费和较长的处理时间，而数字人民币通过其去中心化的技术架构，可以绕过这些中介，实现点对点的即时支付。这种高效的支付方式尤其适用于"一带一路"倡议共建国家，能够促进区域经济一体化，为这些国家提供更加稳定和可预见的贸易结算方式。

3. 促进金融科技创新

通过与其他国家和地区在数字货币领域的合作，中国有机会在全球金融体系的技术标准和规则制定中发挥主导作用。这不仅有助于提高全球金融系统的效率，还能为不同国家之间的金融合作开辟新的路径，促进全球金融市场的互联互通。

（四）数字人民币在全球化中的挑战

1. 国际监管与合规问题

由于各国在金融监管、反洗钱和数据保护等方面的法律框架不同，数字人民币在跨境使用中可能面临合规性问题。此外，数字人民币在跨境交易中如何确保数据安全和隐私保护，也是各国监管机构关注的重点。为了在全球推广数字人民币，中国需要与其他国家紧密合作，制定统一的数字货币监管标准，确保其合规合法。

2. 国际政治与外交压力

部分国家可能将数字人民币视为对其货币主导地位的挑战，尤其是美国可能会采取措施限制数字人民币的使用。这种政治因素可能阻碍数字人民币的国际推广，甚至引发货币竞争和经济对抗。因此，在推动数字人民币全球化的过程中，中国需要采取灵活的外交策略，平衡各国的利益，促进多边合作，以减少政治阻力。

3. 技术与基础设施挑战

不同国家在数字货币技术标准和支付系统上存在差异，实现互操作性和技术兼容性需要克服许多技术壁垒。同时，随着数字人民币使用范围的扩大，网络安全风险也将增加。为了确保数字人民币的全球应用能够顺利进行，必须建立健全网络安全保障体系，防范潜在的网络攻击和数据泄露。

☑ 课堂互动 7-5

随着数字人民币的逐步推广，其智能合约功能引起了广泛关注。智能合约通过自动执行预设的合约条款，能够极大地提高交易的效率和安全性，并在许多领域带来深刻的变革。

你能想到哪些领域可以应用数字人民币的智能合约功能？这些应用会如何改变我们的生活？

笔记：_____

_____

_____

拓展阅读 7-5

《数字人民币白皮书》回答的几个问题（节选）

≫ 育德育才　　　在金融报国的奋斗中绽放青春光彩

"青年是整个社会力量中最积极、最有生气的力量，国家的希望在青年，民族的未来在青年。"学习领会习近平总书记关于青年工作的重要论述精神，聚焦抓好党的事业后继有人这个根本大计，强化青年思想教育，激发干事创业活力，培育金融为民情怀，带领广大青年员工为服务中心大局、融入首都发展贡献青春力量。

一代人有一代人的任务，老一代人的任务是普及金融知识，把金融知识变成中国经济的基本制度。而对于年轻一代的金融青年，要放开思想，发挥聪明才智，推动经济社会的高质量发展。

青年兴则国兴，青年强则国强，创新是民族进步的灵魂，作为社会上最具有活力、最富创造力的群体，青年理应走在创新创造前列。当前以人工智能、大数据、区块链为代表的新一代信息技术与金融深度融合，金融科技日新月异。以金融创新赋能经济高质量发展，更好助力实现中国式现代化，是新时代金融青年承担的使命和担当。

资料来源：佚名.在金融报国的奋斗中绽放青春光彩［EB/OL］.［2022-05-05］.https：//news.qq.com/rain/a/20220505A00EVE00？suid=&media_id=.

思考：作为新时代青年，应该如何培养自己的创新能力？

笔记：_____

_____

_____

课后训练

一、选择题

1.在财务管理中，最适用于个性化投资建议生成的技术是（   ）。

A.大数据　　　　　　B.区块链　　　　　　C.人工智能　　　　D.云计算

2.数字人民币采用的运营模式是（   ）。

A.单层运营　　　　　B.双层运营　　　　　C.多层运营　　　　D.去中心化运营

3.在财富管理中，最适用于提高交易的透明度和安全性的技术是（   ）。

A.大数据　　　　　　B.人工智能　　　　　C.区块链　　　　　D.5G技术

4.以下选项中，不属于大数据在财富管理中的主要应用的是（   ）。

A.市场分析　　　　　B.风险评估　　　　　C.实物货币发行　　D.用户画像

5.数字人民币的主要目标不包括（   ）。

A.提高支付效率　　　　　　　　　B.促进金融普惠

C.替代实物人民币　　　　　　　　D.优化货币政策传导

6.以下选项中，属于人工智能在财富管理中的应用的是（   ）。

A.智能投顾　　　　　B.风险预警　　　　　C.情感分析　　　　D.欺诈检测

7.区块链技术在金融领域的优势包括（   ）。

A.去中心化　　　　　B.不可篡改　　　　　C.高度透明　　　　D.智能合约

8.数字人民币的特点包括（   ）。

A.双离线支付　　　　B.可控匿名　　　　　C.智能合约　　　　D.跨境支付潜力

二、技能训练

选择一个财富管理公司，通过互联网和学术资源收集该公司在使用大数据进行市场分析、客户行为分析和风险管理的具体案例。

三、财经实践

下载并安装数字人民币APP，开设数字人民币账户，使用数字人民币进行一次实际的日常支付，并说一说数字人民币的使用体验。

［1］白光昭．财富管理学［M］．北京：清华大学出版社，2020．

［2］常金波．理财咨询服务实训［M］．北京：电子工业出版社，2018．

［3］朱静，卜小玲．金融理财［M］．2版.北京：清华大学出版社，2018．

［4］姜黎华．财富管理：成就精彩人生［M］．北京：中国金融出版社，2013．

［5］深圳证券交易所．投资者入市手册（股票篇）［G］．深圳：深圳证券交易所，2019．

［6］徐玖平．大学生财经素养教育［M］．北京：科学出版社，2021．

［7］张男星，岳昌军．中国财经素养教育标准框架解读［M］．北京：科学出版社，2019．

［8］中国证券业协会．金融市场基础知识［M］．北京：中国财政经济出版社，2023．

［9］中国人民银行金融消费权益保护局．金融知识普及读本［M］．2版.北京：中国金融出版社，2017．

［10］张亦春，郑振龙，林海．金融市场学［M］．6版．北京：高等教育出版社，2020．

［11］崔立升，刘鹏．投资学基础［M］．北京：中国人民大学出版社，2021．

［12］张智勇，朱晓哲．保险理财规划［M］．北京：清华大学出版社，2015．

［13］周春喜．投资与理财［M］．杭州：浙江工商大学出版社，2023．

［14］长城人寿保险股份有限公司，中国人民大学，等．中国家庭风险保障体系白皮书（2023）［R］．北京：中国人民银行金融研究所，2023．

［15］北京市银行业协会，北京保险行业协会．金融伴我成长（大学生版）［M］．北京：中国金融出版社，2021．

［16］奇斯蒂，普什曼．财富科技：财富管理数字化转型权威指南［M］．卢斌，张小敏，译.北京：中国人民大学出版社，2020．

［17］张帅帅．财富管理的中国实践［M］．北京：中信出版社，2024．

［18］国家金融监督管理总局官网，https：//www.cbirc.gov.cn/cn/view/pages/index/index.html．

［19］中国证券投资基金业协会官网，https：//investor.amac.org.cn．

［20］东方财富官网，https：//www.eastmoney.com．

［21］同花顺官网，https：//www.10jqka.com.cn/．

［22］天天基金官网，https：//fund.eastmoney.com．

［23］中国证券监督管理委员会官网，http：//www.csrc.gov.cn/．

［24］中国人民银行官网，http：//www.pbc.gov.cn/．

附 录

金融监管
机构

　　2023年5月，国家金融监督管理总局正式挂牌。国家金融监督管理总局在中国银行保险监督管理委员会基础上组建，将统一负责除证券业之外的金融业监管，而在这一监管架构之上还会组建中央金融委员会，负责金融业的顶层设计。"一行一局一会"（中国人民银行、国家金融监督管理总局、中国证券监督管理委员会）的金融监管新格局，见附表1-1。

附表 1-1　　　　　　　"一行一局一会"的金融监管新格局

机构名称	机构性质	职责范围
中国人民银行	国务院组成部门	制定、执行货币政策
国家金融监督管理总局	国务院直属机构	履行金融监管职责，负责证券业之外的金融业监管
中国证券监督管理委员会	国务院直属机构	监督管理证券期货市场

一、中国人民银行的主要职责

中国人民银行的主要职责有：

（1）拟订金融业改革、开放和发展规划，承担综合研究并协调解决金融运行中的重大问题、促进金融业协调健康发展的责任。牵头国家金融安全工作协调机制，维护国家金融安全。

（2）牵头建立宏观审慎管理框架，拟订金融业重大法律法规和其他有关法律法规草案，制定审慎监管基本制度，建立健全金融消费者保护基本制度。

（3）制定和执行货币政策、信贷政策，完善货币政策调控体系，负责宏观审慎管理。

（4）牵头负责系统性金融风险防范和应急处置，负责金融控股公司等金融集团和系统重要性金融机构基本规则制定、监测分析和并表监管，视情责成有关监管部门采取相应监管措施，并在必要时经国务院批准对金融机构进行检查监督，牵头组织制订、实施系统重要性金融机构恢复和处置计划。

（5）承担最后贷款人责任，负责对因化解金融风险而使用中央银行资金机构的行为进行检查监督。

（6）监督管理银行间债券市场、货币市场、外汇市场、票据市场、黄金市场及上述市场有关场外衍生产品；牵头负责跨市场、跨业态、跨区域金融风险识别、预警和处置，负责交叉性金融业务的监测评估，会同有关部门制定统一的资产管理产品和公司信用类债券市场及其衍生产品市场基本规则。

（7）负责制定和实施人民币汇率政策，推动人民币跨境使用和国际使用，维护国际收支平衡，实施外汇管理，负责国内外金融市场的跟踪监测和风险预警，监测和管理跨境资本流动，持有、管理和经营国家外汇储备和黄金储备。

（8）牵头负责重要金融基础设施建设规划并统筹实施监管，推进金融基础设施改革与互联互通，统筹互联网金融监管工作。

（9）统筹金融业综合统计，牵头制定统一的金融业综合统计基础标准和工作机制，建设国家金融基础数据库，履行金融统计调查相关工作职责。

（10）组织制订金融业信息化发展规划，负责金融标准化组织管理协调和金融科技相关工作，指导金融业网络安全和信息化工作。

（11）发行人民币，管理人民币流通。

（12）统筹国家支付体系建设并实施监督管理，会同有关部门制定支付结算业务规则，负责全国支付、清算系统的安全稳定高效运行。

（13）经理国库。

（14）承担全国反洗钱和反恐怖融资工作的组织协调和监督管理责任，负责涉嫌洗钱及恐怖活动的资金监测。

（15）管理征信业，推动建立社会信用体系。

（16）参与和中国人民银行业务有关的全球经济金融治理，开展国际金融合作。

（17）按照有关规定从事金融业务活动。

（18）管理国家外汇管理局。

（19）完成党中央、国务院交办的其他任务。

（20）职能转变。完善宏观调控体系，创新调控方式，构建发展规划、财政、金融等政策协调和工作协同机制，强化经济监测预测预警能力，建立健全重大问题研究和政策储备工作机制，增强宏观调控的前瞻性、针对性、协同性。围绕党和国家金融工作的指导方针和任务，加强和优化金融管理职能，增强货币政策、宏观审慎政策、金融监管政策的协调性，强化宏观审慎管理和系统性金融风险防范职责，守住不发生系统性金融风险的底线。按照简政放权、放管结合、优化服务、职能转变的工作要求，进一步深化行政审批制度改革和金融市场改革，着力规范和改进行政审批行为，提高行政审批效率。加快推进"互联网+政务服务"，加强事中事后监管，切实提高政府服务质量和效果。继续完善金融法律制度体系，做好"放管服"改革的制度保障，为稳增长、促改革、调结构、惠民生提供有力支撑，促进经济社会持续平稳健康发展。

二、国家金融监督管理总局的主要职责

国家金融监督管理总局负责贯彻落实党中央关于金融工作的方针政策和决策部署，把坚持和加强党中央对金融工作的集中统一领导落实到履行职责过程中。其主要职责有：

（1）依法对除证券业之外的金融业实行统一监督管理，强化机构监管、行为监管、功能监管、穿透式监管、持续监管，维护金融业合法、稳健运行。

（2）对金融业改革开放和监管有效性相关问题开展系统性研究，参与拟订金融业改革发展战略规划。拟订银行业、保险业、金融控股公司等有关法律法规草案，提出制定和修改建议。制定银行业机构、保险业机构、金融控股公司等有关监管制度。

（3）统筹金融消费者权益保护工作。制订金融消费者权益保护发展规划，建立健全金融消费者权益保护制度，研究金融消费者权益保护重大问题，开展金融消费者教育工作，构建金融消费者投诉处理机制和金融消费纠纷多元化解机制。

（4）依法对银行业机构、保险业机构、金融控股公司等实行准入管理，对其公司治理、风险管理、内部控制、资本充足状况、偿付能力、经营行为、信息披露等实施监管。

（5）依法对银行业机构、保险业机构、金融控股公司等实行现场检查与非现场监管，开展风险与合规评估，查处违法违规行为。

（6）统一编制银行业机构、保险业机构、金融控股公司等的监管数据报表，按照国家有关规定予以发布，履行金融业综合统计相关工作职责。

（7）负责银行业机构、保险业机构、金融控股公司等的科技监管，建立科技监管体系，制定科技监管政策，构建监管大数据平台，开展风险监测、分析、评价、预警，充分利用科技手段加强监管、防范风险。

（8）对银行业机构、保险业机构、金融控股公司等实行穿透式监管，制定股权监管制度，依法审查批准股东、实际控制人及股权变更，依法对股东、实际控制人以及一致行动人、最终受益人等开展调查，对违法违规行为采取相关措施或进行处罚。

（9）建立除货币、支付、征信、反洗钱、外汇和证券期货等领域之外的金融稽查体系，建立行政执法与刑事司法衔接机制，依法对违法违规金融活动相关主体进行调查、取证、处理，涉嫌犯罪的，移送司法机关。

（10）建立银行业机构、保险业机构、金融控股公司等的恢复和处置制度，会同相关部门研究提出有关金融机构恢复和处置意见建议并组织实施。

（11）牵头打击非法金融活动，组织建立非法金融活动监测预警体系，组织协调、指导督促有关部门和地方政府依法开展非法金融活动防范和处置工作。对涉及跨部门、跨地区和新业态、新产品等非法金融活动，研究提出相关工作建议，按要求组织实施。

（12）按照建立以中央金融管理部门地方派出机构为主的地方金融监管体制要求，指导和监督地方金融监管相关业务工作，指导协调地方政府履行相关金融风险处置属地责任。

（13）负责对银行业机构、保险业机构、金融控股公司等与信息技术服务机构等中介机构的信息科技外包等合作行为进行监管，依法对违法违规行为开展调查，并对金融机构采取相关措施。

（14）参加金融业相关国际组织与国际监管规则制定，开展对外交流与国际合作。

（15）完成党中央、国务院交办的其他任务。

三、中国证券监督管理委员会的主要职责

中国证券监督管理委员会负责贯彻落实党中央关于金融工作的方针政策和决策部署，把坚持和加强党中央对金融工作的集中统一领导落实到履行职责过程中。其主要职责有：

（1）依法对证券业实行统一监督管理，强化资本市场监管职责。

（2）研究拟订证券期货基金市场的方针政策、发展规划。起草证券期货基金市场

有关法律法规草案，提出制定和修改建议。制定证券期货基金市场有关监管规章、规则。

（3）监管股票、可转换债券、存托凭证和国务院确定由中国证券监督管理委员会负责的其他权益类证券的发行、上市、交易、托管和结算，监管证券、股权、私募及基础设施领域不动产投资信托等投资基金活动。

（4）监管公司（企业）债券、资产支持证券和国务院确定由中国证券监督管理委员会负责的其他固定收益类证券在交易所市场的发行、上市、挂牌、交易、托管和结算等工作，监管政府债券在交易所市场的上市交易活动，负责债券市场统一执法工作。

（5）监管上市公司、非上市公众公司、债券发行人及其按法律法规必须履行有关义务的股东、实际控制人、一致行动人等的证券市场行为。

（6）按分工监管境内期货合约和标准化期权合约的上市、交易、结算和交割，依法对证券期货基金经营机构开展的衍生品业务实施监督管理。

（7）监管证券期货交易所和国务院确定由中国证券监督管理委员会负责的其他全国性证券交易场所，按规定管理证券期货交易所和有关全国性证券交易场所的高级管理人员。

（8）监管证券期货基金经营机构、证券登记结算公司、期货结算机构、证券金融公司、证券期货投资咨询机构、证券资信评级机构、基金托管机构、基金服务机构，制订有关机构董事、监事、高级管理人员及从业人员任职、执业的管理办法并组织实施。

（9）监管境内企业到境外发行股票、存托凭证、可转换债券等证券及上市活动，监管在境外上市的公司到境外发行可转换债券和境内证券期货基金经营机构到境外设立分支机构。监管境外机构到境内设立证券期货基金机构及从事相关业务，境外企业到境内交易所市场发行证券上市，合格境外投资者的境内证券期货投资行为。

（10）监管证券期货基金市场信息传播活动，负责证券期货基金市场的统计与信息资源管理。

（11）与有关部门共同依法对会计师事务所、律师事务所以及从事资产评估、资信评级、财务顾问、信息技术系统服务等机构从事证券服务业务实施备案管理和持续监管。

（12）负责证券期货基金业的科技监管，建立科技监管体系，制定科技监管政策，构建监管大数据平台，开展科技应用和安全等风险监测、分析、评价、预警、检查、处置。

（13）依法对证券期货基金市场违法违规行为进行调查，采取相关措施或进行处罚。依法打击非法证券期货基金金融活动，组织风险监测分析，依法处置或协调推动处置证券期货基金市场风险。组织协调清理整顿各类交易场所，指导开展风险处置相关工作。

（14）按照建立以中央金融管理部门地方派出机构为主的地方金融监管体制要

求，指导和监督与证券期货基金相关的地方金融监管工作，指导协调地方政府履行相关金融风险处置属地责任。

（15）开展证券期货基金业的对外交流和国际合作。

（16）完成党中央、国务院交办的其他任务。